Wolfgang Hirn

Der Kampf ums Brot

Warum Lebensmittel immer knapper und teurer werden

Büchergilde Gutenberg

Lizenzausgabe für die Büchergilde Gutenberg,
Frankfurt am Main, Wien und Zürich
Mit freundlicher Genehmigung der
S. Fischer Verlag GmbH, Frankfurt am Main

Satz: Pinkuin Satz und Datentechnik, Berlin
Druck und Bindung: CPI – Clausen & Bosse, Leck
Printed in Germany 2009
ISBN 978-3-7632-6272-4
www.buechergilde.de

Inhalt

Einleitung

Wir im satten Westen hatten uns im Laufe der Jahrzehnte daran gewöhnt, dass unsere Lebensmittel immer billiger werden. Es schien ein Naturgesetz zu sein, dem wir uns gerne unterwarfen. Wir lebten in einer angenehmen Welt des Überflusses. Jahrelang konnten wir von Milchseen, Butter- und Fleischbergen in unserem europäischen Schlaraffenland lesen.

Doch dann kam im Frühsommer des Jahres 2008 plötzlich der Schock. Die Preise für Mais, Milch, Reis, Soja und Weizen explodierten, sie stiegen teilweise um über 100 Prozent. Und kurze Zeit später erwischte es die Lebensmittel, die aus diesen Rohstoffen gemacht werden. Brot, Butter, Nudeln, Käse und Mehl – alles wurde teurer. Die Verbraucher schreckten auf und murrten. Es kam zu Pasta-Streiks in Italien und zu Demonstrationen gegen die hohen Baguette-Preise in Frankreich. Bei uns in Deutschland titelte die *Bild*-Zeitung besorgt: »Sollen Rentner jetzt etwa keine Butter mehr essen?«

In anderen Teilen der Welt hatten die Bevölkerung freilich größere Sorgen. In den sogenannten Entwicklungsländern konnten sich viele Menschen, die oft ihr ganzes Einkommen fürs Essen ausgeben müssen, aufgrund der hohen Preise viele Lebensmittel nicht mehr leisten. In Afrika, Asien und Amerika kam es zu Aufständen der Hungernden, zu Revolten mit Toten, und in Haiti wurde der Präsident aus seinem Palast gejagt.

Die Welt hatte plötzlich eine neue Krise – eine Ernährungskrise. Und die Verantwortlichen reagierten mit den üblichen Reflexen: Krisenstäbe hier, Taskforces dort. Der G8-Gipfel machte sich während eines Acht-Gänge-Menüs mit Kaviar, Lachs und Kobe-Rind Gedanken über den neuen Hunger. Jede wichtige Organisation erstellte ein Papier. Es begann ein munteres Schwarze-Peter-Spiel bei der Suche nach den Schuldigen.

Im Herbst 2008 kam es dann zur Finanzkrise. Die Rohstoffpreise purzelten nach unten. Und die Ernährungskrise verschwand – aus den Medien. Ist also alles wieder in Butter?

Von wegen. Die Ernährungskrise war kein Spuk, der so schnell vergangen wie er gekommen ist. Die Einschätzung von UN-Generalsekretär Ban Ki-moon ist völlig richtig: »Ich nenne es unsere vergessene Krise, denn sie ist nicht verschwunden.« Sie ist da, sie wird nur von der alles dominierenden Weltwirtschaftskrise überdeckt. Wenn diese – wann auch immer – überwunden ist, werden wir alle die Ernährungskrise deutlich spüren – in der unangenehmen Form von höheren Preisen für Brot, Butter und Fleisch.

Wir sollten uns deshalb nicht in falscher Sicherheit wiegen, auch wenn die Preise eher fallen als steigen. Das ist eine Folge der Rezession, ist also eher ein kurzzeitiges Phänomen. Mittel- und langfristig dagegen werden die Preise für unsere Lebensmittel stetig steigen. Denn wir erleben derzeit eine epochale Veränderung auf dem globalen Nahrungsmittelmarkt: Die Nachfrage übersteigt erstmals wieder seit langer, langer Zeit das Angebot. Und noch schlimmer: Diese Lücke zwischen Angebot und Nachfrage wird in den nächsten Jahren und Jahrzehnten immer größer werden. In nichtökonomischen Worten heißt das: Die Erde kann nicht mehr alle Menschen ausreichend ernähren. Jetzt nicht und erst recht nicht in der Zukunft.

Das ist keine neue These. Sie hat schon der englische Nationalökonom Thomas Robert Malthus vor über 200 Jahren aufgestellt. Seitdem heißen alle, die die These von Malthus wieder auskramen, Neo-Malthusianer. Ihnen allen haftet freilich der Makel an, dass ihre düsteren Prophezeiungen nie eingetreten sind. Warum soll es diesmal – wie ich behaupte – anders sein?

Um meine These zu überprüfen, reiste ich zwischen Oktober 2008 und März 2009 ein halbes Jahr um die Welt. Ich besuchte 26 – arme wie reiche – Länder auf allen fünf Kontinenten dieser Erde. Ich führte Gespräche mit Bauern und deren Funktionären, mit Bürokraten und Politikern, mit Managern und Wissenschaftlern.

Ich fuhr Tausende von Kilometern übers flache Land in Argentinien, Brasilien und in Amerikas Mittlerem Westen. Ich erlebte Hitzewellen und Dürren in Australien, China und Kenia sowie die Wassernot in Ägypten. Ich erhielt Einblick in die Labors von Genfood-Firmen in den USA und dem Internationalen Reisforschungs-Institut IRRI auf den Philippinen. Ich besuchte Fischfarmen in Thailand und Fischmehlfabriken in Peru. Ich recherchierte in den UN-Headquarters in New York und bei der Welternährungsorganisation FAO in Rom. Ich wurde mit dem Elend der Hungernden in Bangladesch, Indien, Kambodscha und Kenia konfrontiert. Und an fast jedem Ort meiner Reise streifte ich über Märkte, besuchte Supermärkte und Restaurants, um Preise und Essverhalten vor Ort zu studieren.

Nach all den Eindrücken und Gesprächen in aller Welt bin ich überzeugt: Wir stehen am Beginn einer malthusianischen Phase. Es wird immer schwieriger, die Menschheit ausreichend zu ernähren. Denn wir haben zwei gegenläufige Entwicklungen zu konstatieren. Einerseits sinkt oder bestenfalls stagniert das Angebot an Nahrungsmitteln, während andererseits die Nachfrage wächst.

Die Nachfrage steigt, weil schlicht immer mehr Menschen auf unserem Planeten leben und überleben wollen. Knapp sieben Milliarden sind wir schon. Und jede Minute werden wir mehr, nämlich 150. Zur Mitte des 21. Jahrhunderts wird die Erde wohl – so schätzen die Vereinten Nationen – 9,2 Milliarden Menschen zu tragen haben. Damit alle genug zu essen haben, müsste die heutige Nahrungsmittelproduktion bis 2050 verdoppelt werden. Aber wie soll das gelingen? Wir schaffen es ja jetzt schon nicht, die »nur« knapp sieben Milliarden zu ernähren. Denn seit dem Frühjahr 2009 haben wir zum ersten

Mal in der Geschichte der Menschheit über eine Milliarde hungernder Menschen.

Die Situation auf der Nachfrageseite wird noch dadurch verschärft, dass derzeit und in den nächsten Jahren eine globale Mittelschicht heranwächst. In China, in Indien, aber auch in anderen Schwellenländern geht es Millionen von Menschen dank der erfolgreichen wirtschaftlichen Entwicklung in diesen Ländern immer besser. Ihre Einkommen steigen, sie konsumieren, sie essen mehr – und vor allem anders. Sie essen zunehmend wie wir im Westen. Das heißt vor allem: immer mehr Fleisch.

Der globale Fleischkonsum wird deshalb in den nächsten Jahrzehnten gravierend zunehmen. Aber woher soll all das Futter für die Milliarden Hühner, Rinder und Schweine kommen? Jetzt schon fressen diese Fleischproduzenten auf vier bzw. zwei Beinen fast 40 Prozent der globalen Getreideernte. Wenn wir immer mehr Getreide verfüttern müssen, was bleibt dann für den Menschen zum direkten Verzehr übrig? Irgendwann wird die Alternative heißen: Brot oder Fleisch? Oder gar Sprit? Denn seit geraumer Zeit buhlt noch ein weiterer Mitesser um das knappe Getreide – die Biosprit-Industrie. Viele Regierungen – allen voran die USA – meinen, sie müssten im Zuge ihrer Weg-vom-Öl-Politik Sprit aus Mais, Zucker oder Pflanzenölen gewinnen. Aber wir können uns diese Konkurrenz zwischen *food* und *fuel* nicht leisten. Wir müssen Prioritäten setzen, und die oberste heißt klipp und klar: Nahrungsmittel gehören auf den Teller und nicht in den Tank.

Denn – und jetzt komme ich zur Angebotsseite – die landwirtschaftliche Produktion lässt sich nicht mehr so leicht ausdehnen wie in den vergangenen Jahrzehnten. Die Welt verliert immer mehr an Boden. Urbanisierung und Industrialisierung fordern ihren Tribut. Wo heute Häuser und Fabriken stehen, war gestern noch wertvolles Ackerland. Außerdem wird der Klimawandel die Landwirtschaft massiv beeinflussen – und zwar negativ. Zunehmende Naturkatastrophen und steigende

Meeresspiegel werden zu Ernterückgängen in vielen Ländern der Welt führen – von Australien bis Südafrika. Noch können wir auf Vorräte zurückgreifen, aber die nehmen stetig ab. Nur noch für rund 70 Tage reichen die Lebensmittel weltweit. Die Menschheit lebt von der Hand in den Mund. Irgendwo eine Missernte, und in vielen Händen ist nichts mehr.

Weil das Angebot immer knapper wird, die Nachfrage aber zunimmt, werden – logische Folge – die Preise steigen. Unsere Lebensmittel werden teurer werden. Wir im Westen werden mehr fürs Essen ausgeben müssen. Aber viele der armen Menschen im Süden werden es sich nicht leisten können. Die Zahl der Hungernden in den Entwicklungsländern wird deshalb wachsen.

Gibt es einen Ausweg aus dieser bevorstehenden Misere? Ja, sagen viele Wissenschaftler, vor allem in den technologievernarrten USA. Ihr Credo: Wir müssen durch massive Investitionen die Produktivität in der Landwirtschaft steigern. Und dann ist man schnell bei der Allerwelts-Frage: Brauchen wir nicht doch genveränderte Lebensmittel, wenn die natürlichen nicht mehr ausreichen, die Welt zu ernähren? Um es klar zu sagen: Ich plädiere nicht für Genfood, ich plädiere aber für eine offenere Diskussion in dieser Frage. Wir satten Gutmenschen im Westen müssen uns fragen lassen, ob wir uns angesichts Millionen hungernder Menschen das moralisierende Zeigefingerschwenken leisten können.

Wenn wir den Hunger bekämpfen wollen, müssen wir uns dieser Frage stellen, aber ebenso einem anderen Tabuthema: der Bevölkerungsfrage. Wir sind zu viele Menschen auf dieser kleinen Erde. Nationale Regierungen und internationale Organisationen müssen sich deshalb endlich wieder mit Familienplanung und anderen bevölkerungspolitischen Maßnahmen beschäftigen, auch wenn die katholische Kirche noch so dagegen wettert.

Und was kann der Einzelne im Westen tun? Er sollte sich bewusst werden, dass wir obszön viele Lebensmittel wegschmeißen und dass wir zu viel essen, vor allem zu viel Fleisch. Das können und sollten wir ändern.

Bei mir jedenfalls haben die Recherche und das Schreiben dieses Buches ein Nach- und Umdenken bewirkt: Ich will weniger Lebensmittel der Mülltonne zuführen. Und ich will – obwohl als Süddeutscher dem Fleisch- und Wurstkonsum beileibe nicht abgeneigt – weniger Braten, Schnitzel und Leberkäse essen.

Es wäre schön, wenn dem ein oder anderen nach Lektüre dieses Buches ähnliche enthaltsame Gedanken kämen.

Hamburg, im Mai 2009

1 Mehr Menschen, mehr Essen

Einundzwanzig, zweiundzwanzig, dreiundzwanzig ... Während Sie diese Zahlen gelesen haben, sind auf dieser Welt sieben Menschen geboren worden. Einige von ihnen werden bald nach ihrer Geburt sterben, einige vielleicht erst in drei, vier oder fünf Jahren. Viele werden überleben, weil sie das Glück hatten, in einer Region dieser Welt geboren worden zu sein, wo Hunger kein Thema ist.

Während Sie dieses Buch lesen, leben 6,8 Milliarden Menschen auf dieser unserer Welt. Und jede Sekunde – einundzwanzig, zweiundzwanzig ... – werden es mehr. Jede Minute kommen rund 150 neue Erdenbürger hinzu. In den kommenden Jahrzehnten werden erst sieben, dann acht und schließlich neun oder sogar zehn Milliarden Menschen auf unserem Planeten leben. So viel kann man heute schon sagen, weil die Eltern, die diese Kinder zeugen werden, bereits auf dieser Erde leben.

Aber kann die Erde all diese Menschen ernähren?

Das ist die große Menschheitsfrage. Sie wird seit Jahrhunderten gestellt. Der berühmte englische Nationalökonom Thomas Robert Malthus war einer der Ersten, der sie Ende des 18. Jahrhunderts beantwortet hat. Und zwar negativ. Er hielt es für unmöglich, dass unsere kleine Erde mit ihren begrenzten Kapazitäten die immer größer werdende Schar von Menschen ernähren könne. Malthus prophezeite deshalb Hungerkatastrophen. Die traten allerdings nicht ein. Denn die Bauern in aller Welt ackerten immer effizienter. Neue technische und mechanische Hilfsmittel wie der Dünger oder der Traktor halfen ihnen dabei. Sie steigerten Produktion und Produktivität der Landwirtschaft. Deshalb gibt es heute für sechs von sieben Milliarden Menschen genug zu essen.

Aber eine Milliarde hungert bereits. Wird diese Zahl steigen, wenn demnächst neun Milliarden Menschen unseren Planeten bevölkern? Nein, sagen die Fortschrittsgläubigen, die darauf vertrauen, dass – wie bisher – schon irgendjemandem etwas einfallen wird, um die Produktion weiter zu steigern. Ja, sagen dagegen die modernen Anhänger von Malthus – die Neo-Malthusianer. Sie glauben nicht, dass angesichts der Verknappung von Land und Wasser sowie der Klimakatastrophe genug Nahrungsmittel produziert werden können, um acht, neun oder gar zehn Milliarden Menschen satt zu machen.

Weil mehr Essen also nicht möglich ist, fordern sie weniger Menschen. Das heißt im Klartext: Familienplanung und Geburtenkontrolle vor allem in den Entwicklungsländern. Jahrelang ist dieses Thema tabuisiert worden. Die mächtige katholische Kirche, aber auch gewisse US-Präsidenten wussten eine Diskussion über dieses Thema zu verhindern. Aber wenn wir über Hunger reden, müssen wir auch über eine seiner wichtigsten Ursachen reden: die Überbevölkerung.

Wie will zum Beispiel Ägypten, das jetzt schon seine über 80 Millionen Menschen nicht ernähren kann, in 40 Jahren seine dann knapp 130 Millionen durchfüttern? Ich habe auf diese Frage in Ägypten keine Antwort bekommen. Die gleiche Frage kann man für viele Länder mit ähnlichen Bevölkerungsexplosionen stellen – für Bangladesch, Indien und Pakistan sowie fast den gesamten afrikanischen Kontinent.

Wir müssen uns deshalb endlich wieder der bevölkerungspolitischen Diskussion stellen, sowohl in den nationalen Regierungen als auch in den internationalen Organisationen. Familienplanung muss dort, aber auch in den Medien, wieder auf die Agenda kommen. Wir brauchen dringend eine Politik, die das Bevölkerungswachstum begrenzt und reduziert. Wenn wir das nicht schaffen, bekommt Malthus nach über 200 Jahren recht, und es drohen Hungerkatastrophen – mit Konsequenzen für uns alle.

Wir werden täglich mehr

Im Jahre null lebten auf der Erde rund 250 Millionen Menschen. In den folgenden Jahrhunderten wuchs die Menschheit eher gemächlich. Immer mal wieder wurde sie durch brutale, lang anhaltende Kriege und Seuchen dezimiert. So kostete zum Beispiel der Dreißigjährige Krieg allein auf deutschen Boden vier Millionen Menschen das Leben, und die Pest raffte Mitte des 14. Jahrhunderts 25 Millionen Menschen hinweg, ein Drittel der gesamten europäischen Bevölkerung.

Erst im Jahr 1800 lebten über eine Milliarde Menschen auf der Erde. Und danach ging es Schlag auf Schlag. Vor allem im 20. Jahrhundert eskalierte das Bevölkerungswachstum, und die Zahl der Menschen übersprang eine Milliardengrenze nach der anderen. So wurde die zweite Milliarde 1926 erreicht, die dritte 1960, die vierte im Jahr 1975, die fünfte im Jahr 1986, und die sechste im Jahr 1999.

In keinem Jahrhundert nahm die Zahl der Menschen so stark zu wie im vergangenen 20. Jahrhundert. Der eine Grund: Die Menschen leben dank großer Fortschritte in der Medizin länger. Viele epidemische Krankheiten wie Cholera, Typhus und Tuberkulose, die einst Millionen Menschenleben kosteten, waren zum Anfang des 20. Jahrhunderts durch die Entdeckung neuer Impfstoffe nahezu ausgerottet. Der andere Grund: Die Zahl der Geburten schnellte nach oben.

Jedes Jahr vermehrt sich die Welt in etwa um 75 bis 80 Millionen Menschen, das entspricht der Bevölkerungszahl der Bundesrepublik Deutschland. Wie viel wir zur Mitte dieses Jahrhunderts sein werden, haben die Vereinten Nationen 1997 hochgerechnet. Rund die Hälfte der dann 9 Milliarden Menschen wird in Asien leben, knapp ein Drittel in den beiden Riesenreichen Indien und China.

Die bevölkerungsreichsten Länder im Jahre 2050
(in Millionen)

Indien	1531
China	1395
USA	409
Pakistan	349
Indonesien	294
Nigeria	258
Bangladesch	255
Brasilien	233
Äthiopien	171
Kongo	152

In dieser Liga befinden sich Staaten, die jetzt schon gravierende Probleme haben, ihre Bevölkerung ausreichend mit Nahrung zu versorgen, zum Beispiel die drei südasiatischen Nachbarländer Indien, Pakistan und Bangladesch oder die afrikanischen Megastaaten Äthiopien, Kongo und Nigeria. Wenn solche Staaten es jetzt schon nicht schaffen, wie wird es dann erst zur Mitte des Jahrhunderts sein? Wird es dort zu Hungerkatastrophen kommen?

Wie viele Menschen kann die Erde ernähren?

Genau diese Frage stellte sich der amerikanische Wissenschaftler Joel E. Cohen schon 1995 in seinem vielbeachteten Buch *How Many People Can the Earth Support*? Er konnte und wollte damals freilich auf 532 Seiten keine Antwort auf diese

Frage geben. Er beschreibt vielmehr in seinem Buch sehr akribisch und ausführlich, wer sich in den vergangenen knapp 350 Jahren mit dieser Frage bereits beschäftigt hat und zu welch höchst unterschiedlichen Ergebnissen die Wissenschaftler und Pseudowissenschaftler kamen.

Der Erste von ihnen, der sich darüber Gedanken machte, war der Niederländer Antoni van Leeuwenhoek. Er schrieb am 25. April 1679 in einem Brief an die *Royal Society* in London, dass auf der Erde 13,4 Milliarden Menschen leben und überleben könnten. Der Holländer hatte einfach hochgerechnet, wie viele Menschen auf der Erde leben würden, wenn sie die Bevölkerungsdichte seines Heimatlandes Holland hätte. Eine zugegeben sehr simple Methode.

In der Folgezeit beschäftigten sich viele Wissenschaftler mit dieser Menschheitsfrage. Ihre Ergebnisse waren höchst unterschiedlich. Die beiden Extreme bildeten einerseits der pessimistische Stanford-Genetiker H.R. Hulett, der davon ausging, dass die Erde angesichts äußerst beschränkter Ressourcen nur eine Milliarde Menschen ernähren könne; der optimistische britische Physiker J.H. Fremlin dagegen ging von über 1000 Milliarden aus. Doch die meisten Prognosen aus den vergangenen Jahrhunderten pendelten sich zwischen vier und 16 Milliarden ein. Das Mittelmaß waren 12 Milliarden, was gar nicht so weit weg von der derzeitigen Realität ist.

Ich will es aber doch genauer wissen und besuche deshalb – 13 Jahre nach Erscheinen seines Buches – Joel Cohen an der *Rockefeller University* in New York, wo er immer noch Leiter des *Laboratory of Populations* ist. Ich will aus ihm doch noch herauslocken, ob er denn heute als 65-jähriger, alterskluger Professor eine Antwort geben kann und will. Der kleine, hagere Mann schaut listig unter seiner Brille hervor, sieht dabei fast aus wie Woody Allen und umschifft auch dieses Mal elegant eine Antwort. Nein, als Wissenschaftler könne man diese Frage nicht seriös beantworten. Zu viele Unbekannte seien im Spiel, sagt Cohen, der in seinem Büro vor einer altmodischen Schiefertafel steht, die mit mathematischen Formeln vollgekritzelt ist.

Aber ich höre im Verlauf des Gespräch mit Cohen eine gewisse Grundskepsis heraus, aus der sich schließen lässt, dass die Erde ziemlich nahe an ihrer Kapazitätsgrenze sei. Er redet von der zunehmenden Verstädterung, die immer mehr Land koste. Er kritisiert die Verschwendung von Wasser, das immer mehr zu einem limitierenden Faktor der Landwirtschaft werde. Er verweist auf den weltweit steigenden Fleischkonsum, der immer mehr Futter erfordere. Und er sagt: »Wir haben auf dieser Welt einfach immer mehr Mäuler zu stopfen.«

Wird das zu Engpässen führen? Das könne durchaus sein, sagt er, müsse aber nicht. Vielleicht essen die Leute aus Einsicht irgendwann weniger Fleisch, vielleicht kann man die Produktivität der Landwirtschaft noch weiter steigern, vielleicht wirkt Genfood irgendwann Wunder, vielleicht, vielleicht ... »Ich bin ein großer Optimist«, sagt Cohen zum Abschied.

Ein anderer Wissenschaftler war da weniger optimistisch: Der Brite Thomas Robert Malthus.

Malthus, der erste Mahner

Thomas Robert Malthus war ziemlich unbekannt, als er 1798 sein erstes Werk *An Essay on the Principle of Population* veröffentlichte. Deutsch: Das Bevölkerungsgesetz. Darin stellte Malthus, bis dato ein anglikanischer Geistlicher, eine einfache Rechnung auf: Die Menschheit wächst schneller als die Nahrungsmittelproduktion. Mathematisch etwas komplizierter ausgedrückt: Die Bevölkerungszahl steigt exponentiell an, das Angebot an Nahrungsmittel dagegen nur linear.

An einem fiktiven Beispiel erklärt: Die Nahrungsmittelproduktion wächst jedes Jahr nur um denselben Betrag, also 100 Millionen Tonnen in diesem Jahr, 100 Millionen im nächsten

Jahr, 100 Millionen Tonnen im übernächsten und so weiter und so weiter. Die Zahl der Menschen dagegen nimmt in diesem Jahr um 100 Millionen, aber im nächsten um 200 Millionen und im übernächsten schon um 400 Millionen zu. Die beiden Wachstumskurven von Angebot und Nachfrage klaffen also immer weiter auseinander. Malthus schloss daraus, dass es zu Hungersnöten und Verteilungskämpfen kommen müsse.

Quasi über Nacht wurde Malthus mit seinem Pamphlet und dessen Thesen berühmt. Denn der apokalyptische Essay von Malthus fand sofort großes Echo. In Politik und Wissenschaft löste er zu Beginn des 19. Jahrhunderts eine umfassende Debatte aus. Es standen sich Optimisten und Pessimisten gegenüber. Für die Optimisten war eine große Bevölkerungszahl etwas Positives. Sie sahen darin einen Ausweis von Macht und Geltung. Außerdem – man stand ja am Beginn der Industriellen Revolution – könne man mit mehr Menschen mehr produzieren, also den Wohlstand erhöhen. Die Optimisten, die so dachten, waren in der Mehrheit.

Trotzdem machten sich viele Wissenschaftler, aber auch Regierungen Sorgen, ob und wie man die vielen Menschen ernähren könne. Diese Sorgen nahm Malthus in seinem epochalen Werk auf, das er in den Jahren nach seinem ersten Erscheinen mehrmals erweiterte. Malthus, der Professor für Geschichte und Politische Ökonomie wurde, starb Ende 1834 an einem Herzschlag. In der Ahnengalerie der großen Nationalökonomen bekam er einen Platz als einer der großen Pessimisten.

Seine Theorie starb jedoch nie. Immer wieder wurde sie ausgegraben. Immer wenn es Kriege, Missernten und andere Katastrophen gab, musste Malthus mit seiner Theorie herhalten. In regelmäßigen Schüben tauchte deshalb Malthus' Gedankengut wieder in den Diskussionen auf.

Zum Beispiel Ende des 19. Jahrhunderts, als mehrere Missernten den Weizenpreis nach oben trieben und Sir William Crookes, Präsident der altehrwürdigen *British Association for the Advancement of Science*, in einer berühmten Rede anno 1898 verkündete: »England und alle zivilisierten Nationen stehen vor der tödlichen Gefahr, nicht mehr genug zum Essen zu haben.« Oder nach dem Ende des Zweiten Weltkrieges, als einige Wissenschaftler in der Bevölkerungsexplosion – vor allem in den Entwicklungsländern – eine größere Gefahr sahen als in der Atombombe.

Doch danach wurde es relativ ruhig um die Ideen von Malthus – bis 1968 ein Wissenschaftler der renommierten Stanford University in Kalifornien eine Bombe platzen ließ.

Malthus und seine Jünger

Luxus-Steuern auf Babykleidung, Spielzeug und Windeln! Staatliche Prämien für Eheleute, wenn sie sich erst nach ihrem 25. Lebensjahr das Jawort geben! Es klingt heute reichlich skurril und weltfremd, was der amerikanische Wissenschaftler Paul Ehrlich vor mehr als 40 Jahren in einem epochalen Werk forderte.

Sein Buch schlug damals anno 1968 wie eine Bombe ein. Es hatte auch einen entsprechend reißerischen Titel: *The Population Bomb*. Ähnlich wie Malthus malte Ehrlich ein düsteres, ja ein katastrophales Bild. Er prophezeite: »Der Welt, insbesondere der unterentwickelten Welt, gehen zunehmend die Nahrungsmittel aus.« Das Ergebnis seien Hungerkatastrophen und Massensterben. Ehrlich glaubte damals nicht an einen weiteren Fortschritt in der Landwirtschaft und entsprechend zunehmende Produktion. Auch sah er keine Möglichkeit mehr, auf der Erde weiteres Land zu kultivieren.

Wenn also das Angebot nicht erweitert werden kann, muss bei der Nachfrage angesetzt werden. Weniger Esser, weniger Köpfe also. Ehrlich forderte deshalb: »Wir müssen möglichst schnell das Bevölkerungswachstum unter Kontrolle bekommen. Die Wachstumsrate muss auf null reduziert oder sogar negativ werden.« Er plädierte für eine aktive Geburtenkontrolle. Vorreiter dabei sollten die USA sein, denn »wir sind die einflussreichste Supermacht«. Alle Maßnahmen sollten von einer mächtigen Regierungsagentur koordiniert und kontrolliert werden, für die Ehrlich auch schon einen Namen parat hatte: *Department of Population and Environment (DPE)*.

Wenige Jahre nach Ehrlich erhob sich eine weitere apokalyptische Stimme, und zwar die des Club of Rome in seinem 1972 veröffentlichten Bericht *Die Grenzen des Wachstums*. Die Studie war ein globaler Bestseller mit neun Millionen Exemplaren in 29 Sprachen. Es war nicht das Werk eines Einzelnen, sondern einer Gruppe von Wissenschaftlern, die ein Modell des *Massachusetts Institute of Technology (MIT)* benutzten, um Trends hochzurechnen. Ihre Zentralaussage war, dass die Erde an ihre Wachstumsgrenzen stoße – vorausgesetzt, die Bevölkerung wachse so weiter, die Industrialisierung schreite weiter voran, ebenso wie die Umweltverschmutzung und Ausbeutung von Rohstoffen.

In ihrem Schreckensszenario hielten die Wissenschaftler auch die Nahrungsmittelversorgung für nicht mehr gesichert. Es gebe künftig zu wenig Ackerland. »Während der ganzen Menschheitsgeschichte gab es immer einen unüberblickbaren Überfluss an bebaubarem Land. Aber nunmehr kann innerhalb von 30 Jahren plötzlich ein schwerer Landmangel eintreten. Krisensymptome werden sich schon einige Zeit vorher bemerkbar machen. Die Lebensmittelpreise werden so stark ansteigen, dass einige Menschen an den Rand des Hungertods kommen.« Weil das Land nicht mehr wachse, dürfe auch die Bevölkerung nicht mehr wachsen. Sie empfahlen deshalb als eine ihrer »Stabilisierungsmaßnahmen« die Gleichsetzung der Geburten- mit der Sterberate, was ganz simpel heißt: Es dürfen nur so viele Menschen geboren werden, wie sterben. Eine sehr technokratische Lösung.

In den 70er Jahren war es plötzlich schick, Untergangsszenarien zu entwerfen. Sie hatten alle die eine Ausgangsthese: zu viele Menschen, zu wenig Ressourcen. Der junge Lester Brown, der 1974 sein *Worldwatch Institute* gründete, meldet sich erstmals in einem Bericht zu Wort. Und dann erschien Ende der 70er Jahre *The Global 2000 Report to the President* unter dem damaligen US-Präsidenten Jimmy Carter. Beide Reports argumentierten in der Tradition von Malthus und Ehrlich.

Heute – 30, 40 Jahre später – kann man sagen: Die Neo-Malthusianer, allen voran Paul Ehrlich, irrten sich gewaltig. Nichts von Ehrlichs Prophezeiungen ist bislang eingetreten. Keine gigantischen Hungerkatastrophen, und auch eine Steuer auf Windeln wurde nirgendwo eingeführt.

Als ob er es geahnt hätte, überschrieb er ehrlicherweise sein letztes Kapitel: *What if I'm wrong?* Was ist, wenn ich falsch liege? Die Antwort gab Ehrlich anschließend selbst: »Jeder Wissenschaftler lebt ständig mit der Wahrscheinlichkeit, dass er widerlegt werden kann.« Und dann fragte er: »Ist es schlimm, wenn sich später herausstellt, dass wir eine viel größere Bevölkerung mit Nahrungsmitteln versorgen können, als es heute möglich scheint?«

Die Bevölkerungsbombe explodierte nicht, und Ehrlich lebt noch. Er ist inzwischen 77 Jahre alt. Nach wie vor hat er ein Büro an der Stanford University. Als ich ihn dort besuchen will, ist er nicht da. Er hat den Termin vergessen. Während ich hier an der Westküste auf ihn warte, weilt er an der Ostküste. Ich darf ihm allerdings ein paar Fragen per E-Mail schicken, sagt seine Assistentin Margaret. Ich frage ihn: Professor Ehrlich, warum haben Sie so schiefgelegen mit Ihrer Prognose? »Lag ich wirklich falsch?«, fragt er rhetorisch zurück. »Vielleicht war ich nur etwas zu früh mit meiner Prognose.«

Wir leben jetzt in einer malthusianischen Zeit. Im Zuge der 2008 aufgekommenen Ernährungskrise ist es plötzlich wieder schick, sich auf Malthus zu berufen. »Malthus ist zurück«, schrieb Burkhard Müller in der *Süddeutschen Zeitung*, »als gute Nachricht wird man das nicht buchen dürfen.«

Malthus spaltet immer noch die wissenschaftliche Gemeinde. Es ist auch ein Glaubensstreit. Glaubt man an den technischen Fortschritt als eine Wunderwaffe oder nicht? Die Bevölkerungsoptimisten, wenn man sie so nennen will, glauben daran.

Das Ende der Optimisten

Julian Simon ist einer von ihnen, und wahrscheinlich auch der bekannteste. Er war der große Gegenspieler von Paul Ehrlich und den Neo-Malthusianern. In seinem Buch *The Ultimate Resource*, das 1981 erschien, verteidigt er denn auch ein unbegrenztes Bevölkerungswachstum. Er konnte darin keine Nachteile erkennen. Im Gegenteil: »Je mehr Menschen es gibt, desto besser ist es, denn mehr Menschen können mehr Erfindungen machen, und das bedeutet letztlich mehr Wohlstand.«

Simon, der Wirtschaftsprofessor an der *University of Maryland* war, sprach sich auch gegen die Thesen des Club of Rome aus, wonach die Ressourcen der Erde endlich seien. Er – ganz liberaler Ökonom – glaubte, dass der technische Fortschritt schon alles richten werde. Werde zum Beispiel ein Rohstoff knapp, werde er dank der marktwirtschaftlichen Gesetze von Angebot und Nachfrage teurer, und dann gebe es genug kluge Köpfe, die sich daranmachten, einen Ersatz für diesen Rohstoff zu finden.

Was die Nahrungsversorgung anbetrifft, verbreitet er ebenfalls grenzenlosen Optimismus. »Die Produktivitätssteigerung je Flächeneinheit von Anbauland hat das Bevölkerungswachstum weit überholt, und viele vernünftige Gründe sprechen dafür, dass dieser Trend sich fortsetzt.« Und außerdem: »Der Bestand an landwirtschaftlich bestellbarem Land wird unentwegt größer durch Urbarmachung neuer Flächen und Inanspruchnahme bisherigen Brachlandes.« Für ihn stellte sich die Frage nach der Kapazitätsgrenze der Erde nicht.

Der Vorteil der Malthus-Gegner war: Sie konnten dessen Thesen durch die Entwicklung der vergangenen 200 Jahre widerlegen. Zwar ist die Zahl der Menschen seit 1800 gewaltig gestiegen, das Nahrungsangebot aber auch. Was Malthus nicht bedachte und auch nicht voraussehen konnte, war der technische Fortschritt in der Landwirtschaft. Erst nach ihm wurde im 19. Jahrhundert – übrigens dank der Arbeit und Forschung des deutschen Chemikers Justus von Liebig – der Dünger entwickelt, und im 20. Jahrhundert setzte die Mechanisierung der Landwirtschaft ein, für die Mähdrescher und Traktoren als wichtige Symbole stehen. Außerdem gab es gravierende Fortschritte bei der Pflanzenzüchtung. Und wenn dann den reichen Staaten das (Agrar-)Land ausging, starteten sie eben ihre kolonialistischen Eroberungszüge wie im Laufe des 19. und des beginnenden 20. Jahrhunderts. All diese Entwicklungen hatte Malthus nicht in seinem Kalkül.

Die Optimisten oder *Cornucopians* – wie sie im Englischen genannt werden – wähnen sich deshalb als Sieger im wissenschaftlichen Wettstreit mit Malthus und seinen Anhängern. Auch Simons Zeit- und Gesinnungsgenossin, die dänische Ökonomin Ester Böserup (*The Conditions of Agricultural Growth*), war grenzenlos optimistisch und glaubte deshalb, das Nahrungs- und damit auch das Hungerproblem sei gelöst. »Die Menschen werden es nicht zulassen, dass sie verhungern, sondern sie werden etwas erfinden, um das Problem zu lösen.«

Julian Simon starb 1998, Ester Böserup ein Jahr später. Schon zu dieser Zeit gab es Hunderte von Millionen hungernder Menschen. Keine Technologie hatte es bis dahin verhindern können. Und es wurde in den Folgejahren noch schlimmer. Die Menschheit hat – um im Jargon Böserups zu reden – zugelassen, dass derzeit über eine Milliarde Menschen hungert. Und sie haben bislang nichts er- und kein Mittel gefunden, das den Hunger mildert oder gar verschwinden lässt.

Die Optimisten waren zu optimistisch. In den vergangenen Jahren lagen sie falsch mit ihrer Einschätzung, und sie werden zukünftig erst recht falschliegen. Wir leben nämlich seit wenigen Jahren in klassischen malthusianischen Zeiten.

Bevölkerungsexplosion in Afrika

Josef Schmidhuber schaut bei der Welternährungsorganisation FAO in die Zukunft. Dafür hat er eine riesige Datenbank aufgebaut. Mit einem Klick kann er Statistiken über fast alle Länder dieser Welt auf seinen Bildschirm holen. Er kann sehen, wie viel Fleisch sie konsumieren, wie viel Getreide sie ernten und wie ihre Bevölkerung wächst.

Ich sitze im Büro von Schmidhuber unweit des römischen Colosseums. Wir reden über das Bevölkerungswachstum in der Welt. Er beugt sich über seinen Bildschirm und zeigt mir dort eine Graphik über Äthiopien. Knapp 80 Millionen Menschen leben derzeit in dem ostafrikanischen Land. Bis zum Jahr 2050 wird sich diese Zahl mehr als verdoppeln. Dann klickt Schmidhuber weiter. Es erscheint eine Kurve über den Niger. Es ist eine sehr steile Kurve. Links unten ist heute, rechts oben ist übermorgen. Heute hat der Niger, dieser zwischen dem Tschad und Mali eingeklemmte afrikanische Wüstenstaat, rund 13 Millionen Menschen. 2050 werden es 30 Millionen sein, weil der Niger eine der höchsten Fruchtbarkeitsraten der Welt hat. Über sieben Kinder gebärt – statistisch gesehen – jede Frau im Niger. »Das ist eine Katastrophe«, sagt Schmidhuber kopfschüttelnd.

Ja, ganz Afrika ist bevölkerungspolitisch gesehen eine Katastrophe. Seit 1950 hat die Zahl der Afrikaner von etwa 200 Millionen auf derzeit knapp 900 Millionen zugenommen. Und jedes Jahr wächst die Bevölkerung Afrikas um 2,9 Prozent. Hochgerechnet ergibt das im Jahr 2050 zwischen 1,8 und 2,1 Milliarden Afrikaner, je nachdem, ob und wie man das Aidsproblem in den Griff bekommt.

Dass die Bevölkerung auf dem schwarzen Kontinent explodiert, hat zwei Ursachen. Die eine: Die Segnungen der modernen Medizin erreichten endlich auch Afrika. So hat sich seit der späten Kolonialzeit die Sterbeziffer auf 17 pro 1000 Personen reduziert. Die andere: Die Geburtenraten sind nach wie vor sehr hoch.

Geburtenraten in einigen afrikanischen Ländern

Land	Geburten pro Frau
Mali	7,34
Niger	7,29
Somalia	6,60
Kongo	6,28

Viele der afrikanischen Regierungen, aber auch die internationalen Organisationen verschließen die Augen vor diesem Thema. Und auch die Religionen – ob Muslime oder Christen – schweigen dazu. Im Gegenteil: Alle sind überzeugt, dass mehr Menschen zu ihrem Vorteil seien. Die Regierungen hoffen: mehr Einwohner, mehr Anhänger. Und die Religionen glauben: Mehr Menschen bedeutet mehr Glaubensbrüder.

So ist zum Beispiel für die katholische Kirche Afrika der größte Wachstumsmarkt – wenn man mal diesen ökonomischen Terminus benutzen will. Hier steigt noch im Gegensatz zu den anderen Kontinenten die Zahl der Gläubigen. Und das erfreut natürlich den römischen Oberhirten Benedikt XVI., der gerne viele Schäfchen zählt, egal ob schwarze oder weiße. Die katholische Kirche sperrt sich deshalb vehement gegen alle Maßnahmen zur Begrenzung des Bevölkerungswachstums.

Bartholomäus Grill, Journalist, Buchautor (*Ach, Afrika*) und Afrika-Kenner, kritisiert das kirchliche Verhalten zu Recht: »Die Kirchen stoßen ins Horn der Gegenaufklärung. Kondome? Teufelszeug. Die Seuche? Eine Strafe Gottes. Seid enthaltsam! Sündigt nicht! Auf einem Kontinent, in dem die sexuelle Aktivität oft schon mit zwölf beginnt, muten die Aufrufe zur Keuschheit weltfremd und lächerlich an.«

Die Verhütung eines Themas

Anfang Juni 2008 fand in Rom der große Welternährungsgipfel statt. Delegationen aus 181 Ländern waren angereist, darunter auch eine aus dem fernen Neuseeland. James Palmer, der Planungschef im neuseeländischen Landwirtschaftsministerium, war Mitglied der kleinen Delegation. Monate später treffe ich Palmer in seinem Büro in Neuseelands Hauptstadt Wellington. Und dabei redet er sich in Rage, als sei dieser Gipfel erst gestern gewesen.

Drei Tage lang habe man in Rom geredet und diskutiert, wie man der globalen Ernährungskrise begegnen könne. »Doch das wichtigste Thema wurde ausgeklammert: die Bevölkerungspolitik. Kein Regierungschef oder Minister brachte es zur Sprache«, echauffiert sich Palmer, »außer unserem und dem kanadischen.«

Palmer hat mit seinen offenen, undiplomatischen Worten vollkommen recht. Da redete die ganze Welt über die globale Nahrungskrise, aber nicht über deren wichtigste Ursache: die stetig steigende Zahl der Menschen. Familienplanung ist seit Jahren ein Tabuthema, es wird totgeschwiegen. Kaum ein Politiker redet darüber, kaum ein Wissenschaftler forscht darüber, kaum ein Journalist schreibt darüber.

Warum dieses Schweigen?

Weil es zwei mächtige Männer so wollen und wollten. Papst Benedikt XVI. und George W. Bush. Diese heilige Allianz zweier Mächtiger verhinderte jede aktive Bevölkerungspolitik in den Entwicklungsländern. Familienplanung war und ist für beide eine Sünde an der Menschheit. Die amerikanische Antihaltung in dieser Frage hat Tradition. Schon der damalige US-Präsident Dwight (»Ike«) Eisenhower sagte 1959: »Geburtenkontrolle ist nicht unser Business.«

Die katholische Kirche meint dasselbe, aber drückt es natürlich in moralisierenden Worten etwas anders aus. Zum Beispiel in der richtungsweisenden Enzyklika »Humanae Vitae«, die 1968 von Papst Paul VI. verkündet wurde. Künstliche Verhütung ist aus Sicht der katholischen Soziallehre verboten. Stattdessen setzt die Kirche auf die Knaus-Ogino-Verhütungsmethode, von Spöttern auch vatikanisches Roulette genannt. Der Beischlaf als riskantes Spiel in den unfruchtbaren Tagen der Frau. Sicher ist diese Methode nicht. Ihre Misserfolgsquote liegt immerhin bei 15 Prozent, aber dies nimmt die katholische Kirche billigend in Kauf.

Ich bin steuerzahlender Katholik und erlaube mir trotzdem den – in dieser existentiellen Frage – scheinheiligen Vatikan zu kritisieren, der einerseits völlig zu Recht den Hunger in den Entwicklungsländern geißelt, aber vor einer seiner wichtigsten Ursachen die Augen verschließt. Auf seiner Afrikareise Mitte März 2009 gab Papst Benedikt XVI. wieder einmal eine Kostprobe dieses Widerspruchs. In seinem inzwischen legendären Flugzeug-Interview auf dem Weg nach Kamerun verdammte er den Gebrauch von Kondomen. Und als er später auf afrikanischem Boden gelandet war, sagte er, ein Christ könne »niemals ruhig bleiben angesichts von Gewalt, Armut und Hunger«.

Schöne Worte ex cathedra.

Für eine Familienplanwirtschaft

Seit über 35 Jahren arbeitet der Niederländer John Bongaarts beim *Population Council* in New York. Inzwischen ist er *Vice President* der 1952 gegründeten Nichtregierungsorganisation. Er hat sein Büro an der Ecke 48. Straße/2. Avenue, einen Steinwurf vom UN-Hauptgebäude am East River entfernt. Doch dazwischen liegen Welten: dort die UN, die das Thema Bevölkerungswachstum eher vernachlässigt, und hier der *Population Council*, der nahezu einsame Rufer nach einer Bevölkerungspolitik.

John Bongaarts gilt als einer der bekanntesten und erfahrensten Bevölkerungsexperten. Als er anfing, sich mit der Bevölkerungsfrage zu beschäftigen, war sie noch auf der politischen und wissenschaftlichen Agenda. In den 60er und 70er Jahren war Bevölkerungspolitik ein wichtiges und großes Thema. 1969 empfahl zum Beispiel die renommierte amerikanische *National Academy of Sciences* »eine radikale Begrenzung des Bevölkerungswachstums«.

Im August 1974 fand in Bukarest die erste Weltbevölkerungskonferenz statt, die im Zeichen des Ost-West-Konflikts stand. Der sozialistische Osten plädierte für wirtschaftliche Entwicklung als das beste Verhütungsmittel. Dahinter steckt der simple und sicher nicht falsche Gedanke: Wer mehr verdient, bekommt weniger Kinder – ein Phänomen, das in allen Industrieländern zu beobachten war. Der Westen dagegen wollte sich nicht allein auf diesen Mechanismus verlassen. Er forderte deshalb auf der Bukarester Konferenz mehr Programme zur Familienplanung. Einige Entwicklungsländer legten anschließend auch solche Programme auf.

Doch in den Jahren nach Bukarest ließ das Interesse am Thema nach. Es gab zwar – wie verabredet alle zehn Jahre – weitere Weltbevölkerungskonferenzen, 1984 in Mexico City und 1994 in Kairo, wo man sich aber lediglich auf freiwillige Empfehlungen einigen konnte. 2004 fand erst gar keine Konferenz mehr statt. »Viele dachten, das Bevölkerungsproblem sei gelöst«, sagt Bongaarts. Zudem hofften insgeheim einige Extremzyniker, die Immunschwäche Aids werde – vor allem im stark betroffenen Afrika – ihren Teil zur Lösung des Problems beitragen.

Doch das Problem des globalen Bevölkerungswachstums ist alles andere als gelöst. Es ist deshalb dringend notwendig, dass sich Politik, Wissenschaft und Medien wieder intensiver diesem Thema widmen.

Zum Glück gibt es neben dem Population Council noch ein paar weitere Mahner und Warner, vor allem in den USA. Zum Beispiel die Kampagne *The Global Population Speak Out (GPSO),* die der Umweltjournalist John Feeney ins Leben gerufen hat. Er möchte das Jahrzehnte andauernde Tabu brechen und endlich öffentlich über Bevölkerungsthemen reden. In seinem Dunstkreis stößt man dabei auf alte Bekannte wie Paul und Anne Ehrlich sowie Dennis Meadows, den Autor des Club-of-Rome-Reports.

Aber auch der ehemalige US-Vizepräsident Al Gore, der inzwischen zu einem Popstar der globalen Öko-Szene emporgestiegen ist, nimmt sich des Themas an und fordert, »sicherzustellen, dass Verhütungsmittel und -techniken überall verfügbar sind, aber je nach Land mit der entsprechenden kulturellen Rücksichtnahme«.

Große Hoffnung besteht inzwischen, dass auch unter den aktiven US-Politikern eine Enttabuisierung des Themas erfolgt. Immerhin hat der neue US-Präsident Barack Obama bereits am dritten Tag seiner Amtszeit ein Verbot seiner Vorgängerregierung aufgehoben. Danach durften staatliche US-Hilfsorganisationen keine Gelder für Familienplanungsprogramme in den Entwicklungsländern ausgeben. Obama begründete den Schritt: »Das Verbot hat die Bemühungen unterlaufen, sichere und effektive freiwillige Familienplanungsprogramme in anderen Ländern zu etablieren.«

An Ideen für diese Programme mangelt es nicht. Die Palette der Vorschläge ist breit, sie reicht von radikal bis gemäßigt, von freiwillig bis erzwungen. John Bongaarts propagiert die Idee, dass Frauen in Entwicklungsländern erst später Kinder bekommen sollen. Würden die Frauen dort erst fünf Jahre später als bisher gebären, würde sich – so Bongaarts – das Bevölkerungswachstum um über eine Milliarde reduzieren. Als Maßnahmen empfiehlt er ein höheres Heiratsalter per Gesetz, aber auch eine bessere Schulausbildung für Mädchen, damit sie länger in der Schule bleiben.

Je besser die Bildung, desto weniger Kinder. Frauen mit Uniabschluss zum Beispiel haben im Schnitt 1,5 Kinder weniger als Nichtakademikerinnen. Die Erhöhung von Bildungschancen ist deshalb ein wichtiger Ansatz, für den auch Joel Cohen eintritt. In seinem neuen Buch *Educating All Children* fordert er ein weltweites Bildungsprogramm. Kosten: Bis zu 70 Milliarden Dollar – Peanuts im Vergleich zu den Hunderten von Milliarden, die im Zuge der Finanzkrise den Banken und anderen Industrien genehmigt wurden.

Lester Brown plädiert für eine radikale Variante: »Die einzige Option der Menschheit ist, so schnell wie möglich zu einer Zwei-Kind-Politik zu kommen. Damit könnte die Weltbevölkerung eher bei sieben Milliarden stabilisiert werden als bei den geschätzten neun Milliarden.«

Das Modell China lässt grüßen.

China: brutal erfolgreich

Man darf das nicht laut sagen, und man sollte es auch aus Gründen der *political correctness* nicht schreiben. Ich tue es trotzdem und sage: Chinas Ein-Kind-Politik war eine weise Entscheidung für China, aber auch für den Rest der Menschheit. Wie oft wird China von den satten Gutmenschen im Westen gescholten wegen seiner Ein-Kind-Politik. Aber haben die, die so leichtfertig den moralischen Zeigefinger erheben, schon einmal nachgedacht, was passiert wäre, wenn China nicht diesen rigorosen Kurs einer restriktiven Familienpolitik eingeschlagen hätte?

Die Antwort ist einfach: Die Bevölkerungszahl in China, das wir so gerne aufgrund seiner gigantischen Ausmaße als Riesenreich titulieren, wäre explodiert. Die große Menschenmenge hätte nicht ernährt werden können. Es hätte mit Sicherheit Auseinandersetzungen um das tägliche Essen gegeben. Viele Hungernde wären in Nachbarländer geflüchtet. Ein ganzer Kontinent wäre in Aufruhr geraten. Dieses Schreckensszenario vor Augen, haben sich die Machthaber damals Ende 1979 entschlossen, die Ein-Kind-Politik einzuführen.

Voraus ging übrigens ein langer Kampf innerhalb der chinesischen Führung. Mao Ze-dong sah anfangs kurz nach Gründung der Volksrepublik 1949 eine hohe Bevölkerungszahl als ein Symbol nationaler Größe. Viele Menschen gleich viel Macht. Erst Mitte der 50er Jahre fing ein Umdenken an. Da wurden es auch den Machthabern zu viele Landsleute. Die Spätehe wurde propagiert, Abtreibungen und Sterilisationen wurden teilweise erlaubt. Doch dann dezimierten drei Ereignisse auf makabre Weise die Bevölkerung: Der »Große Sprung nach vorn«, die euphemistisch so genannten drei Jahre der »Naturkatastrophen«, also die Hungersnot Anfang der 60er Jahre, und die Kulturrevolution. Diese drei Ereignisse kosteten Millionen von Chinesen das Leben.

Erst nach 1970 kam das Thema Geburtenkontrolle wieder auf die Tagesordnung, weil die Führung Probleme sah, Chinas Menschen zu ernähren. Und nichts fürchten die Kader aus leidvoller Erfahrung mehr als Hungerrevolten. 1973 gab es eine Konferenz zur Geburtenplanung in Peking. Ihr folgten rigorose Maßnahmen. Zum Beispiel die Spätehen-»Empfehlung«, nach der Frauen erst im Alter zwischen 23 und 25 Jahren und

Männer zwischen 25 und 28 Jahren heiraten sollten. Maximal wurden zwei Kinder erlaubt. Der Abstand zwischen ihnen sollte vier Jahre sein.

Doch als auch das nicht half, den Bevölkerungsanstieg zu reduzieren, griff man zu dem letzten radikalen Mittel: der Ein-Kind-Politik. Radikal wurde sie – was allerdings viele westliche Kritiker nicht sehen (wollen) – nicht durchgezogen. Es gab legale wie illegale Ausnahmen. Heute soll die Geburtenziffer bei 1,7 Kindern liegen und ist damit sogar etwas höher als in der Bundesrepublik. Deshalb wird Chinas Bevölkerung zwar noch bis etwa zum Jahr 2035 weiter wachsen und rund 1,5 Milliarden Menschen betragen. Aber damit wird der Höhepunkt erreicht sein, von da an wird die Zahl der Chinesen sinken.

China hat sich für den brutalen Kurs der Geburtenkontrolle entschieden. Es gibt aber noch einen anderen, einen weniger rabiaten, einen lebensfroheren.

Der Erfolg des Kondom-Königs

Die Sukhumvit ist eine der großen Einkaufs- und Vergnügungsstraßen der thailändischen Hauptstadt Bangkok. Alle paar Meter gehen von ihr kleinere Nebenstraßen ab, die sogenannten Soi. Sie sind im Gegensatz zur Sukhumvit fast nur Vergnügungsmeilen. Dort gibt es Restaurants, Bars, Kneipen und was immer man sich unter Bangkok vorstellt.

In der Soi 12 stoße ich auf ein Restaurant. Der Name macht mich stutzig. *Cabbages & Condoms* steht in Leuchtschrift über dem Lokal, Kohl & Kondome also. Ich rätsele, was mich in einem Etablissement mit diesem Namen erwarten könnte. Könnte es ein Bordell mit angeschlossenem Restaurant sein – oder umgekehrt? Ich bin neugierig und trete ein. Es gibt Tische und Stühle, es gibt eine Speisekarte, die Preise sind zivil, das Essen ist in Ordnung, und es gibt keine einschlägige Animation. Eigentlich ein ganz normales Restaurant, wären da nicht auffällig viele Kondome im Lokal. Und am Schluss stecken auch in der schwarzen Ledermappe, in der die Rechnung präsentiert wird, zwei Gummis.

Wo war ich hier? Sofort nach der Rückkehr ich mein Hotelzimmer google ich. Und siehe da: Ich war in einem Restaurant von Mechai Viravaidya. In Thailand sei er so bekannt wie der König, heißt es dort. Und er habe auch einen Titel, und zwar: Kondom-König. Viele Thais verlangen, wenn sie ein Kondom kaufen, ein »Mechai«.

Schon 1973 gründete Mechai die *Population and Community Development Association (PDA)* und startete eine beispielslose Aufklärungskampagne. Der Mann strotzte dabei vor Ideen. Berühmt waren seine Kondom-Aufblaswettbewerbe. »Damit wird schon den Schulkindern beigebracht, dass Kondome nichts Schmutziges sind«, erklärte er. Er verteilte Kondome an Verkehrspolizisten und Busfahrer. Bauern bekamen Kredite, für die sie nur die Hälfte der Zinsen bezahlen mussten, wenn ihre Frauen während der Laufzeit nicht schwanger wurden. Tausende seiner Mitarbeiter fuhren mit Bussen bis ins letzte Dorf Thailands, zeigten dort Spiel- und Aufklärungsfilme, brachten Kondome und Pillen mit, und die Männer konnten sich gleich im Bus sterilisieren lassen. Ein ernstes Thema wurde so mit Spaß verkauft. »Sanuk – Spaß muss sein bei einer so tabuisierten Angelegenheit wie Familienplanung«, sagt Mechai.

Der Erfolg gab Mechais Methode recht. Hatte eine Thai-Familie früher im Schnitt sieben Kinder, so sind es heute 1,6. Verhütung ist machbar, wenn man es politisch will. Und es ist auch keine Frage der Religion, wie so viele behaupten. Was im buddhistischen Thailand klappte, gelang auch im katholischen Mexiko und im islamischen Iran – wenn auch mit etwas weniger spaßigen Aktionen.

Im Iran gibt es seit 1989 ein Programm zur Familienplanung und seit 1993 ein wegweisendes Gesetz. Es gibt kostenlose Verhütungsmittel und Sterilisationen sowie umfangreiche Aufklärung. Alle Iraner müssen vor der Heirat – getrennt nach Geschlechtern – eine zweistündige Sitzung besuchen, in der per Video und Vortrag über die verschiedenen Methoden der Verhütung informiert wird. Die Aufklärung hat Erfolg: Die Wachstumsrate der Bevölkerung sank von 3,2 auf derzeit etwas über ein Prozent. Ähnliche Erfolgszahlen kann Mexiko vorweisen. Dort sank in den vergangenen 20 Jahren die Rate von vier auf 1,9 Prozent, weil es seit den 70er Jahren in dem mittelamerikanischen Land ein Familienplanungsprogramm gibt.

Diese Beispiele aus drei Ländern aus unterschiedlichen Kulturkreisen und mit verschiedenem religiösem Hintergrund zeigen, dass Familienplanung machbar ist und auch erfolgreich sein kann, wenn es die Herrschenden nur wollen. Einsichtige und weitsichtige Regierungen erkennen nämlich die simple Wirkungskette: weniger Menschen, mehr Essen, weniger Hunger.

Freilich ist die rapide steigende Weltbevölkerung nur eine wichtige Ursache der Ernährungskrise. Und alle Versuche, das Wachstum der Menschheit zu begrenzen oder gar zu reduzieren, sind zwingend notwendig. Aber es gibt noch eine andere, vielleicht noch gravierendere Ursache für unsere derzeitigen globalen Nahrungsprobleme: Immer mehr Menschen wollen sich anders ernähren – und zwar so wie wir im Westen.

2 Lust auf Fleisch

Die westliche Welt ist das große Vorbild. Die Europäer und die Amerikaner stehen für hohen Lebensstil. Den möchte man auch erreichen. Ob es die Mode oder die Musik ist oder eben auch das Essen. Viele Länder in den Entwicklungsländern wetteifern deshalb dem Westen nach. Manche sind schon auf der Schwelle, es ihm gleich zu tun. In solchen Staaten wie China, Indien, Brasilien oder Russland wächst eine starke, kaufkräftige Mittelschicht heran, die so konsumieren will wie die Deutschen, Italiener oder Amerikaner. Und sie wollen auch so essen.

Das bedeutet mehr Milch, mehr Brot, aber vor allem mehr Fleisch. Fleisch war jahrhundertelang im Westen die Speise der Mächtigen. Wer Fleisch aß, hatte Macht. Erst im Laufe des 19. Jahrhunderts wurde Fleisch in Europa auch zu einer Speise fürs arbeitende Volk. Ebenso in den USA, wo das Steak gegen Ende des 19. Jahrhunderts quasi zu einem Symbol der Gleichheit mutierte. Jeder Amerikaner sollte sich ein Steak leisten können. So wurden die USA die größte Fleischvertilger-Nation der Welt, zumal sich zum Steak später auch noch der Hamburger als weiteres Grundnahrungsmittel gesellte. Kein Wunder also, dass die USA mit 125 Kilogramm zusammen mit Spanien den unangefochtenen Weltrekord im Pro-Kopf-Verbrauch an Fleisch halten.

Es ist interessant, dass kulturunabhängig alle Länder dieselbe Lust nach Fleisch verspüren wie die Europäer und Amerikaner. Es gibt offenbar eine Korrelation zwischen Industrialisierung und Fleischkonsum, zwischen Wohlstand und dem Wunsch nach Steaks. Dieses Phänomen war und ist bei den Japanern und Koreanern zu beobachten. Und nun seit einigen Jahren auch bei den Chinesen, Indern und anderen aufstrebenden Völkern. Für

Jacques Diouf, Präsident der Welternährungsorganisation FAO, ist das eine ganz normale Entwicklung: »Die Menschen dort [in Indien und China; W. H.] werden reicher und verzehren mehr Fleisch. Soll ich sie deshalb anprangern? Es ist gut, wenn [dort] der Wohlstand steigt.« Und damit hat der Senegalese natürlich recht.

Den Chinesen und anderen Asiaten vorzuwerfen, dass sie zu viel Fleisch essen, wäre eine neokolonialistische Attitüde. Wer aus einem Land stammt, in dem jeder im Schnitt rund 87 Kilogramm Fleisch pro Jahr isst (und ich betrachte mich in dieser Hinsicht eher als überdurchschnittlich), hat keinerlei Legitimation, den Zeigefinger zu erheben.

Es ist aber aufschlussreich, diese Entwicklung zu beschreiben und vor allem ihre Folgen. Der weltweit zunehmende Fleischkonsum – 1990 betrug er 150 Millionen Tonnen, 2003 schon 250 Millionen Tonnen und 2050 schätzungsweise 450 Millionen – hat gravierende, ja katastrophale Auswirkungen auf unsere Nahrungsmittelsituation. Denn die 16 Milliarden Hühner, 1,5 Milliarden Rinder und eine Milliarde Schweine, die zwecks späterem Verzehr kurzzeitig auf unserer Erde leben (oder vegetieren), brauchen Futter, viel Futter.

Dabei wird bereits jetzt schon über ein Drittel allen Getreides der Welt verfüttert. Und wir brauchen angesichts des weltweit zunehmenden Appetits auf Fleisch immer mehr Flächen, um Mais und Soja für Viehfutter anzubauen. Doch die Erde stößt längst an ihre Kapazitätsgrenze. Der amerikanische Evolutionsforscher Edward O. Wilson sagt: »Wollten alle Menschen auf der Welt das derzeitige Konsumniveau der Vereinigten Staaten erreichen, würde man beim heutigen Stand der Technik vier weitere Planeten wie die Erde benötigen.«

Woher also soll das viele Futter künftig kommen? Es gibt nur zwei Möglichkeiten: Wir weiten die Flächen weiter aus, was zu Lasten anderer Getreidesorten (Weizen zum Beispiel) geht, die dann knapper und teurer werden. Oder wir belassen es bei den bestehenden Flächen – dann werden die Futtermittel knapp und die Futter- und damit auch die Fleischpreise werden drastisch steigen. Beides sind für den Verbraucher teure Lösungen.

Eine billigere (und nebenbei auch gesündere) Variante wäre: Wir im Westen essen weniger Fleisch (dazu mehr in Kapitel 11).

Fleisch als Statussymbol

Abends gegen zehn Uhr beliebte der Herrscher zu speisen. Mit dem Ausruf »Les viandes du roi« wurde das Abendessen für den Sonnenkönig Ludwig XIV. aufgetragen. Chronisten des 17. Jahrhunderts berichten von unvorstellbaren Ess-, ach was, Fressorgien im Hause des Potentaten. Einen Fasan, ein Rebhuhn, einen Teller Irish Stew, zwei große Scheiben Schinken und Hammelfleisch in der Brühe soll der König abends in Versailles vertilgt haben. Und alles stopfte er mit der Hand in sich rein.

Fleisch war immer ein Symbol der Macht und der Mächtigen. »Die Symbolik von Fleisch und Macht zieht sich wie ein roter Faden durch die Geschichte«, schreibt Nan Mellinger in ihrem Buch *Fleisch – Urspung und Wandel einer Lust*. Die herrschende Klasse aß stets Fleisch, das Volk ganz selten oder nie. Bis weit in das 18. Jahrhundert hinein war das gemeine Volk eine »Brei- und Musgesellschaft«, wie es der Münsteraner Agrarhistoriker Hans Jürgen Teuteberg umschrieb.

Erst im 19. Jahrhundert kam langsam die breite Masse in den Genuss des Fleisches. Mit steigendem Einkommen des entstehenden städtischen Bürgertums und später der arbeitenden Bevölkerung wurde der Fleischkonsum langsam demokratisiert. »Fleisch für alle, lautet überspitzt formuliert die Losung der Moderne«, schreibt Mellinger.

Dabei halfen auch die technischen Neuerungen der Fleischproduktion. Sie machten das Fleisch billiger. Die ersten

Schlachthöfe entstanden in der zweiten Hälfte des 19. Jahrhunderts. Erstmals wurden die Tiere am Fließband geschlachtet. Legendär sind die *Union Stock Yards*, der Schlachthof in Chicago, der 1865 gegründet wurde. Rund 200 000 Rinder wurden dort täglich verarbeitet. Ihm hat Chicago den Aufstieg zu einer Wirtschaftsmetropole zu verdanken und Amerika den zu einer Steak-Nation.

Die Amerikaner sind Weltmeister im Fleischessen – aus Tradition. »In diesem Land wollen wir Rindfleisch essen. Aber nicht irgendein Stück Rindfleisch, sondern Steaks, weil Steaks für uns Immigranten Amerika bedeutet«, schreibt Betty Fussell in ihrem Buch *Raising Steaks*. Das Steak als nationales Symbol. Wer Steak isst, ist Amerikaner. So wurde in den USA das Steak in den vergangenen Jahrzehnten zur Nahrung für alle. Die Unterschicht isst genauso viele Steaks wie die Oberschicht. Nur die Oberschicht zelebriert ihren Genuss inzwischen anders – in noblen Steakhäusern, die in den 90er Jahren einen gewaltigen Boom erlebten, erst in den USA, dann im Rest der Welt. Inzwischen hat fast jeder Starkoch in den USA ein Steakhouse. Edle Ketten wie Smith & Wollensky, The Palm, Morton's and Ruth's Chris eröffneten Ableger in fast jeder großen Stadt.

Legendär und eines der ersten Steakhäuser war freilich Peter Luger's Café im New Yorker Stadtteil Williamsburg nahe der Brooklyn Bridge. Hier fragt man nicht nach einer Speisekarte. Hier ordert man Steak for one, two, three oder four und sagt noch *rare* oder *medium rare*. Wer *well done* sagt, hat sich bereits als blutiger Tourist entlarvt. Geliefert wird eine Riesenportion. Alles auf dem Teller ist gigantisch: die Zwiebeln, die Tomaten, die Kartoffeln – und natürlich das Steak. Und als Nachtisch gibt es einen riesigen Apple Strudel, bevor die Rechnung in ähnlicher Größenordnung kommt.

Rund 125 Kilo Fleisch verspeist jeder Amerikaner pro Jahr, die Bewohner der Entwicklungsländer dagegen nur rund 30 Kilogramm, Tendenz stark steigend. Schon in den vergangenen

Jahren ist der Fleischkonsum weltweit deutlich gestiegen. Lag er 1961 noch bei 71 Millionen Tonnen, so betrug er im Jahre 2007 schon das Vierfache, nämlich 284 Millionen Tonnen. Bis zum Jahr 2050 soll er nach Schätzungen der FAO noch auf 450 Millionen Tonnen steigen.

Als Mitesser entpuppen sich dabei immer mehr die Asiaten, die ihre gesunde Linie verlassen. Japaner, Koreaner, Malayen, Thais – sie alle essen mehr Fleisch. Allein in Japan ist seit 1955 der Fleischkonsum um 900 Prozent gestiegen. Und auch die Chinesen holen gewaltig auf: 1985 hat jeder Chinese nur 20 Kilo Fleisch im Jahr gegessen, jetzt sind es schon über 50 Kilo. Tendenz: jährlich um drei Prozent steigend. Selbst in Indien mit seiner großen traditionell vegetarischen Bevölkerung nimmt der Fleischkonsum zu.

Die McDonaldisierung der Welt

600 North Clark Street in Chicago, ein paar Querstraßen von der lebendigen Haupteinkaufsmeile Michigan Avenue entfernt. Ein riesiger gelber Bogen spannt sich über das Gelände. Jedes Kind erkennt sofort: Hier steht ein McDonald's. Es ist freilich kein x-beliebiger. Dies ist einer der ältesten, größten und bestbesuchten McDonald's der Welt. Ich überwinde meine Schwellenangst, trete ein und reihe mich in eine der Schlangen vor den 20 Kassen ein. Während der Wartezeit kann ich einen Blick auf diese nahezu reibungslose Bedienungsmaschinerie werfen. Die Abläufe sind perfektioniert, jeder Handgriff sitzt.

Mit der Klassikerkombi Big Mac, Pommes und einer Cola setze ich mich auf einen Plastikstuhl und mustere die Umgebung. An einer Wandtafel bleibt mein Blick hängen: *Chicago's Firsts* steht dort als Überschrift. Auf der Tafel wird aufgelistet, was alles in dieser Stadt erfunden wurde: die Rollschuhe (1884), die Hochbahn (1881), der Reißverschluss (1896), das

Autorennen (1895) – und unter dem Datum des 15. Aprils 1955 ist folgendes kulinarhistorisches Ereignis notiert: *Roy Kroc opened his first McDonald's*. Roy Kroc war der Gründer der inzwischen größten Fastfood-Kette der Welt. Heute gibt es weltweit über 31 000 Filialen in rund 120 Ländern.

Man muss die Produkte von McDonald's nicht mögen, aber man sollte trotzdem den wirtschaftlichen Erfolg dieses Konzerns würdigen. Weltweit, in den unterschiedlichsten (Ess-)Kulturkreisen, die Begehrlichkeit für solch durchschnittliche Produkte zu kreieren ist und bleibt eine hervorragende Marketingleistung.

Zwei Monate später und 15 000 Kilometer weiter, besuche ich wieder ein McDonald's-»Restaurant«. Diesmal in Neu-Delhi, Indiens Hauptstadt. Ich bestelle keinen BigMac. Den gibt es dort auch gar nicht. Schweine- und Rindfleisch sind tabu. Stattdessen ordere ich einen McAloo Tikki, einen vegetarischen Hamburger, bei dem statt Fleisch eine Art Kartoffelkotelett zwischen die beiden Brötchenscheiben geklemmt ist. McDonald's ist in Indien sehr behutsam vorgegangen, versuchte sich an die verschiedenen Geschmäcker und Gepflogenheiten des Multikulti-Landes anzupassen. Heute ist McDonald's mit seinen über 160 Filialen eine der angesehensten ausländischen Marken in Indien. Kinder schleppen ihre Eltern in die Filialen. Ein Gang der ganzen Familie zu McDonald's ist wie ein Besuch ins Kino.

Überall auf dieser Welt begegne ich unausweichlich McDonald's. Auf der Ausfallstraße in Kairo fahre ich auf dem Weg zum Flughafen an Reklameschildern vorbei, auf denen McDonald's zum Frühstück einlädt. In der Abu Dhabi Mall im Food Center sehe ich verschleierte junge Musliminnen Schlange stehen für einen McArab. Auf der Titelseite der *Straits Times* in Singapur springt mir eine bunte Anzeige entgegen, die den *New Mega Beef Prosperity Burger* anpreist. Und in Peking laufe ich permanent an Bushaltestellen vorbei, an denen für ein auf 10,50

Yuan (rund ein Euro) reduziertes »Menü« aus Hamburger, Fritten und Cola geworben wird.

Aber es ist ja nicht allein McDonald's, der mit seinen schnellen und schlichten Menüs die Welt erobert, sondern auch kleinere Konkurrenten wie Burger King oder Kentucky Fried Chicken (KFC) und die pseudoitalienische (Pizza Hut) und mexikanische Variante (Taco Bell) des Fastfood. Irgendwo in der Welt eröffnen diese Ketten alle zwei Stunden eine neue Filiale. Selbst in Dhaka, der Hauptstadt von Bangladesch, wo ich nie und nimmer ein Fastfood-»Restaurant« vermutet hätte, feierte KFC während meines Aufenthaltes sein zehnjähriges Bestehen im Lande. Es gibt in der Tat kaum noch Fastfood-freie Zonen auf dieser Welt. Und da, wo es noch weiße Flecken gibt, werden diese bald verschwunden sein. Beim Blick aus meinem Hotelzimmer in Phnom Penh schaue ich direkt auf eine Plakatwand von KFC, auf der ein *Opening Soon* angekündigt wurde.

Es ist vor allem ein globaler Zweikampf zwischen McDonald's und Kentucky Fried Chicken. Dessen Gründer, Harland D. Sanders, eröffnete sein erstes KFC-Restaurant 1954 in Salt Lake City. Das Hähnchen war bald in aller Munde – sehr zum Ärger der Hamburger-Bräter. Es dauerte aber bis 1979, ehe McDonald's auf den Erfolg von KFC reagierte. Erst dann gab Fred Turner, damals Chef von McDonald's, den Auftrag, ein leicht zu essendes Hähnchen-Produkt zu kreieren. Vier Jahre lang wurde experimentiert, dann durfte die Antwort auf KFC die Versuchsküche verlassen: Die *Chicken McNuggets* waren geboren, kleine frittierte Würfel von Hühnerfleisch. »Selten hatte ein solch kleines Stück an Nahrung einen solch großen Einfluss auf unser Essen«, schreibt Hattie Ellis in ihrem Buch *Planet Chicken.* Sofort nach dem Launch 1983 wurden die McNuggets ein Riesen-Erfolg, was sie bis heute geblieben sind.

Es gibt Länder, wo McDonald's stärker, es gibt andere, wo KFC führend ist, wie China zum Beispiel. Dort war KFC schneller und eröffnete im November 1987 in Peking das erste Restaurant. Der Markteintritt von McDonald's erfolgte erst Jahre später, nämlich 1991, und dann erst einmal vorsichtig in Shenzhen, der Nachbarstadt von Hongkong. Heute hat KFC in China rund 2500 Restaurants, McDonald's circa 1000. In China hat KFC einen gewissen Heimvorteil. Chinesen mögen frittierte Hähnchenstücke. Zudem passte KFC seine Produkte immer wieder dem Geschmack der Chinesen an. Extra dafür wurde Ende der 90er Jahre in Shanghai eine Testküche eingerichtet. Kentucky Fried Chicken wird deshalb von den Chinesen schon fast als heimisches Unternehmen betrachtet, im Gegensatz zum westlichen McDonald's. Zu KFC gehen deshalb Jung und Alt, zu McDonald's dagegen fast nur junge Chinesen.

Doch populär sind sie beide: Nirgendwo auf der Welt habe ich vollere KFC- und McDonald's-Restaurants gesehen als in Peking.

Essen wie im Westen

Japan hat – keine Frage – eine der gesundesten Küchen der Welt. Sie beruht, grob gesagt, auf Reis, Fisch und Gemüse. Fleisch stand lange Zeit hinweg nicht auf dem Speisezettel der Japaner. Denn der Verzehr von Fleisch war über Jahrhunderte hinweg schlicht verboten, weil der buddhistisch beeinflusste Kaiser Temmu anno 676 es so befahl. Erst im Rahmen der Meiji-Reform nach 1868, die das bis dato abgeschottete Inselvolk dem Ausland öffnete, durften die Japaner legal Fleisch genießen. Sie taten das aber nie in den Mengen, in denen wir im Westen Fleisch konsumieren. Fleisch gibt es dort eher als Beilage, hauchdünn geschnitten oder in Streifen.

Doch was machen die modernen Japaner? Sie wenden sich seit Jahren von ihrer gesunden Kost ab und wenden sich mehr und mehr der ungesünderen westlichen Nahrung zu. Während meiner Tage in Tokio staunte ich über die Vielzahl ausländischer Restaurants, die es bei meinem ersten Besuch Mitte der 80er Jahre noch nicht gab. Nur eine kleine Auswahl: Outback Steakhouse, Tacos del Amigo, Homework (The Best Burger in Town), Pizzakaya (Best Pizza in Tokyo), Tony Roma's (Ribs, Seafood and Steaks) – und nicht zu vergessen die unzähligen Fastfood-»Restaurants«. Florian Coulmas, ein intimer Japan-Kenner, beschreibt diese kulinarische Kolonialisierung Japans in bitteren Worten: »Den Niedergang der japanischen Kochkultur zu beklagen ist vielleicht verfrüht, aber dass sie dem Vordringen bestialischer Formen der Nahrungsmittelaufnahme nicht im Wege steht, lässt sich bisher nicht bestreiten.« Und damit meint er vor allem »die McDonald's-Hamburger-Braterei, die in Japan mehr Imbissstuben hat als in jedem anderen Land außerhalb der USA«.

Der Siegeszug der westlichen Esskultur (oder manchmal auch -unkultur) ist offenbar nicht aufzuhalten. Ob Brot oder Steaks, ob Hamburger oder Pizzas, ob Sandwich oder Caesar Salad – die Welt will offenbar essen, was wir ihnen im Westen vorgekaut haben. »Diet Globalization« nennt Joachim von Braun, Chef des *International Food Policy Research Institute (IFPRI)* in Washington, dieses Phänomen – die Globalisierung der Ernährung. Von Braun: »Das Essverhalten auf der Welt wird immer ähnlicher.« Was vor allem westlicher heißt.

Zur Verbreitung westlicher Essgewohnheiten tragen vor allem die Metropolen und die großen Städte in den nichtwestlichen Ländern bei. Dort wohnt die trendsetzende Mittelschicht, die ins Ausland reist und von dort vieles adaptiert, eben auch das Essen. In den Städten der Entwicklungsländer »findet eine Übernahme urbaner Lebensmuster des reichen Nordens durch die lokalen Eliten und Mittelschichten statt«, schreiben in bestem Soziologendeutsch die beiden Wissenschaftler Rainer Münz und Albert Reiterer in ihrem Buch *Wie schnell wächst die Zahl der Menschen?*. Weil die Urbanisierung rund um die Welt unaufhaltsam voranschreitet, wohnen immer mehr Menschen in den Städten, und entsprechend steigt die Zahl derer, die gerne westliches Essen mögen. Zudem sind die Städter häufig Vorbilder für die Landbevölkerung, die gerne deren Konsumverhalten übernimmt und deshalb ebenfalls gerne zu westlicher Nahrung wechselt. Dabei ist es offenbar egal, ob diese gesund oder ungesund ist. Man will mit westlichem Essen auch ein Stück des westlichen Lebensstils kopieren.

So verzichten Koreaner zunehmend auf ihr gesundes Frühstück mit Fisch, Reis, Gemüse, Seetang und Ginseng-Tee. Stattdessen ist plötzlich Brunchen in – mit Pfannkuchen und Ahornsirup, mit Rührei, Schinken, Speck und Würstchen. Überall in Seoul eröffnen Brunch-Lokale mit mehr oder weniger seltsamen Namen wie *Flying Pan Blue, Butterfinger Pancakes* oder *Tell Me About It*. Die Koreaner sind auf den Geschmack des Brunchens gekommen, weil sie zum Beispiel in der amerikanischen TV-Serie *Sex and the City* sahen, wie diese New Yorker Powerfrauen sich am Wochenende beim Brunchen über ihre Liebschaften und ähnlich bedeutende Dinge austauschen. Kelly Brownell, Yale-Professor und Ernährungsexperte, erklärt diese Vorbildrolle Amerikas so: »Vielleicht mehr als jeder andere amerikanische Export ist unsere Nahrung von mächtiger symbolischer Bedeutung für die Weltbevölkerung. Amerikanisches Essen repräsentiert auch den US-amerikanischen Lifestyle und die amerikanische Vorherrschaft in der Welt.«

Viele Nationen mögen vielleicht der amerikanischen Politik nicht folgen, aber die Filme, die Musik, die NBA (also die US-Basketball-Liga) und das Essen, auch wenn es oft nur Junkfood ist, haben eine globale Fangemeinde. Ein Ergebnis von hervorragender Leistung (als Europäer kann ich da nur neidisch applaudieren) und einer perfekten Vermarktungsmaschine, meist via Fernsehen.

Vor allem Asien, der bevölkerungsreichste Kontinent, ist anfällig für westliche Esskultur. Nur ein kleines Indiz: Im *Miele Guide*, dem asiatischen Pendant zum Guide Michelin oder

Gault Millaut, sind unter den fünf besten Restaurants nur westliche Lokale mit westlichen Chefs. Prabhu Pingali von der FAO spricht von einer »dramatischen Veränderung der asiatischen Kost, weg von der traditionellen Dominanz des Reises und hin zu Fleisch- und Milchprodukten sowie Brot«.

Das Brot spielt in der Tat eine wichtige Rolle bei der Verwestlichung des Essens. Jahrhundertelang war das Brot das dominante Nahrungsmittel der Europäer. Seit den 50er Jahren hat Brot jedoch seinen Siegeszug in fast jede Ecke dieser Welt angetreten, auch dorthin, wo das Brotbacken bis dato nahezu unbekannt war. So hat noch vor 30 Jahren in Korea kaum jemand Brot gegessen. Heute gibt es beinahe an jeder Straßenecke Bäckereien und Cafés: die Kette *Paris Croissant,* eine deutsche Bäckerei namens *Ach so*, *Coffee & Toast*, *Caffe Luca* und die natürlich omnipräsenten *Starbucks*-Coffeeshops.

Der Brotkonsum in Korea steigt deshalb deutlich. Seit 1978 ging dort der Reiskonsum zurück (von 135 auf 78 kg), der von Fleisch (13 auf 39 kg) und Milchprodukten (von 43 auf 64 kg) stieg dagegen wie der von Brot an. Andere Zahlen, aber mit demselben Trend gibt es in Japan, Taiwan und den Ländern Südostasiens.

Was bedeutet nun diese *Diet Globalization,* diese Verwestlichung der internationalen Essgewohnheiten? Dreierlei: Erstens werden diese Länder mit den gleichen Gesundheitsproblemen konfrontiert werden, wie wir sie hier schon längst haben: Fettleibigkeit, Krebs- und Herzerkrankungen. Immer häufiger sieht man inzwischen dicke Kinder auf den Straßen Pekings, Seouls, Singapurs oder Tokios. Zweitens: Der steigende Brot- und Fleischkonsum erfordert immer mehr Weizen und Futter, also Mais und Soja, was mittelfristig mangels Angebot zu steigenden Preisen dieser Getreidearten führen wird. Und drittens: Das Essen rund um den Globus wird eintöniger und langweiliger. Carolyn Steel schreibt in ihrem Buch *Hungry City*: »In dem neuen globalen Dorf essen wir alle dasselbe, angeboten von denselben Unternehmen und verkauft in denselben Läden.« Wir sind auf dem Weg von einer kulturellen Differenzierung hin zu einer globalen Einheitssauce.

Metro, Nestlé & Co.

Peking, ein ganz normaler früher Mittwochnachmittag im Februar. Es ist kalt, am Morgen ist der erste Schnee des Winters gefallen. Ich fahre zu einem *Carrefour*-Supermarkt, einem von elf in der chinesischen Hauptstadt und von über 120 in China. Er liegt im Südosten der Stadt, wo die Zahl der Bürotürme ab- und die der Wohnblöcke zunimmt.

Der Parkplatz ist fast voll. Drinnen herrscht großes Gedränge und Geschiebe. Auffallend sind die vielen Ölflaschen und -kanister. Speiseöl wohlgemerkt. Ungewohnt aber auch die lange Milch-, Käse- und Buttertheke. Die meisten Produkte dort sind aus einheimischer Produktion, aber im Angebot sind auch neuseeländische *Anchor*-Butter (250 Gramm für 20,80 Yuan, also gut 2 Euro) oder französischer *Président Camembert* (250 Gramm für 67,20 Yuan). Ich entdecke auch mehrere Flure, über denen auf Chinesisch und Englisch das Schild *Imported Products* baumelt. Neugierig wandere ich durch diese Regalschluchten und sehe unter anderem *Ritter Sport*-Schokolade für 16,50 Yuan (fast zwei Euro), *Kühne Salatfix*, *Barilla*-Nudeln, *Nutella*, *Kellogg's* Cornflakes und Sonnenblumenkernbrot von *delba* aus Delbrück. Und an den 57 Kassen stehen – wie im Westen – die Regale der süßen Verführer, hier unter anderem in Form des Schokoriegels *Snickers*.

Nachdem ich diese Warenwelt verlassen habe, gehe ich nebenan zu *Bread Talk*, einem Stehcafé, um mich dort bei einer Tasse Espresso daran zu erinnern, wie es Anfang der 90er Jahre bei meinem ersten Besuch in Peking war: Es gab kleine Buden, und es gab Freiluft-Märkte, wo frisches Obst, Gemüse, Fleisch,

Fisch angeboten wurde. Wer unbedingt westliche Nahrungsmittel haben wollte, konnte in den *Friendship Store* an der Jianguomenwai Dajie gehen. Mehr war nicht an Auswahl. 1990 gab es gerade einen Supermarkt in Peking, nun sind es rund 60 000 im ganzen Lande. In einem atemberaubenden Tempo hat sich – wie in so vielen anderen Bereichen in China – hier eine blühende Handelslandschaft entwickelt.

Alles, was im Handel international Rang und Namen hat, ist in China vertreten: die beiden französischen Konzerne Carrefour und Auchan, der amerikanische Gigant Wal-Mart und die deutsche Metro. Diese kam 1995 nach China und eröffnete ihren ersten Cash&Carry-Markt in Shanghai. Derzeit gibt es 34 Märkte, 40 sind vorerst das Ziel. Und daneben gibt es inzwischen Dutzende von chinesischen Handelsketten, die recht erfolgreich das westliche Modell des Supermarktes abgekupfert haben.

Der Supermarkt ist eine Erfindung der Amerikaner. In den 20er Jahren hatten Nahrungsmittelfirmen in den USA die Idee, ihre Waren selbst zu verkaufen. Der erste Markt hieß Alpha Beta. Dort waren die Lebensmittel alphabetisch in den Regalen angeordnet, damit sich die Kunden in dem neuen Ladentyp zurechtfanden. Danach verbreitete sich die Supermarktidee schnell in der industrialisierten Welt. Erst in den USA, dann in Europa und Japan.

Und nun folgt das restliche Asien. »Auf dem ganzen Kontinent findet eine Supermarkt-Revolution statt«, sagt Prabhu Pingali von der FAO. In China ist sie schon fast beendet, in Indien fängt sie gerade erst an. Indien ist etwas langsamer als China, aber auch restriktiver. Die indische Regierung will ausländischen Handelskonzernen nicht so einfach das Terrain überlassen, weil sie Sorge hat, dass diese den Markt dominieren könnten. Sie fordert sie deshalb auf, sich mit indischen Firmen zusammenzutun. Fast alle großen indischen Unternehmensdynastien – die Tatas, Birlas, Ambanis, Biyanis, Goenkas und Rahejas – stehen bereit, mit ausländischen Partnern eine Liaison einzugehen. Die Zuneigung beruht auf Gegenliebe. Alle großen internationalen Handelskonzerne wollen auf den indischen Markt, der als einer der größten und lukrativsten gilt. Ökonomisch vielversprechend ist die Allianz von Bharti mit dem US-Giganten Wal-Mart. Die beiden wollen in den nächsten Jahren auf dem indischen Subkontinent Hunderte von Supermärkten eröffnen.

Die global operierenden westlichen Handelskonzerne sorgen so für weltweite Verbreitung der Waren westlicher Nahrungsmittelkonzerne. Natürlich haben sie auch lokale Marken und Waren im Sortiment, aber eben auch die globalen Marken der Lebensmittelmultis. Wie im Handel beherrschen auch hier nur ein paar wenige Unternehmen den globalen Markt: Es sind die Giganten Nestlé (Schweiz), Unilever (britisch-niederländisch), Danone (französisch), Kraft, Heinz, General Mills, Campbell (amerikanisch). Der größte deutsche Ernährungskonzern, die Bielefelder Oetker-Gruppe, ist im Vergleich nur eine kleine Nummer, die international mit den Großen nicht mithalten kann.

Diese Multis dominieren die Märkte mit ihrer unendlichen Vielzahl von Produkten. Die wenigsten Verbraucher wissen, dass zum Beispiel Kraft eben nicht nur *Philadelphia*-Käse oder *Miracoli*-Nudeln ist. Kraft ist viel, viel mehr. Meist steht nicht Kraft auf dem drauf, was Kraft gehört. Nur eine kleine Auswahl aus dem deutschen Warenkorb: *Suchard, Kaba, Milka, Onko, Toblerone.*

Mit ihrem riesigen Produkt-Portfolio haben die Konzerne Macht und Einfluss, um das Ernährungsverhalten vieler Menschen zu beeinflussen, manche Kritiker sagen sogar: es ihnen zu diktieren. Bestes Beispiel: Cornflakes oder »Cerealien«, wie die morgendliche Körnerkost neuerdings genannt wird. Sie sind inzwischen weltweit Bestandteil des Frühstücks geworden. Fast alle Hotels auf meiner Reise (und es waren um die 50) boten diese amerikanische Variante des Frühstücks an. Vor 20, 30

Jahren hat niemand in Asien, Südamerika oder Afrika morgens Cornflakes gegessen.

Doch inzwischen beginnt ein großer Teil der neuen globalen Mittelschicht so jeden neuen Tag.

Eine globale Mittelschicht entsteht

Singapur, der kleine Stadtstaat in Südostasien, ist eine Erfolgsgeschichte. Nicht unbedingt politisch (das Land ist immer noch eine ziemlich autoritäre Demokratie), aber doch wirtschaftlich. Das einst arme Fischerdorf ist heute eine Wohlstandsinsel. Fast die gesamte Bevölkerung gehört zur Mittelschicht. Das Pro-Kopf-Einkommen beträgt über 25 000 Dollar, wovon vieles wieder ausgegeben wird. Singapur ist eine Nation, die sich überwiegend durch Konsum definiert.

Gut zu beobachten ist das in der Orchard Road, Singapurs Einkaufsmeile, die ungefähr zwei Meilen lang ist. Sie ist immer voll, morgens, mittags, abends, unter der Woche, am Wochenende, auch am Sonntag. Man hat das Gefühl, hier herrscht permanenter Schlussverkauf. An der Orchard Road reiht sich Mall an Mall. Alle großen Marken dieser Welt sind mit eigenen Shops vertreten. Aber auch Küchen aus aller Welt präsentieren sich. Singapur ist ein Schlemmerparadies, das die ganze internationale Palette bietet – von McDonald's bis zu Morton's Steakhouse. Natürlich sind die regionalen Küchen wie Chinesisch, Indisch, Malayisch und Thai omnipräsent – häufig alle zusammen in den sogenannten Hawker Stalls, die einfach, gut und günstig sind. Eleganter geht es am Ufer des Singapore River zu. Dort befindet sich ein Restaurant neben dem anderen. Sie bieten meist westliches Essen. Getrunken wird dazu viel Rotwein, was derzeit in Singapur sehr *en vogue* ist.

Singapur hat das geschafft, was für viele andere Entwicklungs- und Schwellenländer immer noch das Ziel ist: den Lebensstandard seines Volkes auf das Niveau der entwickelten Welt zu hieven. Doch viele dieser Länder sind auf einem guten Weg zu diesem Ziel. Denn in den vergangenen Jahren sind die Volkswirtschaften in den Entwicklungsländern stark gewachsen, stärker jedenfalls als in den Industrienationen. Vom exorbitanten Wachstum in den beiden asiatischen Riesenstaaten China und Indien hat inzwischen fast jeder gehört. Chinas Wirtschaft legt seit über 30 Jahren jedes Jahr um 10 Prozent zu, die Indiens um rund acht Prozent.

Doch es sind nicht nur diese beiden Giganten, die so schnell wachsen, auch andere Länder holen auf. Die anderen sogenannten Emerging Markets – darunter fallen zum Beispiel Länder wie Brasilien, Malaysia, Mexiko, Indonesien oder Russland – haben in den vergangenen Jahren stolze Wachstumsraten von um die sieben Prozent erzielt. Ja, selbst in *Sub-Saharan Africa*, wie die afrikanischen Länder südlich der Sahara genannt werden, stieg das Sozialprodukt um über sechs Prozent. Das Wachstum ist unterdessen aufgrund der Weltwirtschaftskrise II allerorten eingebrochen. Aber man sollte trotz des allgemeinen Lamentos nicht übersehen: Die Wirtschaft der beiden Giganten China und Indien expandiert noch immer um stolze sechs Prozent.

Die Folge des Wachstums war und ist: In all diesen Ländern entsteht eine immer größere Mittelschicht. Leute also, die mehr Einkommen haben und die sich deshalb mehr leisten können. Das australische Außenministerium vergleicht in seiner Studie *APEC and the Rise of the Global Middle Class* die aktuelle Situation mit der nach 1945. Damals begann der Aufstieg Japans und anderer Industrienationen, darunter auch des am Boden zerstörten Deutschlands. In diesen Ländern wuchs langsam in den 50er und 60er Jahren eine konsumorientierte Mittelschicht heran, die sich Jahr für Jahr mehr leisten konnte. Einen Kühlschrank, ein Fernsehgerät, einen Motorroller, dann eventuell ein Auto, eine größere Wohnung, einen Urlaub – und vor allem ein anderes, besseres Essen, was oft mehr Fleisch bedeutete. Genau nach diesem Nachkriegs-Muster entwickeln sich viele Schwellenländer.

Es wird also immer mehr Menschen geben, denen es besser gehen wird. Und das ist gut so – für diese Menschen. Die Weltbank geht davon aus, dass im Jahre 2030 zwei Milliarden der dann acht Milliarden Menschen zur Mittelschicht zu zählen sein werden. Wer dazugehört, hat nach Definition der Weltbank ein jährliches Einkommen zwischen 4000 und 17000 Dollar. Der große Teil der neuen Mittelschicht wird in China und Indien entstehen. Das *McKinsey Global Institute* erwartet, dass sich die indische Mittelschicht bis 2025 auf 583 Millionen vergrößern wird und die chinesische auf 612 Millionen. Der amerikanische Bestseller-Autor Thomas Friedman kommt in seinem neuen Buch *Hot, Flat and Crowded* auf eine ähnliche Zahl, definiert sie nur etwas anders: »Bislang lebte rund eine Milliarde Menschen den amerikanischen Lebensstil, aber diese Zahl wird sich auf zwei bis drei Milliarden erhöhen. Unser Planet hat noch nie so viele Amerikaner gesehen.«

Aber hält das unser Planet aus? Genau diese Frage stellte in der amerikanischen Zeitschrift *Foreign Policy* deren Chefredakteur Moisés Naim: »Can the world afford a middle class?« Kann sich die Welt eine Mittelschicht leisten? Wie viele Singapurs verträgt die Welt? Das sind die zentralen Fragen.

Seine Antwort: Nicht, wenn wir so weitermachen.

Die indischen Spenderati

Südlich des Zentrums von Neu-Delhi, nicht weit vom schönen Lodi Garden entfernt, habe ich mich in einem einfachen Guesthouse einquartiert.

Die Gegend dort heißt Sunder Nagar und ist eine typische Mittelschicht-Gegend. Hier wohnen Ausländer und Inder, die es zu etwas gebracht haben. Rund 300 Meter von meiner Herberge entfernt ist das italienische Restaurant *Baci*, von einer Delhi-Kennerin als einer der besten »Italiener« der indischen Hauptstadt empfohlen. Ich gehe gleich an meinem ersten Abend in Delhi dort hin – aus reiner Beobachtungslust. Ich habe mich deshalb gleich am Eingang platziert. Neben mir sitzt ein turtelndes indisches Paar, Spaghetti schlürfend und italienischen Rotwein trinkend. Im Laufe des Abends füllt sich das Restaurant, die meisten Gäste sind Inder.

Dass Inder auswärts essen gehen und dann noch in einem ausländischen Restaurant, ist höchst bemerkenswert und ein relativ neues Phänomen. Denn »vom traditionellen indischen Standpunkt aus gesehen ist *dining out* geradezu eine revolutionäre Tat«, schreibt der Indien-Kenner Dietmar Rothermund in seinem Buch *Indien*, »in Indien wurde das Essen immer daheim gekocht und verzehrt.« Doch die neue indische Mittelschicht schert sich offenbar wenig um diese Tradition des heimischen Mahls.

Wer sind diese indischen Aufsteiger?

Es ist die Generation, die in den 70er und 80er Jahren geboren wurde und von den wirtschaftlichen Reformen in den 90er Jahren profitierte. Es gibt für sie verschiedene englische Ausdrücke, entweder die *Great Indian Middle Class* oder die *Neo Middle Class (NMC)*. Oder man nennt sie – und das ist auch auf Deutsch zu verstehen – die Spenderati. »Sie geben Geld aus, als gebe es kein Morgen«, schreibt der Journalist Alam Srinivas in seinem Buch *The Indian Consumer*, »sie arbeiten hart, aber feiern auch entsprechend.« Sie ziehen vor allem am Wochenende durch die Kneipen. Abends nach 19 Uhr gehen sie auf Tour, von der sie häufig erst weit nach Mitternacht zurückkommen. Zwischendurch hängen sie in Delhi zum Beispiel in Kneipen wie Buzz, Opus, Shalom, Elevate, Climax und Orange Room herum.

Es sind Banker, Berater, Werbe- und Medienleute. Aber die meisten dieser konsumfreudigen Aufsteiger sind in den modernen Branchen tätig, die Indien in den vergangenen Jahren wirtschaftlich so erfolgreich gemacht haben: Informationstechnologie (IT), Software und Outsourcing, aber auch Biotechnologie und Pharma. Es sind vor allem die IT-Typen in den Hightech-Zentren Bangalore und Hyderabad sowie in den beiden Metropolen Neu-Delhi und Mumbai. Obwohl sie zusammen nur rund eine Million zählen, sind sie einflussreich. Sie sind die Avantgarde. Ihr Konsumverhalten ist stilprägend, sie sind das Vorbild für viele, die auch so werden wollen.

Dieser harte Kern ist der Nukleus der indischen Mittelschicht. Um ihn herum bilden sich viele neuen Mittelschichten. Das renommierte indische Forschungsinstitut *National Council for Applied Economic Research (NCAER)* taxierte für das Jahr 2002 die *Great Indian Middle Class* auf 64 Millionen und schätzt, dass sie bis ca. 2010 auf 175 Millionen anwachsen wird. Das Potential derer, die in den Folgejahren in diese Kategorie hineinwachsen könnten, soll nach Ansicht der Forscher bei über 400 Millionen Inder liegen.

Es wird eine sehr heterogene Mittelschicht sein, die in viele Segmente gespalten sein wird. Einige werden noch in der Tradition verharren, andere sich der Moderne öffnen. Dieser Spagat zwischen gestern und heute wird sich auch im Ernährungsverhalten niederschlagen. Viele Inder, die der Mittelschicht angehören, werden weiterhin traditionell zu Hause essen. Nicht alle werden zu McDonald's oder in ein Ristorante rennen.

Das ist in China anders.

Chinesen und Cornflakes

Die *Bar Rouge* ist eines der berühmten Szenelokale in Shanghai. Direkt am Bund gelegen, bietet die Bar mit ihrer spektakulären Terrasse vor allem abends einen atemberaubenden Ausblick auf das Treiben auf dem Bund, dem Huang-Pu-Fluss und auf die

Glitzer-Skyline von Pudong am gegenüberliegenden Ufer. Die *Bar Rouge* ist nicht billig. Das Bier kostet so viel wie in jedem noblen westlichen Etablissement. Aber wer trinkt hier schon Bier? An der riesigen Bar werden Cocktails gereicht, häufig fließt Champagner.

»Das Trinken in westlichen Bars ist zu einem Statussymbol geworden«, sagt Xun Zhou, Forscher an der *School of Oriental and African Studies* in London. Ebenso das Essen in westlichen Restaurants, die in den großen trendsetzenden Metropolen Chinas wie Pilze aus dem Boden sprießen. Brav ordern dort die Chinesen ein Drei-Gänge-Menü (Vorspeise – Hauptgang – Dessert), das entgegen ihren traditionellen Essgewohnheiten hintereinander statt gleichzeitig serviert wird.

»Ernährung hat eine zentrale Bedeutung in der Definierung des sozialen Status«, sagt Xun Zhou. Wer es sich leisten kann, in solchen Restaurants zu speisen, will zeigen: Seht her, ich habe es geschafft. Überhaupt gilt: »Das Essen von Produkten der globalen (westlichen) Nahrungsmittelindustrie wird als Zeichen des Wohlstands betrachtet.« Wer *Kellogg's* Cornflakes zum Frühstück isst, *Nescafé* trinkt und bei *Delice France* Brot und Kuchen kauft, will dokumentieren: Ich gehöre zur Mittelschicht des Landes. Aber wie viele können das von sich behaupten?

Es stellt sich dieselbe Frage wie in Indien: Wie groß ist die chinesische Mittelschicht? Das ist ein beliebter Streitpunkt unter chinesischen wie ausländischen Sozialwissenschaftlern. Manche sind sogar recht ketzerisch und werfen Zweifel in die Diskussion ein: Gibt es überhaupt eine Mittelschicht in China, oder ist sie nur eine Erfindung von – zur Übertreibung neigenden – Medienleuten und cleveren Marketinggurus?

Selbstverständlich gibt es eine Mittelschicht in China. Es ist nur eine Frage der Definition, wie groß sie ist. Die *Hongkong Shanghai Banking Corporation (HSBC)* und das Kreditkartenunternehmen *Mastercard* haben eine Studie über das unbekannte Wesen des chinesischen Aufsteigers gemacht. Sie sagen: Wer zwischen 7500 und 25 000 Dollar im Jahr verdient, gehört zur modernen chinesischen Mittelklasse. Das wären 2006 rund 35 Millionen Menschen gewesen. Nach Projektion der beiden Finanzinstitute soll diese Zahl bis 2016 auf rund 100 Millionen steigen.

Auch die chinesische Regierung hat eine Vorstellung von dieser neuen Klasse der Aufsteiger, was für ein kommunistisches Land, das eigentlich Egalität anstreben müsste, höchst bemerkenswert ist. Nach ihrer Definition gehört zum Mittelstand, wer zwischen 60 000 und 200 000 Yuan (6500 und 22 000 Euro) im Jahr verdient. Ihr äußerst ehrgeiziges Ziel ist es, dass 2020 mehr als die Hälfte der chinesischen Bevölkerung zu dieser Gruppe gehört. Das wären dann 650 bis 700 Millionen Menschen.

Was wird passieren, wenn alle diese Menschen mehr Fleisch essen? Oder mehr Fisch?

3 Das tote Meer und der Fisch

Fisch – das ist die gesunde Alternative zum fetten Fleisch. Das wurde und wird uns häufig von Medien, Politikern, Starköchen und Wissenschaftlern eingetrichtert. Zum Beispiel von Professor Philip C. Calder von der *University of Southampton School of Medicine*, der seit langem die positiven Auswirkungen des Fischkonsums auf die Gesundheit untersucht. Seine schlichte Zwei-Worte-Botschaft: »Eat Fish.« Die 2005 herausgegebenen *Dietary Guidelines* der US-Regierung empfehlen: »Entscheiden Sie sich für mehr Fisch zum Mittag- und Abendessen. Essen Sie vor allem Fisch, der reich an Omega-3-Fettsäuren ist, wie Lachs, Forelle und Hering.«

Omega-3-Fettsäuren – das ist das neue Zauberwort, ein Terminus, den bis vor wenigen Jahren noch kaum jemand kannte. Aber inzwischen führt fast jeder gesundheitsbewusste Esser ihn in seinem Wortschatz. Vor allem die jungen Eliten in den Metropolen dieser Welt verspeisen in schicken Lokalen gerne die vermeintlich gesündere Alternative zum Fleisch. Die *Omega-3-Generation* nennt sie deshalb Charles Clover in seinem Buch *The End of the Line*. Sie hat in Deutschland die Iglo-Fischstäbchen-Generation abgelöst – Leute wie mich, die lange Zeit Fisch nur in dieser praktischen rechteckigen Form kannten.

Getreu diesen Appellen ist der Fischkonsum in den westlichen Ländern in den vergangenen Jahren kontinuierlich gestiegen. Fisch gibt es inzwischen in fast jedem Restaurant. Selbst die amerikanischen Steakhäuser bieten Fisch als Alternative an. Und Sushi-Restaurants sprießen überall auf der Welt aus dem Boden. Weltweit stieg deshalb der Pro-Kopf-Verbrauch von 11,5 Kilogramm in den 70er Jahren auf 17,4 Kilogramm im Jahre 2007. Insgesamt hat sich der Fischkonsum seit 1973 verdoppelt, weil auch in den Entwicklungsländern immer mehr Fisch gegessen wird. Es gilt das gleiche Gesetz wie beim Fleisch: Mit steigendem Einkommen nimmt auch der Fischkonsum zu.

Doch weil heute weltweit so viel Fisch gegessen wird, besteht die große Gefahr, dass wir alle morgen und übermorgen viel weniger und teureren Fisch essen werden. »Der Fischsektor könnte das Opfer seines Erfolges werden«, konstatiert das *WorldFish Center* in seinem *Fish to 2020*. Denn wir plündern zunehmend unsere Meere aus. Eine Fischart nach der anderen verschwindet legal und illegal aus den Meeren. Ein Ozean nach dem anderen wird leer gefischt, erst der Atlantik, dann der Pazifik. Wann folgt der Indische Ozean? Die inzwischen schon legendäre Studie der beiden Forscher Ransom Myers and Boris Worm von der kanadischen *Dalhousie University* kam schon 2003 zu dem Schluss: »Die Ozeane haben mehr als 90 Prozent aller großen Raubfische verloren.« Drei Jahre später prophezeiten 14 Akademiker in der Zeitschrift *Science* für 2048 einen globalen Kollaps, denn dann würden alle Fischarten, die wir heute noch fangen, verschwunden sein.

Sage niemand, er habe es nicht wissen können. Neben den einschlägig bekannten Dauerwarnern von *Greenpeace, WWF* & Co. ist der *ICES* in Kopenhagen zum Beispiel ein ständiger Mahner. Das Kürzel steht für *International Council for the Exploration of the Sea*. Jedes Jahr gibt diese wissenschaftliche Organisation Zahlen über die Fischbestände heraus, jedes Jahr empfehlen sie eine Reduzierung der Fangmengen, und jedes Jahr werden sie ignoriert. Vor allem von den verantwortungslosen Politikern, die über die Fischfangquoten entscheiden. Besonders negativ tun sich dabei die EU-Minister hervor.

»Irgendwann werden sich die Fischbestände nicht mehr erholen können«, warnt der Verwaltungsratschef der Europäischen Fischereiaufsichtsagentur CFCA, Marcelo Vasconcelos. Das Meer drohe seine Funktion als Nahrungsquelle der Menschheit zu verlieren, schwant inzwischen auch der Bundesregierung in ihrer 2008 verabschiedeten *Nationalen Strategie zur nachhaltigen Nutzung und zum Schutz der Meere*. Bundeskanzlerin Merkel fordert deshalb zum »nachhaltigen Konsum« auf. Was heißt das? In den Worten von Greenpeace: »Essen Sie seltener und bewusster Fisch.« Ein frommer Wunsch. Freiwillig werden nur wenige ihren Fischkonsum reduzieren.

Es sei denn, die Preise steigen. Und das werden sie tun. Simpler Grund auch hier – wie schon beim Fleisch: Die Nachfrage übersteigt das Angebot. Der *WorldFish Center* rechnet mit deutlich steigenden Preise für die Meerestiere. »Fisch wird wahrscheinlich im Vergleich zu anderen Lebensmitteln in den nächsten zwei Jahrzehnten teurer werden«, heißt es in dessen Studie *Fish to 2020*.

Doch halt. Hat sich in den vergangenen Jahren als Alternative zum Fisch in freier Wildbahn nicht eine Aquafarming-Industrie entwickelt? Vor allem in Chile, Kanada und Norwegen werden tonnenweise Lachs gezüchtet, in Thailand und Vietnam entspechend viele Shrimps. So kommen inzwischen fast 40 Prozent der weltweit konsumierten Fische nicht mehr aus dem Fang, sondern aus dem Gehege. Ist das nicht die Rettung?

Doch Aquafarming wird heftig kritisiert. Gesundheitsgefährdend und umweltschädlich sei diese Form der Massentierhaltung im Wasser. Und zudem hat Aquafarming ein großes Problem: Auch diese Fische brauchen Nahrung. Und diese besteht aus kleinen Fischen, die ebenfalls immer weniger werden.

Von der Angel zum Hightech-Schiff: eine kurze Geschichte des Fischfangs

Jagen und Fischen sind seit Beginn der Menschheit die beiden elementaren Tätigkeiten, um an Nahrung zu gelangen. Lange Zeit wurde nur in Flüssen und Seen quasi vor der Haustür gefischt, meist zum Eigenbedarf und nicht zum Weiterverkauf.

Erst im Mittelalter begann ein intensiverer Meeresfischfang und damit auch der Handel mit Fisch. Und in jenen Zeiten entstand auch eine erste rudimentäre Fischindustrie.

Doch so richtig los ging es erst im 19. Jahrhundert – dank der technologischen Neuerungen in der Schifffahrt. Segelschiffe wurden durch Dampfschiffe ersetzt. Diese waren viel schneller, wendiger und viel produktiver: Ihre Ausbeute war sechsmal höher als die von Segelschiffen. In den folgenden Jahrzehnten erleichterten und unterstützten Erfindungen wie Filetierungsmaschinen, Echolote und Aufklärungsflugzeuge den Fischfang. Und dann entwickelte Ende der 20er Jahre der Amerikaner Clarence Birdseye ein neues Kühlsystem für Fisch, was zu einer weiteren revolutionären Innovation führte: das Kühlschiff, das die Fangschiffe begleitet, deren Beute sofort aufnimmt und noch auf hoher See verarbeitet.

Nach dem Zweiten Weltkrieg begann die Industrialisierung der Fischwirtschaft in großem Stil. Die Boote wurden noch größer und technisch noch ausgeklügelter. Dabei profitierten die Fischer in den 60er und 70er Jahren von den technologischen Raffinessen, die während des Kalten Krieges vor allem vom amerikanischen *Office of Naval Research* entwickelt wurden. Mit den gleichen Instrumenten, mit denen russische U-Boote ausfindig gemacht werden konnten, wurden nun ganze Fischschwärme elektronisch geortet. Satelliten, General Positioning Systems (GPS) und Wärmebilder sind inzwischen auf den Schiffen Standard. Die Fische haben damit keine Chance mehr, den Fischern und deren Schleppnetzen zu entfliehen. Wenn es sein muss, bekommen die Schiffe noch Unterstützung aus der Luft von Hubschraubern, die einen noch besseren Überblick haben und die sie zu den Fischen lotsen können.

Die Fischerboote von heute sind hochgerüstete Hightech-Schiffe, ja, eigentlich sind es schwimmende Fischfabriken. Sie sind fast 150 Meter lang, können immer tiefer fischen (bis zu 1500 Metern!) und können bis zu 7000 Tonnen Fisch lagern.

Und sie können bis zu drei Monaten auf See bleiben, ohne dass sie einen Hafen zum Entladen und Versorgen ansteuern müssen. Kleinere Schiffe mit geringerer Lagerkapazität werden von sogenannten Mutterschiffen auf hoher See betreut. Diese haben in ihrem Bauch riesige Kühlkapazitäten, so dass die kleinen Schiffe ihren Fang dort abladen können.

Derzeit sind weltweit rund vier Millionen kleine wie große Fischerboote auf der Jagd nach Meerestieren, eine Verdoppelung der Fangflotte gegenüber 1970. Das seien viel zu viele, kritisieren Experten. Die Hälfte würde ihrer Meinung nach ausreichen. Doch wer stoppt diesen unsinnigen Flottenausbau? Die Politiker könnten es, machen es aber nicht. Im Gegenteil: In der EU subventionieren sie noch den Ausbau der Fischereiflotte.

Das Versagen der Fischereiminister

Immer kurz vor Weihnachten spielt sich in Brüssel ein Ritual ab, das kaum einen Menschen interessiert, aber viele Menschen betrifft. Die Fischereiminister der Europäischen Union treffen sich zu ihrer wichtigsten Sitzung, die meist zwei Tage und eine obligatorische Nacht dauert. Auf ihrem Verhandlungstisch liegen die Vorschläge der EU-Kommission über die Fangquoten für das nächste Jahr. Diese Vorschläge sind von vornherein höher, als die wissenschaftlichen Berater der Kommission vorgeschlagen haben. In ihrer Sitzung legen die Minister dann noch eins drauf und erhöhen die Quoten der Kommission abermals. So kommt es, dass zum Schluss die beschlossenen Quoten häufig die Vorschläge der Wissenschaftler um über 50 Prozent übertreffen. Zufrieden verabschieden sich die Minister in die Weihnachtsferien.

Die Fischereiminister verstehen sich als Lobbyisten der Fischer, nicht als Vertreter des Volkes, also der Konsumenten. Insbesondere die französischen und spanischen Minister verteidigen massiv die Interessen ihrer Fischer, als sei das eine sakrosankte Berufsgruppe. Was aber ist wichtiger: das ökonomische Überleben der wenigen tausend französischen und spanischen Fischer oder das der Weltmeere? Diese Frage stellt natürlich niemand in Brüssel, weil dort nur kurzfristig gedacht wird – von der einen Ministerratssitzung zur nächsten.

Auch der deutsche Landwirtschaftsminister, wenn er überhaupt anreist und das vorweihnachtliche Treiben nicht seinem Staatssekretär überlässt, nickt das Ergebnis ab. Er begehrt nicht auf gegen die Maßlosigkeit seiner französischen und spanischen Kollegen. Er weiß, dass im Brüsseler Kuhhandel-System ihm dafür die Mittelmeer-Kollegen irgendwann einmal in einer Sache, die für ihn wichtig ist, entgegenkommen werden. So funktioniert Brüssel, sagen die Eurokraten achselzuckend. Brüssel sei eben ein politischer Basar.

Doch in der EU-Metropole mehren sich die kritischen Stimmen. Im Sommer 2007 kam dank *Greenpeace* ein Papier an die Öffentlichkeit, das gnadenlos mit der Fischereipolitik der EU abrechnet. Es trug den Titel *Reflections on the Common Fisheries Policy* und ist deshalb besonders bemerkenswert, weil es von der Kommission in Auftrag gegeben wurde und von Leuten erstellt wurde, die wissen, worüber sie reden und schreiben. Die gemeinsame Fischereipolitik hätte die Überfischung nicht verhindert, im Gegenteil, heißt es dort. Einer der größten Fehler liege in der kurzsichtigen Befriedigung heutiger Interessen zu Lasten künftiger Generationen. Auch der Europäische Rechnungshof kritisierte die Ineffizienz der Fischereipolitik und geißelte einzelne Mitgliedstaaten: Italien (*really bad*), Polen (*bad*) und Spanien (*a bad reputation around the world*). Angesichts der geballten – auch internen – Kritik scheint ein gewisses Nach- und Umdenken in Brüssel eingetreten zu sein. Ende April 2009 legte die EU-Kommission ein Grünbuch mit ungewöhnlich selbstkritischen Worten vor. Plötzlich redet man dort über eine Flottenreduzierung und handelbare Quoten.

Der britische Umweltjournalist Charles Clover hat trotzdem angesichts der verheerenden Urteile über die Fischereipolitik einen guten Rat parat: Nehmt den Politikern die Macht weg. Stattdessen solle eine unabhängige Instanz über die Fischbestände wachen und urteilen. Wie zum Beispiel die Europäische Zentralbank die Geldmenge steuert, soll eine Europäische Fischbehörde die Fischmenge steuern. Eine gute Idee. Aber ob sie verwirklicht wird, bevor es zu spät ist?

Erst verschwand der Kabeljau, dann der Dorsch

Lowestoft, England, wurde als Fischerdorf im 14. Jahrhundert gegründet. Während der folgenden Jahrhunderte stieg es zu einem der berühmtesten Fischereihäfen der britischen Insel auf. Heute dagegen ist Lowestoft nur noch ein Museumsdorf.

Bonavista, Kanada. Über 500 Jahre lebte der Ort in Neufundland an Kanadas Ostküste vom Fischfang, vor allem vom Fang des Kabeljaus, der auf Englisch *cod* heißt. *In Cod we trust!* war deshalb lange Zeit das etwas abgewandelte Glaubensbekenntnis der Einwohner von Bonavista. Heute ist der Ort – wie Lowestoft – wieder so unbedeutend wie im Mittelalter.

Zwei Orte, ein Schicksal: der Niedergang, der eng verbunden ist mit der Ausrottung des Kabeljaus. Zwischen England und Neufundland im Nordatlantik ist – oder muss man sagen: war? – die Heimat des Kabeljaus, seit dem Mittelalter einer der wichtigsten Speisefische Europas. Bis in die 70er Jahre war der Kabeljau eine der beliebtesten und deshalb gejagtesten Fische. Die Fischer mochten ihn, weil er leicht zu fangen war, und die Verbraucher schätzten sein fettarmes Fleisch und seine vielfältige Verwendbarkeit in der Küche. Er ist elementarer Bestandteil des Nationalgerichts der Portugiesen (Bacalhau) und der Briten (Fish and Chips).

Doch seine Beliebtheit wurde dem Kabeljau zum Verhängnis.

Weil ihn immer mehr Verbraucher essen wollten, wurde immer mehr Kabeljau gefangen. Vor allem vor der neufundländischen Küste, wo er sich gerne massenhaft aufhielt, jagte ihn eine massiv aufgerüstete kanadische Fangflotte. Dann passierte 1992 etwas Außergewöhnliches: Die kanadische Regierung – alarmiert von den dramatisch zurückgegangenen Beständen – verfügte ein Verbot des Kabeljau-Fangs. Es folgte ein lauter Aufschrei der Fischer, aber die Regierung in Ottawa ließ sich nicht beeindrucken und blieb hart. Rund 30 000 Fischer in Neufundland verloren ihren Job. So konsequent gegen Überfischung ist selten eine Regierung vorgegangen. Die EU zum Beispiel konnte sich nie zu einem Fangstopp durchringen, sondern nur zu reduzierten Fangquoten. Der Kabeljau ist deshalb in der Nordsee weiterhin eine höchst gefährdete Spezies.

Und das gilt auch für den Dorsch, den Kabeljau der Ostsee, einem seit Jahrhunderten beliebten Speisefisch in Skandinavien und im Baltikum. In Schweden und Dänemark heißt er Torsk, in Polen Dorsz und in Finnland Turska. Doch inzwischen ist auch sein Bestand gefährdet. In der östlichen Ostsee tummeln sich im Vergleich zu den 80er Jahren nur noch ein Zehntel der Dorsche, in der westlichen Ostsee hat sich im selben Zeitraum der Bestand halbiert. *Greenpeace* fragt deshalb besorgt: »Ostsee-Dorsch vor dem Aus?«

In den skandinavischen Anrainerstaaten macht man sich große Sorgen. In Schweden ist die Dorsch-Debatte besonders intensiv. Das Reportagebuch einer schwedischen Journalistin mit dem Titel *Stilles Meer* wurde zum Bestseller. Schwedische Gourmetköche fordern zum Dorsch-Boykott auf. Aus dem benachbarten Finnland warnt Präsidentin Tarja Halonen in einem *Spiegel*-Interview: »Der Ostsee droht der Kollaps, die Fischerei ist hoch gefährdet. Wir brauchen eine radikale Kehrtwende.« Eine solche klagen auch die Wissenschaftler vom *ICES* in Kopenhagen ein. Sie fordern seit Jahren einen Fangstopp, damit sich die Bestände erholen können.

Zudem ist die EU offenbar nicht in der Lage oder willens, den besonders rabiaten polnischen Fischern das Handwerk zu legen. Denn diese halten sich nicht an die Quoten, sie fischen einfach weiter.

Was nun, Thun?

Man muss früh aufstehen, will man dieses Spektakel in Japans Hauptstadt Tokio erleben. Ich stelle den Wecker auf vier Uhr. Eine halbe Stunde später stehe ich an einem kalten, windigen Januarmorgen am Straßenrand im Stadtteil Roppongi, halte ein Taxi an und radebreche dem Fahrer das Wort *Tsukiji* entgegen. Er versteht, nickt, sagt mehrmals »hai« und denkt wohl: Wieder so ein verrückter Ausländer, der in aller Herrgottsfrühe viele tote Fische sehen will.

Wir fahren zum Tokioter Fischmarkt *Tsukiji*. Er ist mit 250 000 Quadratmetern der größte der Welt und außerordentlich beeindruckend. Während ich noch geschlafen habe, wurden aus aller Welt Fische per Schiff, Lkw oder Flugzeug angeliefert. Bis zu 80 Tonnen jeden Tag. Da liegen sie nun. An jedem Fisch steckt ein Etikett mit seinem Gewicht, und neben ihm liegen auf einem Stück Papier kleine Kostproben für die potentiellen Käufer.

Japan ist nach wie vor eine fischverrückte Nation. Japaner essen Fisch zum Frühstück, zum Mittag- und zum Abendessen. Das macht pro Kopf 69 Kilo jedes Jahr. Das Essen von Fisch hat eine lange Tradition. Schon im siebten Jahrhundert verbot ein buddhistischer Kaiser das Verspeisen aller Tiere vom Land, also aßen die Japaner fortan die Tiere aus dem Meer. Beliebtester Fisch ist der Lachs, aber knapp dahinter kommt schon der Thunfisch.

Um fünf Uhr beginnt auf dem *Tsukiji* die Auktion der Thunfische. Ein hektisches Schreien und Treiben spielt sich vor meinen müden Augen ab. Große Fische wechseln für große Geldbeträge die Besitzer. Für einen guten Thunfisch können durchaus 40 000 Dollar und mehr geboten werden. Er ist einer der größten und schnellsten Fische der Weltmeere und kann über vier Meter lang und bis zu 700 Kilogramm schwer werden. Vor den Küsten Australiens und Indonesiens sind seine Bestände schon fast leer gefischt. Nun ist das Mittelmeer dran. Dort gibt es das größte Vorkommen. Noch spielt sich dort jedes Jahr im April beim ersten Vollmond dasselbe Spektakel ab: Die Thune kommen aus dem Atlantik durch die Meerenge von Gibraltar in die warmen Gewässer des Mittelmeers, um zu laichen. Ende Juli verlassen sie wieder via Gibraltar das Mittelmeer, wenn sie denn nicht vorher gefangen wurden – von den vielen Booten aus aller Herren Länder, die auf sie Jagd machen und regelmäßig die Quoten überschreiten. Für den *Spiegel* ist die drohende Ausrottung des Roten Thuns »das dramatischste Kapitel der Überfischung«. Dass sich künftig etwas ändern wird, ist kaum zu erwarten, denn sowohl die italienische als auch die japanische Mafia sollen tief in das Geschäft mit dem Thun verwickelt sein. Keiner weiß es genau, und die, die es wissen, sprechen nicht darüber.

Drei Viertel des weltweit gefangenen Roten Thuns landet in Japan. Er hat kräftiges Fleisch und ist deshalb gerade bei Sushi-Köchen sehr beliebt. Wie gut er schmeckt, kann man gleich vor Ort probieren. Denn am Eingang des *Tsukiji*-Marktes gibt es viele kleine Fischlokale. Vor ihnen bilden sich schon frühmorgens Schlangen, in denen Einheimische, Touristen und Fischhändler nach getaner Arbeit stehen. Ich reihe mich ein und esse kurze Zeit später die frischesten und köstlichsten Sushis, die ich je gegessen habe. Und damit habe auch ich mich schuldig gemacht an der drohenden Ausrottung des Roten Thuns – wie die vielen Millionen Sushi-Mitesser rund um den Globus.

Sushi in Kairo oder Der globale Boom

Man fährt sicher nicht nach Kairo, um Sushi zu essen. Auch ich bin nicht deswegen in die ägyptische Hauptstadt gereist. Trotzdem gehe ich dort an einem Abend kurz vor Weihnachten ins Grand Hyatt Hotel und lasse mich im *Okashi*, einem japanischen Restaurant, nieder. Für 190 ägyptische Pfund (rund 25 Euro) wird mir eine Sushi-Platte serviert. Sie schmeckt wie überall auf der Welt außerhalb Japans – mittelmäßig.

Der Grund, an einem so exotischen Ort Sushi zu essen, war nicht, dass ich sushisüchtig wäre. Ich hatte einfach nur den Ehrgeiz, in jeder Stadt auf meiner Weltreise ein Sushi-Restaurant zu suchen – um so die Omnipräsenz dieser Speise zu beweisen. Ich wurde fast überall fündig. In Asien ohnehin, aber auch in Buenos Aires, in São Paulo wie in Lima (beiderorts starke japanische Minderheiten!), Neu-Delhi, in Abu Dhabi, ja auch in Nairobi, der Hauptstadt Kenias, finde ich Hinweisschilder auf ein *Tokyo Japanese Restaurant* und das *Fukusato Restaurant*. Nur in Dhaka in Bangladesch suchte ich vergeblich.

Meine zufälligen Sushi-Bekanntschaften in aller Welt taugen sicher nicht zu einer repräsentativ-wissenschaftlichen Untersuchung unter dem Titel *Die Verbreitung von Sushi im Zeitalter der Globalisierung*. Aber eine generalisierende Trendaussage erlaube ich mir trotzdem: Sushi ist zur globalen Massenspeisung degeneriert – wie schon vor ihm der Hamburger, die Pizza und die Spaghetti. Sushi zu essen gilt als modern und schick, auch wenn die Reis-Röllchen außerhalb Japans von bestenfalls drittklassigen Sushi-Meistern zubereitet werden.

Sushi ist ein traditionsreiches japanisches Essen, das aber wahrscheinlich aus Südostasien stammt und dann via China nach Japan gelangte. Ursprünglich wollte man den rohen Fisch haltbar machen. Dazu wurde er gesalzen und in Reis verpackt. So fermentiert, konnte man den Fisch noch Monate später essen. Der Reis wurde allerdings nie mit verzehrt. Das kam erst viele Jahrhunderte später. Heute ist für viele traditionelle Sushi-Meister der Reis wichtiger als der Fisch. Der wahre Meister – nur Männer dürfen wegen ihrer kühleren Hände diese Tätigkeit ausüben – beschäftigt sich in seiner mindestens fünfjährigen Lehrzeit deshalb sehr intensiv mit Auswahl, Kochen und Würzen des Reises. Sushi in seiner heutigen Form entstand zu Beginn des 19. Jahrhunderts in Tokio, das zu jener Zeit noch Edo hieß. Damals war Sushi eher eine Armeleute-Speise. Richtig populär in Japan wurde Sushi erst nach dem Zweiten Weltkrieg. Und dann dauerte es nochmals 20 Jahre, bis der schlichte Reis-Fisch-Happen seinen Siegeszug rund um die Welt antrat.

Er begann an der Westküste der USA, in Kalifornien. Dort, in Los Angeles, im Little Toyko District, eröffnete 1966 ein Japaner namens Noritoshi Kanai die Sushi-Bar *Kawafuku*. Sie war anfangs kein Erfolg. Nur Exiljapaner kamen, aber keine Amerikaner. Aber als die Japaner ihre amerikanischen Kollegen und Geschäftsfreunde mitbrachten, entdeckten diese Sushi, und langsam sprach es sich in Los Angeles herum, dass es da ein Lokal mit seltsamen Köstlichkeiten gebe. Der Durchbruch kam aber erst, als in Beverly Hills, dem Prominentenviertel von Los Angeles, Sushi-Lokale eröffneten und die Hollywood-Stars und -Sternchen die kalorienarme Kost aus Japan entdeckten. Yul Brunner, der Mann mit der legendären Glatze, war zum Beispiel mittags regelmäßiger Kostgänger im *Osho*.

Nach dem Erfolg in der Trend-Metropole Los Angeles schwappte die Sushi-Welle nach New York und Chicago. Heute soll es in den USA rund 9000 Sushi-Lokale geben, was eine Verdoppelung in nur zehn Jahren bedeutet. Selbst in den Filialen der Handelskette Wal-Mart gibt es nun Sushi Counters.

Und spätestens damit ist klar: Sushi ist inzwischen ein Essen für jedermann.

Saures Meer, sterbende Riffe

Für Taucher aus aller Welt ist es ein begehrtes Reiseziel – das Great Barrier Reef. Vor der Ostküste Australiens gelegen, bietet es eine phantastische Unterwasserlandschaft, wie sie weltweit selten zu finden ist. Doch dieses Paradies ist bedroht. Seit 1990 wachsen die Korallenriffe nicht mehr, sie nehmen im Gegenteil ab. Zwei Gründe gibt es für diese bedauernswerte Entwicklung: die steigenden Wassertemperaturen und die Versauerung der Meere. Beide Phänomene sind Folgen des Klimawandels.

Nicht nur das wunderbare Great Barrier Reef, sondern Korallenriffe in aller Welt sind durch Wärme und Säure in großer Gefahr. Das ist schade für Taucher aus aller Welt, aber noch schlimmer ist es für die Fischesser in aller Welt. Denn die Kausalität ist ziemlich einfach: »Wenn es keine Korallen mehr gibt, gibt es auch keine Fische mehr«, erklärt Mark Erdmann, Meeresbiologe in Indonesien, wo es ebenfalls besonders viele Korallenriffe gibt. Warum sind Korallenriffe abgesehen von ihrer Schönheit so wertvoll? Sie sind für die Ozeane das, was die Regenwälder für die Erde sind. Sie sind ein Refugium für Tiere, sie sind ein intaktes Ökosystem. Wenn wir dieses sukzessive zerstören, wird das gravierende negative Auswirkungen auf die weltweiten Fischbestände haben.

Also nicht nur die Überfischung ist eine Gefahr für Menge und Vielfalt der Meerestiere, sondern auch der Klimawandel und dessen Folgen für die Ozeane. Ihnen hat man – abgesehen von der Diskussion in gewissen wissenschaftlichen Zirkeln – wenig Beachtung geschenkt. Das Problem ist, dass man das, was unter Wasser passiert, nicht sieht und folglich nicht wahrnimmt. Dass sich das Wetter auf der Erde verändert, bekommen wir hautnah mit, aber die Erwärmung und Versauerung der Ozeane lässt uns kalt. Über Luftverschmutzung durch CO_2 diskutieren wir seit Jahren, aber über die Verschmutzung unserer Meere durch CO_2 redet so gut wie niemand.

Ende Januar 2009 meldeten sich allerdings mehr als 150 Ozeanwissenschaftler aus 26 Ländern zu Wort. Sie trafen sich in Monte Carlo und verabschiedeten dort die sogenannte *Monaco Declaration*. Darin nennen sie die Versauerung der Ozeane »das andere CO_2-Problem«. Wenn die CO_2-Emissionen weiter so steigen wie bisher, könnte es bis 2050 in großen Teilen der Ozeane keine Korallenriffe mehr geben, warnen sie. Das würde zu substantiellen Veränderungen in den Fischbeständen führen und die Nahrungssicherheit für Millionen von Menschen gefährden, heißt es in dem Hilferuf aus dem mondänen Monte Carlo.

Doch nicht nur das allgegenwärtige CO_2 in der Luft schädigt das Wasser der Ozeane, sondern auch der Dünger auf dem Lande. Er versickert im Boden und gelangt via Grundwasser und Flüsse in die Meere. Dort raubt der nitrogenhaltige Dünger vielen Lebewesen im Wasser den Sauerstoff. Die Folge: In vielen Küstenstreifen entstehen sogenannte Todeszonen. Weltweit sind es inzwischen über 400. Alle zehn Jahre verdoppeln sie sich, fanden Forscher um Robert Diaz vom *Virginia Institute of Marine Science* heraus. Besonders prekär: »Todeszonen kommen vor allem in historisch fischreichen Gewässern vor«, sagt Diaz.

Kein schönes Beispiel, in welch tödlichem Kreislauf wir uns mittlerweile befinden. Einerseits brauchen wir Dünger für die Landwirtschaft, andererseits vernichten wir dadurch unsere Fischbestände.

Und was die Umweltzerstörung nicht schafft, schaffen Kriminelle.

Raubritter auf hoher See

Wenn Sie nächstes Mal einen Fisch essen, ist die Wahrscheinlichkeit relativ hoch, dass er ein Opfer krimineller Machenschaften war. Der *WWF* jedenfalls tippt, dass ein Drittel aller konsumierten Fische illegal gefangen wird, und zwar von dreisten Fischern vieler Nationen. Das illegale Fischen in den Weltmeeren hat in den vergangenen Jahren extrem zugenommen, natürlich als eine Folge des weltweit steigenden Fischkonsums. Dies ist eine gefährliche Entwicklung, denn – so die *Environmental Justice Foundation* in ihrem Bericht *Pirate fish on your plate*: »Die illegale Fischerei ist eine der ernsthaftesten Bedrohungen für die Zukunft der Weltfischbestände.« Sie verstärken das ohnehin schon bestehende Problem der Überfischung.

Die Raubritter auf See sind unterwegs im Pazifik, im Südpolarmeer, aber ihre beliebteste Region ist die Küste vor Westafrika. Dort tummeln sich – legal und illegal – Fangflotten aus aller Welt: die Europäer, die Chinesen, die Taiwanesen, die Japaner. Dort sind die Gewässer aufgrund sehr guter klimatischer Voraussetzungen sehr fischreich. Einschränkend muss man allerdings hinzufügen, dass – so der Meeresbiologe Dan Pauly – »die Fischbestände vor der Küste Westafrikas sich seit 1945 um 50 Prozent vermindert haben«. Zwar steht auch den westafrikanischen Staaten nach internationalem Seerecht eine 200-Meilen-Zone zu, in der sie exklusive Fangrechte haben und über die sie bestimmen können, wer dort fischen darf oder nicht. Aber Staaten wie Guinea, Mauretanien oder der Senegal haben nicht die Boote samt Ausrüstung, um ihre Gewässer zu überwachen oder gar die Räuber in ihren Gewässern aufzustöbern und zu verfolgen. Denn die Illegalen mit ihren Hightech-Booten sind ihnen haushoch überlegen.

Viele segeln dabei unter fremder Flagge. Es ist nicht schwer, ein Schiff an exotischen Plätzen registrieren zu lassen. Für ein paar hundert Dollar bekommt man eine sogenannte *Flag of Convenience*. Beliebt sind insbesondere die Flaggen der mittelamerikanischen Staaten Belize, Honduras sowie Panama und neuerdings auch der Mongolei. Nach internationalem Recht wären diese Staaten für die Machenschaften der Boote, die unter ihrer Flagge segeln, verantwortlich. Doch diese Länder schauen dem Treiben »ihrer« Boote auf hoher See desinteressiert zu. Ebenso die völlig überforderten Kontrolleure. Gerade mal fünf von ihnen sollen im Hafen von Las Palmas auf Gran Canaria überprüfen, ob dort alles mit rechten Dingen zugeht. Las Palmas ist der wichtigste Umschlagplatz der illegalen Ware. Der Hafen auf der kanarischen Touristeninsel liegt strategisch günstig zwischen den westafrikanischen Fanggründen und den europäischen Absatzmärkten.

Die Spanier sind die aktivsten Fischer vor Westafrika. Über 200 Trawler unter der spanischen Flagge fischen dort. Nicht alle illegal.

Die EU zahlt wenigstens den armen Ländern Geld, damit Boote aus Europa in deren Gewässern fangen dürfen. Mauretanien bekommt zum Beispiel aus Brüssel 300 Millionen Euro über vier Jahre überwiesen. Dafür dürfen EU-Fischer 250 000 Tonnen in Mauretaniens Gewässern fangen. Freilich sind diese Deals alles andere als fair. Charles Clover nennt das ziemlich drastisch, aber realistisch »Ausplündern der Armen, um die Reichen zu füttern«. Denn schließlich tragen solche Abkommen dazu bei, dass die heimischen Fischer zunehmend ihre Existenzgrundlage verlieren. So ist zum Beispiel der Fang der senegalesischen Fischer um über die Hälfte zurückgegangen. Mit ihren traditionellen Kanus, den Pirogen, machen sie keinen Stich gegen die hochgerüstete EU-Flotte.

Charles Clover beschreibt in seinem Buch ein solches Schiff: die *Vidal Bocanegra Cuarto*, im spanischen Huela registriert. Sie ist ein 149 Tonnen schwerer Trawler. Ausgerüstet mit zwei Fischfindern, zwei Satellitennavigationssystemen, zwei Schallmessgeräten und zwei Computern entgeht diesem Schiff und dessen Besatzung nichts. Eine »Fisch-Tötungsmaschine« nennt Clover diesen Koloss. Sechs Monate im Jahr ist Kapitän Pepe auf hoher See vor Westafrika unterwegs, den Rest des Jahres kann er sich leisten zu privatisieren.

Fischer wie Pepe denken an ihren kurzfristigen Profit. Dass

sie mittel- und langfristig ihre Existenzgrundlage und – was viel wichtiger ist – eine wichtige Nahrungsquelle der Menschheit zerstören, ficht sie nicht an.

Und wenn schon: Dann zieht die Karawane eben weiter. Zum Beispiel nach Ostafrika. Im Indischen Ozean vor der Ostküste Afrikas geht es nun offenbar auch mit der Raubfischerei los. Kenias Fischereiminister Paul Otuoma jedenfalls hat sich schon beschwert, dass mehr als 100 illegale Fangboote in Kenias Gewässer eingedrungen seien und Fisch gestohlen hätten.

Illegale wie legale Fischer dezimieren also weltweit unsere Fischbestände. Dieser Niedergang provozierte freilich den Aufstieg einer völlig neuen Branche – des Aquafarming.

Aquafarmen: Segen ...

Es ist extrem windig an diesem Oktobermorgen in Vancouver an der kanadischen Pazifikküste. Am *South Terminal* des Flughafens von Vancouver stehen die kleinen Propellermaschinen, die die Passagiere nach Vancouver Island sowie zu anderen Inseln und Orten der Gegend fliegen. Auch ich habe einen Flug mit *Pacific Coastal Airlines* gebucht. Der Sturm wird stärker, meine Flugangst freilich auch. Ich kneife (zum ersten und einzigen Mal auf meiner Reise) und sage Mary Ellen Walling ab, die in Campbell River auf Vancouver Island auf mich wartet. Mary Ellen ist Chefin der *British Columbia Salmon Farmers Association*. In diesem Verband sind die Fischfarmen aus der kanadischen Provinz British Columbia vertreten. Hier, in dieser wunderschönen Gegend von Vancouver bis hoch nach Alaska, haben sich in den vergangenen Jahren Aquafarmen ausgebreitet – wie in Norwegen und wie im Süden Chiles. Ich wollte die eine oder andere zusammen mit Mary Ellen Walling besuchen.

Weil ich nicht komme, schickt mir die verständnisvolle Funktionärin umgehend ein paar Kilo Informationsmaterial per Kurier ins Hotel nach Vancouver. Denn die Aquafarming-Industrie ist in der Kritik und muss sich wehren – mit Argumenten, vielen Informationen und Hochglanzbroschüren. In meinem Info-Paket befindet sich eine Präsentation des Wissenschaftlers Gunnar Knapp, der euphorisch schreibt: »Es gibt offenbar keine Grenzen des Wachstums für die Aquakultur-Produktion.« Und in einer Broschüre der *BC Salmon Farmers Association* heißt es: »Aquafarming ist ein nachhaltiger Weg, die wachsende Nachfrage nach Lachs zu befriedigen, ohne den Bestand an wildem Lachs zu gefährden.«

Keine Frage: Aquafarming ist ein boomendes Geschäft. 2006 wurden 48 Milliarden Tonnen Fisch in Farmen produziert, was wohl das richtige Wort ist. Fische produziert man inzwischen, man fängt sie nicht mehr. Das waren 34 Prozent aller Fische, die in jenem Jahr weltweit verspeist wurden. Bereits 2010 wird rund die Hälfte aller unserer Fische aus Farmen kommen.

Beim Lachs erreichen wir jetzt schon fast 100 Prozent. Achten Sie einmal bei Ihrem nächsten Einkauf im Supermarkt darauf, woher der Lachs kommt. Meist werden Sie etwas in dieser Art lesen: *Echter Räucherlachs*, aber klein darunter: *Salmo Salar aus Aquakultur in Norwegen.*

Norwegen ist die führende Nation im Aquafarming. Das nordische Land bietet mit seinen vielen Fjorden die idealen Voraussetzungen. Kein Wunder deshalb, dass der norwegische Konzern Marine Harvest auch der führende der Welt ist. In 18 Ländern ist das Unternehmen aktiv. Natürlich auch in Chile, der zweitwichtigsten Aquafarming-Nation. Chile wurde in den 80er Jahren als ideales Gebiet für die Lachszucht entdeckt. Vor allem südlich der Stadt Puerto Montt, einst wegen ihrer Provinzialität als Muerto Montt verspottet, boomt das Geschäft. Hier gibt es – wie in Norwegen – viele Fjorde und Buchten und zudem die richtigen Temperaturen dank des Humboldt-Stroms.

Was Chile, Kanada und Norwegen für den Lachs sind, ist Thailand (und auch zunehmend Vietnam) für Shrimps. In

Thailand begann der Boom in den frühen 80er Jahren. Eine Shrimpsfarm nach der anderen entstand an den langen Küstenstreifen des Landes. Inzwischen soll es in Thailand über 10 000 Shrimpsfarmen geben. Viele Reisbauern wechselten in dieses lukrativere Business, in dem man sehr schnell viel Geld verdienen kann. Die meisten Zuchtshrimps werden im Lande verarbeitet und erst dann exportiert, vor allem in die USA und nach Europa.

Weil der Fischkonsum immer weiter steigt, müssen immer mehr Fische und Meerestiere gezüchtet werden. Kommt deshalb nach dem Lachs und den Shrimps bald auch der Kabeljau? Er sei viel schwerer zu züchten als der Lachs, sagen die Experten. Doch norwegische Firmen, die ja im Aquafarming das größte Know-how haben, arbeiten daran. Und amerikanische Investmentbanken wie JPMorgan oder Morgan Stanley schießen Geld zu, weil sie einen großen Markt wittern.

Wenn das so weitergeht, werden wir in ein paar Jahrzehnten nur noch Fische aus Farmen essen. Ist das schlimm?

Nein, sagt die Industrie. Ja, sagen die Kritiker.

… oder Fluch?

Einen Tag nach meiner Flugverweigerung fahre ich in Vancouver mit dem Bus auf den Campus der *University of British Columbia*. Dort an der Main Mall hat im Zimmer 333 Dan Pauly sein kleines, quadratisches Büro. Er empfängt mich mit akzentfreiem Deutsch (er hat zehn Jahre an der Universität Kiel gelehrt und sich dort auch habilitiert). Pauly ist unter den Fischereibiologen eine anerkannte Kapazität und einer der größten Kritiker der Aquakultur. Er sagt gleich zu Beginn: »Man kann die Welt nicht mit Fischen aus Aquakultur ernähren.« Und dann zählt er zur Begründung die Probleme auf, die die Aquakultur mit sich bringe. Sie belaste die Umwelt, gefährde die wildlebenden Artgenossen, und bis heute wisse man nicht, woher all das Futter für die vielen Fische herkommen soll.

Pauly sagt, Aquafarmen würden sich nicht von der Massentierhaltung zu Lande unterscheiden. *Greenpeace* liegt deshalb nicht so falsch, wenn sie den Lachs als das »Schwein des Meeres« bezeichnet. Hunderttausende von Lachsen leben in einem Gehege. In diesem werden sie gemästet, damit sie in einem Jahr von 500 Gramm auf fünf Kilogramm zunehmen. Wie es in einem Gehege zugeht, hat ziemlich drastisch der österreichische Filmemacher Erwin Wagenhofer in seinem Film *We feed the world* beschrieben: »In der abgeschlossenen Umgebung leben die Tiere tatsächlich in einem Futter-Scheiße-Kreislauf.«

Auch Doug Tompkins benutzt – Verzeihung – die Fäkalsprache. »Eine Lachsmast erzeugt so viel Scheiße wie eine Stadt von 65 000 Menschen«, sagt er, während er über eine Farm im Süden Chiles fliegt. Der Amerikaner Tompkins war einst in den 60er Jahren Gründer der Modekette *Esprit*. Längst hat er sich zu einem Ökoaktivisten gewandelt und hat sich auf der chilenischen Seite von Patagonien ein Naturreservat geschaffen, das er nur mit dem Flugzeug erreichen kann. Auf einem dieser Flüge echauffiert er sich gegenüber einem mitfliegenden Journalisten. Hochindustrielle Massentierhaltung werde hier betrieben. Die meist norwegischen Besitzer würden hier ans andere Ende der Welt reisen, um alles das zu tun, was sie zu Hause nicht dürften. »Norwegen produziert im Jahr ungefähr die gleiche Menge Mastlachs wie Chile. Aber dort verfüttert man den Tieren jedes Jahr 800 Kilogramm Antibiotika, in Chile aber 133 Tonnen. Das Hundertsiebzigfache«, regt sich Doug Tompkins auf.

Dieses Leben, wenn man von einem solchen überhaupt reden kann, macht krank. Immer wieder kommt es zu Epidemien, die sich natürlich innerhalb dieser qualvollen Enge eines Fischgeheges schnell ausbreiten. So wurden Millionen von Fischen getötet, als sich im Jahre 2008 ein Virus namens *Salmon Anaemia* in Chiles Lachsfarmen ausbreitete. Das Virus ist für den

Menschen angeblich nicht gefährlich, gleichwohl haben amerikanische Supermarktketten wie Safeway vorsichtshalber ihre Importe aus Chile eingeschränkt. Die chilenischen Behörden sagen, sie würden nun stärker kontrollieren. Aber den Umweltschützern ist das bei weitem nicht genug. Sie zitieren aus einem Bericht der amerikanischen Gesundheitsbehörde *FDA*, die bei einer Inspektion in chilenischen Farmen drei Chemikalien fanden, die in den USA verboten sind.

In Kanada sei es nicht viel besser, schreibt der Kanadier Taras Grescoe in seinem Buch *Bottomfeeder: How to Eat Ethically in a World of Vanishing Seafood*. Dort würden Lachse häufig von Seeläusen befallen. Bereits ein von zehn Seeläusen befallener Lachs sei nicht mehr lebensfähig. Um jene loszuwerden, würden die Fischfarmer das Futter mit einem starken Pestizid namens Emamectin Benzoate anreichern.

Und da Zuchtlachse immer wieder einmal aus ihrer Gefangenschaft entkommen, können sie Krankheiten und Parasiten auf ihre freilebenden Artgenossen übertragen. Dadurch könnten sich die Wildlachsbestände weltweit halbieren, schätzen die Forscher Jennifer Ford und Ransom Myers von der *Dalhousie University* im kanadischen Halifax.

Ein weiteres großes Problem der Aquakultur, neben den Krankheiten, ist das Futter. Denn die Fische in den Farmen benötigen Nahrung, viel sogar. Da sie keine Vegetarier sind, sondern Räuber, brauchen sie in ihrer Nahrung tierisches Protein, das sie meist in Form von Fischmehl-Pellets bekommen. Als Faustregel gilt inzwischen: Man braucht drei bis vier Pfund »wilden« Fisch an Nahrung, um ein Pfund »gefangenen« Lachs zu erzeugen. Je mehr Fische wir also aus Aquakultur essen, desto mehr Fischfutter wird benötigt, also vor allem Fischmehl und Fischöl. Und diese beiden Nahrungsquellen werden wiederum aus kleinen Fischen gewonnen.

Aber woher soll all dieses Futter kommen? Noch kommt es vor allem aus Peru. Aber wie lange noch?

Futter bei die Fische

Ein paar hundert Meter vom Ufer entfernt liegen die Schlepperboote vor Anker. Zehn, zwölf dieser Fangschiffe kann ich draußen auf dem Meer erkennen. Sie entladen dort ihre Beute, die sie in den vergangenen rund 16 Stunden auf hoher See gefangen haben. Der Fang kommt in rund 1000 Meter lange Rohre, die die Fische dann in die Fabrik an Land spülen, in der ich mich gerade befinde. Dort wird der Fang in diversen Dampf- und Kochprozessen verarbeitet. Am Schluss landen die Fische fein zerbröselt in einem 50-Kilogramm-Sack. Auf diesem steht in dicken roten Buchstaben *Steam Dried Peruvian Fishmeal*, dampfgetrocknetes peruanisches Fischmehl. Aus 250 Kilo Fisch werden diese 50 Kilo Fischmehl gewonnen.

Die Fischfabrik steht in der Nähe der peruanischen Hafenstadt Pisco, ungefähr 250 Kilometer südlich der Hauptstadt Lima. Es ist ein karger Landstrich. Am Ufer befinden sich ein paar Fischfabriken, das Hinterland ist trockene, staubige Wüste und ähnelt einer Mondlandschaft. Die Fabriken sind von hohen Mauern umgeben. Es herrschen strenge Sicherheitskontrollen. Ich muss meinen Pass abgeben, darf nicht fotografieren, und auch den Namen der Fabrik darf ich nicht nennen. Warum diese Geheimniskrämerei? Die Fischmehlindustrie wittert überall Feinde. Umweltschützer, die beklagen, dass die Fabriken den Abfall ihrer Produktion ungeklärt ins Meer gießen und ihre Abgase ungefiltert in die Luft jagen. Und da sind die Gegner des ganzen Geschäftsmodells, die den Fischmehlbaronen vorwerfen, zugunsten kurzfristiger Profite langfristig die Bestände vor der peruanischen Küste leer zu fischen.

Peru – das wird viele Leser überraschen – ist der größte Fischmehl- und -öllieferant und die zweitgrößte Fischnation der Welt. Zusammen mit dem südlichen Nachbarn Chile beherrscht Peru den Markt für Fischmehl. Vor der 7000 Kilometer langen pazifischen Küste der beiden südamerikanischen Länder herrschen wegen des Humboldt-Stroms besonders günstige klimatische Bedingungen. Das mögen insbesondere die kleinen Fische, die hier in Peru Anchovetta genannt werden. Eigentlich sind das köstliche Fische, wovon ich mich persönlich in Limas Feinschmeckerlokal Astrid y Gastón überzeugen konnte. Sie schmecken mindestens so gut wie Sardinen. Doch sie landen in Peru ganz selten auf dem Teller, sondern in den vielen, vielen Fischfabriken, die es entlang der peruanischen Küste gibt. So sind die Anchovettas inzwischen – nach Gewicht gemessen – die am meisten gefangene Fischart der Welt.

Ein Drittel aller weltweit gefangenen Fische wird bereits zu Fischmehl und -öl verarbeitet. Früher machte man Fischmehl aus Abfällen, die nach dem Filetieren von Speisefischen entstanden waren. Doch seitdem die Aquakultur so kräftig boomt, braucht man immer mehr Fischmehl. Deshalb kam man auf die Idee, kleine Fische zu Futter für die großen zu verarbeiten. Eine fatale Entwicklung: Nachdem wir die Bestände an »großen« Fischen leer gefischt haben, wiederholen wir nun das Gleiche bei den »kleinen« Fischen.

Es ist deshalb nur eine Frage der Zeit, bis die Bestände an Anchovettas und anderen kleinen Fischen reduziert sind. Die FAO warnt bereits: »Das gegenwärtige starke Wachstum der Aquakultur kann nicht beibehalten werden, weil die Verfügbarkeit von wildem Fisch für Futter begrenzt ist.« Schon seit Jahren stagniert die weltweite Produktion von Fischmehl. Bei wachsender Nachfrage steigen deshalb die Preise. Kostete 2001 eine Tonne Fischmehl 400 Dollar, so waren es Anfangs 2009 bereits zwischen 800 und 900 Dollar. Und das sei nicht das Ende, prophezeit das *WorldFish Center*: »Die Preise für Mehl und Öl werden nach oben schießen.«

So stehen wir also bei der Fischproduktion vor genau demselben Problem wie bei der Fleischproduktion: Es gibt weltweit zu wenig Futter. So wie wir zunehmend in Schwierigkeiten geraten werden, die Millionen Rinder, Schweine und Hühner zu ernähren, so fehlt uns auch eine Antwort auf die Frage, wie wir künftig die Millionen Fische in den Aquafarmen füttern wollen. Die Konsequenz des Futterengpasses ist klar: Die Preise für Fisch werden – ebenso wie die von Fleisch – steigen.

4 Dürre und Wasser

Es war im Februar 2009: Ich hatte gerade die nahezu unerträgliche Jahrhunderthitze Australiens verlassen und landete wenige Tage später in Peking. Dort war das große Thema die andauernde Dürreperiode in den wichtigen Agrarprovinzen südlich der chinesischen Hauptstadt. »So schlimm war es seit Jahren nicht mehr«, schrieb die *China Daily*. Nach der Lektüre des Blattes griff ich zur *International Herald Tribune* und las dort die Schlagzeile *Schlimmste Dürre in Argentinien seit 70 Jahren.*

Gleichzeitig historische Trockenperioden in Argentinien, Australien und China – war das ein Zufall? Fast in jedem Land, wo ich war, war das Wetter ein großes Thema. Nicht, weil es so toll, sondern weil es so katastrophal war. Ich hörte und las von Dürren und Überschwemmungen sowie dem sehnsüchtigen Warten auf den Regen. Besonders bei den Bauern in aller Welt war das Wetter natürlich das Tagesthema.

Kein Wirtschaftszweig ist so wetterabhängig wie die Landwirtschaft. Keine Berufsgruppe wird deshalb so existentiell betroffen sein vom Klimawandel wie die Bauern. Beide Standardwerke zum Klimawandel – der voluminöse Bericht des *Intergovernmental Panel on Climate Change (IPCC)* und der britische *Stern-Report* – haben übereinstimmend festgestellt, dass die Landwirtschaft massiv unter der globalen Erwärmung leiden wird.

Vereinfacht kann man sagen: Die nassen Regionen werden noch feuchter, die trockenen Gegenden noch trockener. Es wird also mehr Dürren geben, aber auch mehr Überschwemmungen. Die Zahl der Naturkatastrophen, wie zum Beispiel Taifune oder Zyklone, wird weiter zunehmen. Nach Zahlen des *Centre for*

Research on the Epidemiology of Disasters (CRED) stieg die jährliche Zahl der Naturkatastrophen von 200 bis 250 Mitte der 90er Jahre auf 400 bis 450 in den Jahren 2000 bis 2005. Mit 483 Katastrophen wurde im Jahr 2006 ein Rekord erreicht.

Zusätzlich zu dieser katastrophalen Lage droht weiteres Unheil durch:

- steigende Meereswasserspiegel. Sie werden viele Länder bedrohen und deren küstennahe Landwirtschaft vernichten. Bangladesch zum Beispiel wird davon extrem betroffen sein, aber auch Vietnam und andere südostasiatische Länder.
- schmelzende Himalaya-Gletscher. Das Schmelzwasser versorgte bislang die großen Flüsse (und damit auch die angrenzenden Felder) der beiden bevölkerungsreichsten Nationen der Welt, China und Indien. Wenn dieses Wasser in zwei, drei Jahrzehnten ausbleibt (wovon die Klimaforscher ausgehen), werden Flüsse wie der Indus und der Ganges oder der Yangtze und der Gelbe Fluss zu Rinnsalen.
- neue Krankheiten für Tiere und Pflanzen. Durch die Erwärmung gedeihen jede Menge neue Insekten und Pilze, die Pflanzen und Tiere attackieren. Bislang wurden diesen neuen Angriffen relativ wenig Beachtung geschenkt. Doch die UN-Umweltorganisation UNEP warnt: »Das ist eine große Gefahr für die Nahrungsmittelproduktion.«

Die Folgen des Klimawandels sind enorm. Die landwirtschaftlichen Anbaugebiete werden sich Richtung Norden verschieben. Rattan Lal, Bodenexperte an der *Ohio State University*, macht folgende Rechnung auf: »Bei jedem Grad Temperaturanstieg wandern diese Zonen rund 150 Meilen nach Norden.«

Bald wird man also in Alaska, Grönland und Sibirien Gemüse anbauen können, in England wachsen Weintrauben, und in Deutschland reifen Bananen und Melonen. In der Tat: Die Landwirtschaft im Norden der nördlichen Halbkugel wird der Gewinner sein. Die vielen Verlierer sind die Bauern im Süden. Australien, ein wichtiges Agrarexportland, wird dann nichts mehr zu exportieren haben. Besonders betroffen werden jedoch Afrika und Asien sein, und dort vor allem Südasien, also Indien, Pakistan und Bangladesch.

Wissenschaftler wie internationale Organisationen sehen deshalb für die Bauern fast nur negative Folgen durch weltweit höhere Temperaturen:

- Der IPCC-Vorsitzende Rajendra Pachauri warnt, dass die Produktivität der afrikanischen Landwirtschaft um 50 Prozent zurückgehen werde.
- Die FAO schätzt, dass in 65 Entwicklungsländern die Getreideproduktion aufgrund des Klimawandels sinken wird.
- Die Weltbank prognostiziert, dass sich die Erträge in der südamerikanischen Landwirtschaft bis zum Ende des Jahrhunderts um 12 bis 50 Prozent verringern werden.
- das Reisinstitut IRRI meldet, dass ein Grad Temperaturanstieg die Reisernten weltweit um 15 Prozent reduzieren werde.

Die UNEP zog einen Schlussstrich unter all diese Projektionen und kam zu dem Ergebnis, dass bis zum Jahre 2050 ein Viertel der globalen Nahrungsmittelproduktion durch Umweltschäden verlorengeht. Das ist eine alarmierende Zahl, denn wir brauchen ja mehr und nicht weniger Nahrung.

Die Wissenschaftler versuchen zu reagieren und arbeiten an neuen Pflanzen, die trotz Dürren und Überschwemmungen gedeihen können. Doch ob und wann solche Wunderpflanzen den Weg aus den Labors auf die Felder finden werden, ist ungewiss. Die Bauern und auch deren Funktionäre stecken derweil den Kopf in den Sand. Sie sagen, das Wetter sei schon immer launisch gewesen, warum also die Aufregung? Die Bauern reagieren so, wie sich seit Jahrhunderten immer wieder den Widrigkeiten des Wetters angepasst haben.

Doch diesmal »steht zu befürchten, dass die Geschwindigkeit und die Stärke des Klimawandels die Anpassungsfähigkeit der Landwirtschaft übersteigt«, schreibt der Deutsche Bauernverband in seinem Klima-Report.

Von wegen prima Klima

Die *Stanford University*, rund 60 Kilometer südlich von San Francisco gelegen, ist eine grüne Oase. Es riecht nach frischgemähtem Gras, es duftet nach Pinien. Der weitläufige Campus dieser berühmten Universität ist sicher einer der schönsten der Welt. Für (die wenigen) Autos gilt ein Tempolimit von 15 Meilen, viele Studenten sind mit dem Rad oder einem Tretroller unterwegs. In dieser Idylle kann man noch im wahrsten Sinne des Worte in Ruhe forschen.

David Lobell ist einer dieser Forscher, die dieses Privileg genießen dürfen. Ich treffe den Geologen im sogenannten Y2E2 Building, Zimmer 367. Lobells Forschungsthema ist *Food Security and Environment*. Er geht der weltbewegenden Frage nach, wie der Klimawandel die Nahrungsmittelproduktion beeinflussen wird. Dass das Klima Auswirkungen auf die Landwirtschaft haben wird, ist nicht mehr umstritten. Jetzt geht es »nur« noch um das Ausmaß. Lobell sagt, in der wissenschaftlichen Community sei »Konsens, dass es in Zukunft wärmer wird«. Die damals außergewöhnliche europäische Rekordhitze im Jahre 2003, als in Frankreich viele Menschen starben, könnte künftig die Norm werden. Man sei sich auch einig, dass in gewissen Regionen die Regenfälle an Heftigkeit zunehmen werden. Und das alles werde mehr negative wie positive Auswirkungen auf die Landwirtschaft haben.

Welche Auswirkungen die Klimaveränderungen auf die globale Nahrungsmittelproduktion haben werden, hat Lobell gerade mit Kollegen der *Stanford University* und der *University of Washington* untersucht. Teams beider Hochschulen haben eine neue Studie erstellt. Sie erzielte weltweit große Aufmerksamkeit, als sie im Januar 2009 in der Zeitschrift *Science* präsentiert wurde. Gleich der erste Satz dort klingt alarmierend: »Höhere Temperaturen können dramatische Auswirkungen auf die Produktivität, die Einkommen der Bauern und die Ernährungssicherheit haben.« Die Klimaforscher haben eine neue Rechnung aufgemacht. Steigt die Temperatur um ein Grad, sinken die Erträge der wichtigsten Getreidearten zwischen 2,5 und 16 Prozent. Hochgerechnet bedeutet das, dass bis zum Ende des Jahrhunderts die Erträge beispielsweise von Reis und Mais um 20 bis 40 Prozent fallen könnten. Die Autoren der Studie sind angesichts dieser Zahlen überzeugt, dass die hohen Temperaturen die Fähigkeit der Welt, sich selbst zu ernähren, vermindern werden. Rosamond Naylor, Chefin und Kollegin von David Lobell in Stanford, sagt: »Ich bin sehr besorgt. Ich frage mich, wie wir angesichts dieser Auswirkungen des Klimawandels acht oder neun Milliarden Menschen ernähren können.«

Die Studie wird nicht konkret, was die Betroffenheit von Regionen und Ländern anbetrifft. Sie nennt keine Gewinner und keine Verlierer des Klimawandels. Diese Arbeit hat sich William Cline gemacht. Der ältere Herr ist Ökonom am renommierten *Peterson Institute* in Washington. Seit 20 Jahren untersucht er, welche Auswirkungen die globale Erwärmung auf die Wirtschaft hat, und seit ein paar Jahren beschäftigt er sich insbesondere mit den Folgen für die Landwirtschaft. Sein allgemeines Fazit: »Der Klimawandel wird in der Landwirtschaft großen Schaden anrichten.«

Nachdem er diesen Satz gesagt hat, holt er sein vor kurzem erschienenes Büchlein *Global Warming and Agriculture* aus dem Regal in seinem Büro und schlägt die Seite 96 auf. Dort ist eine von ihm erstellte Tabelle abgedruckt, die zeigt, wie sich in verschiedenen Regionen der Welt die landwirtschaftliche Produktion bis 2080 verändern wird. Was sofort auffällt: Überall stehen Minuszeichen vor den Zahlen. Bei näherem Hinsehen kann ich große Unterschiede entdecken. Ein relativ kleines Minus steht bei den Industrieländern, ein sehr großes bei den Regionen Afrika, Lateinamerika, Naher Osten und Asien. In all diesen Regionen rechnet Cline mit einem Ernterückgang um 20 bis 25 Prozent. »Der große Verlierer« mit Einbußen zwischen 30 und 40 Prozent ist für ihn Indien. Und dann kommt Australien.

Ohne Wasser kein Essen

Morgens eine Dusche, tagsüber ein paarmal Hände waschen, zwischendurch mehrmals auf der Toilette die Wasserspülung drücken, und dann noch die paar Liter, die wir trinken. Mehr Wasser verbrauchen wir doch täglich nicht, oder? So denkt der durchschnittliche Verbraucher, wenn er nicht nachdenkt. Wir verbrauchen aber viel mehr Wasser, als wir uns vorstellen. Sozusagen virtuelles Wasser. Wasser, das wir nicht sehen. Wasser, das in unserer Nahrung steckt.

Um zum Beispiel ein Kilogramm Rindfleisch zu erzeugen, werden zwischen 15 000 und 20 000 Liter Wasser benötigt. Ein Kilo Camembert verschluckt bei der Produktion 5000 Liter, und ein Kilogramm Gemüse braucht zum Wachsen und Gedeihen rund 1000 Liter. Wenn wir das alles einberechnen, dann verbrauchen wir durchschnittlichen Konsumenten im Westen täglich 2500 bis 3000 Liter Wasser. Als Faustregel gilt: Hinter jeder Kalorie, die wir täglich zu uns nehmen, steckt ein Liter Wasser. Nur 130 Liter verbrauchen wir direkt aus dem Wasserhahn oder dem Duschkopf.

Was sich die wenigsten vorstellen können: Die Landwirtschaft ist bei weitem der größte Wasserverbraucher der Welt. Rund 70 Prozent unseres Wassers fließt in die Landwirtschaft (nur zehn Prozent verbrauchen wir Konsumenten, 20 Prozent die Industrie). Das meiste davon geht in die Bewässerung, denn weltweit wird fast die Hälfte aller Äcker, Weiden und Reisfelder bewässert.

Da wir aufgrund der stetig steigenden Bevölkerungszahl immer mehr Nahrungsmittel brauchen, benötigen wir also auch immer mehr Wasser. Nach Einschätzung der UNEP wird sich bis 2050 die Wassernachfrage verdoppeln. Nur weiß niemand, woher das Mehr an Wasser kommen soll. »Der Mangel an Wasser ist der hemmende Faktor, um Nahrung für Hunderte von Millionen Menschen zu produzieren«, schreibt das *International Water Management Institute (IWMI)* in seinem Bericht *Water for Food, Water for Life*, an dem über 700 Wissenschaftler aus aller Welt mitgearbeitet haben.

Zur Ernährungskrise gesellt sich also die Wasserkrise. Eine Krise, die aber vor allem im Westen gerne ignoriert und verdrängt wird. Wasser kommt aus der Leitung, ist stets da, wenn man den Hahn aufdreht, und ist unheimlich billig. Warum soll dieser stets flüssige Stoff knapp sein? Alle Welt redet und schreibt von *Peak Oil*, also dem Zeitpunkt, ab dem die Ölproduktion auf der Welt kontinuierlich abnehmen wird. Dabei gibt es wahrscheinlich auch einen *Peak Water*. »Wasser könnte schneller als Öl aufgebraucht werden«, orakelt ein Kommentator der *FAZ*. Dabei ist Wasser viel wichtiger als Öl. Denn ohne Öl kann man notfalls überleben, aber nicht ohne Wasser. Wasser ist das, was wir neben der Luft zum (Über-)Leben brauchen.

Die Kanadierin Maude Barlow ist einer der bekanntesten und engagiertesten Kämpferinnen für das Wasser. Sie ist Autorin von 15 Büchern, darunter *Blue Convent*, in dem sie eine globale Wasserkrise beschreibt. Im Oktober 2008 wurde sie zur Senior-Beraterin der Vereinten Nationen in Wasserfragen ernannt. Zu Beginn dieses Mandats sagte sie: »Die Wasserkrise verschärft sich überall. Sie ist die wichtigste Bedrohung unserer Umwelt.«

Können wir diese Wasserkrise noch verhindern? »Wir werden nicht in der Lage sein, in den kommenden Jahrzehnten die Weltbevölkerung zu ernähren, wenn wir nicht beginnen, unser Wasserangebot besser zu managen«, sagt der australische Generaldirektor des IWMI, Colin Chartres. Das heißt: mehr Abwasser-Reinigungsanlagen, mehr Entsalzungsanlagen, mehr

Tröpfchenbewässerung (die die Israelis entwickelt und perfektioniert haben). Aber alle diese Maßnahmen werden viel, viel Geld kosten. Experten der Beratungsfirma Booz Allen Hamilton taxieren den jährlichen Betrag auf die unvorstellbare Summe von einer Trillion Dollar. Die Investitionen – wenn sie denn überhaupt getätigt werden – werden mit Sicherheit zu einem großen Teil auf die Konsumenten abgewälzt werden.

Wasser muss teurer werden, fordert aus einem anderen Grunde auch Nestlé-Verwaltungsratspräsident Peter Brabeck-Letmathe. Der Preis müsse endlich den Wert des Wassers widerspiegeln, was er derzeit nicht tue. Im Gegenteil: In Indien bekommen die Bauern zum Beispiel das Wasser umsonst, in China sind die Wasserpreise extrem günstig. Und in Spanien zahlen die Bauern gerade mal zwei Prozent des wirklichen Wertes. Für ein zunehmend knappes Gut wie Wasser sind die Preise viel zu niedrig. Das wird sich ändern.

Das heißt für uns alle: In den nächsten Jahren werden die Wasserpreise kräftig steigen, und wegen des enorm hohen Wasserverbrauchs in der Landwirtschaft letztendlich auch die Lebensmittelpreise.

Australien, das erste Bauernopfer

Canberra, die australische Hauptstadt mitten in der Provinz, ist ein heißes Pflaster. Sicher nicht wegen seines rauschenden Nachtlebens, sondern wegen seiner Temperaturen. Bis zu 40 Grad heiß kann es dort im Sommer werden. Ich habe Glück, und erlebe Canberra bei »nur« 33 Grad, und ich bekomme auch noch ein veritables, abkühlendes Gewitter mit. Währenddessen sitze ich in einem Restaurant. Ich schaue aus dem Fenster und sehe einen städtischen Bus vorbeifahren. In voller Breitseite ist dort plakatiert *You want more from Rudd of Climate Change?* Sinngemäß ins Deutsche übersetzt, hieße das: Sie wollen mehr von (Bundeskanzlerin) Merkel über den Klimawandel wissen? Kein PR-Stratege im Kanzleramt würde auf die Idee kommen, einen Berliner Linienbus mit einer solch langweiligen Botschaft zu plakatieren.

Doch in *Down Under* ist vieles anders. Klimawandel ist dort ein großes Thema. Es war mit entscheidend, dass Kevin Rudd im Herbst 2008 zum neuen Premierminister gewählt wurde. Fast täglich schreiben die Zeitungen über das Wetter sowie das Klima und dessen Wandel. Die Regierung Rudd hat sogar mit dem *Department of Climate Change* extra ein Ministerium für Klimawandel installiert, mit der sehr agilen Ministerin Penny Wong an seiner Spitze. Mrs. Wong glaubt nicht mehr, dass diese Hitzewellen nur vorübergehende Launen der Natur seien. Sie sieht ganz klar einen negativen Trend: »Elf der heißesten Jahre in der Geschichte Australiens waren in den vergangenen zwölf Jahren.«

Der Höhepunkt war der Sommer 2008/2009, den ich phasenweise live miterleben konnte oder musste. Ende Januar 2009 stieg mehrere Tage hintereinander im Bundesstaat Victoria, wo auch Melbourne liegt, das Thermometer auf über 43 Grad. Eisenbahnschienen verbogen sich, Menschen kollabierten, Tennisspieler bei den Australian Open gaben auf (was es noch nie gab in der Geschichte dieses Traditionsturniers). »Es war die heißeste Woche seit den Wetteraufzeichnungen«, konstatierte Victorias Ministerpräsident John Brumby. Rudd kommentierte trocken: »Das sind hässliche Zeiten.«

Keine Frage: Der Klimawandel ist angekommen in Australien und trifft damit das erste große Agrarland der Welt. Am Exempel Australien kann man studieren, wie das Klima die landwirtschaftliche Produktion verändern, das heißt reduzieren wird. Das riesige Land, das als einziges die Dimension eines Kontinents hat, produzierte immer viel mehr Nahrung, als seine 20 Millionen Einwohner konsumieren können. Es konnte deshalb bislang viel exportieren, und zwar viermal so viel, wie der inländische Konsum betrug. Über ein Drittel der australischen Ausfuhren sind Agrarprodukte. Australien ist weltweit die Nummer zwei bei den Exporten von Rind- und Lammfleisch, Nummer drei bei Milchpulver und Nummer vier bei Weizen (der vor allem in den Nahen Osten verschifft wird). Diese Positionen sind nun in großer Gefahr. Die Welt muss sich auf geringere Exporte aus Australien einstellen, was gerade beim Weizen verheerende Folgen haben könnten: Der Preis auf dem Weltmarkt wird steigen, wenn ein solch wichtiges Land sukzessive als Produzent ausfällt.

Die Regierung versucht zu helfen, so gut es geht. Sie startete Programme wie *FarmReady*, und sie verteilte an die Bauern Einkommensbeihilfen. Doch das sind nur Programme zur Linderung der Not. Am langfristigen Trend kann aber auch die Regierung in Canberra nicht viel ändern. Ein Regierungspapier macht deshalb den Bauern wenig Hoffnung: »Sie sollten sich auf eine heißere und trockenere Zukunft einstellen.« Wie diese Zukunft aussehen könnte, hat das Forschungsinstitut des Agrarministeriums, *Abare*, untersucht. In ihrer im Herbst 2007 veröffentlichten Studie *Climate Change: issues and challenges in Australian agriculture and forestry* kommen die Forscher zu einem düsteren Fazit: »Australien wird eine der am heftigsten durch den Klimawandel betroffenen Regionen der Welt sein, was sich in Rückgängen bei der landwirtschaftlichen Produktion niederschlagen wird.« In konkreten Zahlen ausgedrückt, heißt das: Die Weizen-, Fleisch- und Milchproduktion in Australien werde bis 2030 drastisch zurückgehen, und zwar zwischen zehn und 20 Prozent.

Nirgendwo ist die Misere Australiens deutlicher zu sehen und zu spüren als im Murray-Darling Basin, dem größten Agrargebiet des Kontinents. Es wird von den zwei größten Flüssen des Landes, dem Darling (2740 Kilometer) und dem Murray River (2530 km), gespeist. Doch diese führen immer weniger Wasser. Der Landwirtschaft dort drohen dürre Zeiten.

Die Bauern auf dem fünften Kontinent hören solche Horror-Szenarien nicht gerne. Sie bevorzugen lieber eine Vogel-Strauß-Politik und stecken den Kopf in den Sand. Jock Laurie, der Präsident der *New South Wales Farmers Association*, zum Beispiel mag den Ausdruck *climate change* (Klimawandel) überhaupt nicht. Er redet lieber von *climate variability* (Klimaveränderungen). Das klingt irgendwie harmloser. Und dann legt er in seinem australischen Slang in einem atemberaubenden Tempo los, warum er diese Unterscheidung mache. Australiens Farmer hätten schon seit über 150 Jahren immer wieder mit extremen Wettersituationen fertig werden müssen. Dürren habe es hier immer gegeben, zum Beispiel die berühmte *Federation Drought* anno 1901, die zeitlich mit der Unabhängigkeit Australiens zusammenfiel. Jedes Mal hätten sie sich angepasst. »Warum soll uns das nicht auch in Zukunft gelingen?«, sagt er voller Optimismus. Natürlich ist da ein gehöriger Schuss Zweckoptimismus dabei. Was sollen die Farmer auch machen? Sie haben nur die Option Anpassen oder Aufhören. Also passen sie sich an, so gut und so lange es geht.

Aber wie lange wird es noch gutgehen? Wie lange ist Australien noch eine Exportnation?

Der unfruchtbare Halbmond

In Mesopotamien fing einst alles an. Hier stand vor rund 10 000 Jahren, also 8000 Jahre vor Christus, die Wiege der Landwirtschaft. Mesopotamien (übersetzt heißt das »zwischen zwei Flüssen«, nämlich dem Euphrat und dem Tigris) war das Zentrum eines Gebietes, das der fruchtbare Halbmond genannt wurde. Er spannte sich sichelartig vom ägyptischen Niltal durch den Nahen Osten bis in den Iran. Diese Gegend war nach der Eiszeit eine der klimatisch angenehmsten Regionen der Erde.

Hier wurden die ersten Pflanzen (erst Weizen und Gerste,

später Erbsen und Linsen) angebaut und die ersten Tiere domestiziert (erst die Ziegen und Schafe, später die Schweine und dann erst die Rinder). Hier gab es Essen im Überfluss. Als zum Beispiel ein Königspalast eingeweiht wurde, wurde zehn Tage lang gefeiert und gegessen. 69 574 Gäste waren geladen. Auf deren Speiseplan standen 1000 Ochsen, 14 000 Schafe, 1000 Lämmer, 20 000 Tauben und andere Vögel, 10 000 Fische, 10 000 Eier und dazu Tausende Krüge Bier und Wein.

Früher Paradies – heute Hölle. Jetzt ist es in dieser Gegend heiß und trocken. Aus dem einst fruchtbaren ist der unfruchtbare Halbmond geworden. Diese legendäre Kornkammer Vorderasiens ist auf dem besten Wege auszutrocknen – eine Folge des Klimawandels. Es gilt die simple Kausalkette: weniger Regen, weniger Wasser im Euphrat und im Jordan, weniger Landwirtschaft. »Im Nahen Osten wird seit Jahren das Wasser knapp. Es ist die erste größere Region der Welt, der das Wasser ausgehen wird«, sagt Tony Allan vom *King's College* in London.

Weil die Landwirtschaft deswegen daniederliegt, sind die Selbstversorgungsraten in vielen arabischen Ländern alarmierend. Im Schnitt liegt sie bei 60 Prozent. Kein Land in dieser Region ist mehr in der Lage, sich selbst zu ernähren, keine Region der Welt ist so von Importen abhängig wie der Nahe Osten und Nordafrika. Der Iran ist zum Beispiel inzwischen größter Weizenimporteur der Welt, musste kürzlich sogar beim Erzfeind USA Weizen einkaufen. Noch brutaler hängt Ägypten am Tropf der Amerikaner. Die Regierung muss über die Hälfte des Weizens aus den USA importieren, finanziert zu einem großen Teil durch Entwicklungsgelder aus den USA. Ägypten hat ein großes Wasserproblem. Es hat als einzige Quelle den Nil. Rund 85 Prozent seines Wassers fließt in die Landwirtschaft. Die Bevölkerung hat das Nachsehen. Rund 40 Prozent der Bewohner Kairos haben nicht mehr als drei Stunden am Tag Wasser. Immer wieder kommt es zu Demonstrationen wegen

Wassermangels wie zum Beispiel in Suez oder in der Küstenstadt Burullus.

Doch trotz der Not bei Wasser und Nahrung wächst die Bevölkerung weiter. Wie in der gesamten Region des fruchtbaren Halbmondes, der zumindest in diesem Sinne seinen Namen nach wie vor verdient. Seit 1950 hat sich die Zahl der Menschen auf 364 Millionen vervierfacht. Bis 2050 wird sie auf beinahe 600 Millionen wachsen. Wie sollen diese vielen Menschen ernährt werden? Woher soll das Wasser kommen? Das sind elementare Fragen, auf die niemand in Arabien eine Antwort weiß. Die reichen Ölstaaten werden es sich leisten können, ihr Essen im Ausland zu kaufen. Aber was machen die, die keine Petrodollars haben?

Es ist wenig Trost für die Araber, dass auch das ungeliebte Israel große Probleme hat. Israel droht eine Dürre biblischen Ausmaßes, obwohl es eine der effizientesten Wassernutzungen der Welt hat. Die Israelis haben die *drip irrigation* (Tröpfchenbewässerung) erfunden, die israelische Firmen erfolgreich in alle Welt exportieren. 2008 war für Israel das trockenste Jahr seit dem Beginn der Wetteraufzeichnung. Der damalige Infrastrukturminister Benjamin Ben-Eliezer bezeichnete die Lage als katastrophal und kürzte den Bauern die Wasserration. Der Chef der Wasserbehörde, Uri Schani, sieht schon bald ein »braunes Israel, in dem nichts mehr blühen wird«.

Indischer Subkontinent: mal zu viel, mal zu wenig Wasser

Der Bundesstaat Punjab im Nordwesten Indiens gilt als der Brotkorb des Landes. Doch schaut man von oben auf ihn, sieht er aus wie Schweizer Käse. Überall Löcher. Löcher, die von Pumpen stammen. Pumpen, die von Bauern betrieben werden, um an Wasser zu kommen. Früher benutzten sie einfache Pumpen, die nur wenige Meter tief reichten. Aber seit einiger Zeit haben viele Bauern elektrisch betriebene Pumpen. Den Strom dafür bekommen sie umsonst vom Staat. Doch die immer teureren Pumpen müssen sie kaufen. Viele Bauern verschulden sich dabei. Von den Banken bekommen sie meist keine Kredite, also müssen sie das Geld bei lokalen Wucherern borgen, die unverschämt hohe Zinsen verlangen. Oft können die Bauern weder die Zinsen zahlen, geschweige denn die Kredite bedienen. Für viele bliebt oft nur ein Ausweg: der Suizid.

Keine Frage: Das sind schwere individuelle Schicksale. Doch schlimmer noch ist der ökologische Selbstmord des Punjab. Denn die Bauern, die verzweifelt auf der Suche nach Wasser sind, müssen immer tiefer bohren. Ihre modernen Pumpen reichen inzwischen Hunderte von Metern tief. Und so fällt der Grundwasserpegel in vielen Gegenden des Punjab jedes Jahr um 20 Zentimeter. Über 17 Millionen Brunnen soll es in Indien geben, so die offizielle Zahl. Die Dunkelziffer dürfte um einiges höher liegen. Die vielen Pumpen entziehen dem Boden doppelt so viel Grundwasser, wie auf natürlichem Wege ergänzt wird. »Die Bauern zerstören damit mit Sicherheit die Zukunft ihrer Kinder«, schreibt Fred Pearce in seinem Buch *When the Rivers Run Dry*.

Und es ist nicht nur ein Problem im Punjab. Die Grundwasserpegel sinken allerorten, auch in den Bundesstaaten Gujarat, in Maharashtra und in Tamil Nadu. »Wir haben unser Grundwasser bis zu einem solchen Grad ausgeschöpft, dass es unser Land verwüstet«, sagt laut *Forbes* Gurdev Hira, Boden- und Wasserexperte an der Punjab Agraruniversität in Ludhiana. Rund 175 Millionen Inder hängen am Tropf des Grundwassers. Wenn diese Quelle versiegt, haben sie kein Wasser, um ihre Felder zu bewässern, und damit auch nichts mehr zu essen.

Das Problem des sinkenden Grundwassers ist: Man sieht das Desaster nicht, weil es sich unter der Erde abspielt. Entsprechend gering ist auch das Problembewusstsein. Das ist bei ausgetrockneten Flüssen anders. Da sieht jeder sofort, dass es ein Problem gibt. Leider wird auch dieser Anblick den Indern nicht erspart bleiben.

Denn Indien ist gleich mehrfach vom Klimawandel betroffen. So kommt der Monsun unregelmäßiger und unberechenbarer. Er hält sich nicht mehr an die jahrhundertealten Gesetzmäßigkeiten. Doch vielleicht am bedrohlichsten für den indischen Subkontinent sind die schmelzenden Gletscher des Himalaya. Sie speisen im Frühjahr und Frühsommer viele der großen Flüsse Asiens und damit indirekt auch die Bevölkerung. In Indien sind der Brahmaputra, der Indus und der Ganges auf das Wasser aus den hohen Bergen angewiesen. Der Ganges zum Beispiel bekommt bis zu 70 Prozent seines Wassers aus dem Himalaya-Gebiet. Sind die Gletscher verschwunden, versiegen auch die Flüsse. Und das kommt schneller, als viele Klimaforscher noch bis vor kurzem dachten. Für Lester Brown, den Apokalyptiker, ist denn auch das Schmelzen der Gletscher im Himalaya die größte Gefahr für die Nahrungsmittelproduktion, die die Welt je gesehen hat.

Ausgetrocknete Flüsse, sinkende Grundwasserspiegel, unberechenbarere Monsune – auf Indiens Landwirtschaft kommen in den nächsten Jahrzehnten gravierende Probleme zu. Angesichts des zunehmenden Wassermangels rechnet der amerikanische Klimaforscher William Cline in Indien bis 2040 mit einem Rückgang der landwirtschaftlichen Produktivität um 30 bis 40 Prozent. In dem Zeitraum also, da Indien zum bevölkerungsreichsten Staat der Welt heranwachsen wird, sinken die Erträge in der Landwirtschaft. Wie will dann Indien seine 1,5 Milliarden Menschen ernähren, wo es jetzt schon nicht in der Lage ist, seine 1,1 Milliarden ausreichend zu versorgen? Auf diese existentielle Frage habe ich während meiner Tage in Neu-Delhi keine oder nur unbefriedigende Antworten bekommen. Ich verließ die indische Hauptstadt Richtung Bangladesch mit dem Eindruck, dass außer ein paar mahnenden NGOs nur wenige das Problem ernst nehmen, geschweige denn nach Lösungen suchen.

In Bangladesch, dem östlichen Nachbarstaat Indiens, ist man sich der prekären Lage bewusster. Dem armen Land droht Gefahr von der Meeresseite her. Denn infolge des Klimawandels wird der Meeresspiegel steigen. Länder wie das niedrigliegende Bangladesch werden davon besonders betroffen sein. Die Weltbank hat eine Karte von Bangladesch veröffentlicht, die zeigen soll, wie das Land aussehen könnte, wenn der Meeresspiegel um einen Meter steigen würde. Ein Drittel des Landes wäre überflutet, die Hälfte der Reisfelder wären überschwemmt. Atiq Rahman, der berühmteste Klimaforscher des Landes, sagt, bedroht sei das ganze Land. Er prophezeit sintflutartige Überschwemmungen in der Monsunzeit und verheerende Dürren in der Trockenzeit. Es werde immer mehr und immer stärkere Zyklone geben. Die Gletscher im Himalaya werden immer schneller abschmelzen, es wird immer weniger Anbaufläche geben und somit auch immer weniger Essen.

Rahmans düstere Prognose: »Die Hälfte der Menschen in Bangladesch ist bedroht.« Das wären rund 60 Millionen Menschen. Aber wo sollen sie im Notfall hin? Ins übervölkerte Indien? Ins benachbarte, aber ebenfalls bettelarme Myanmar?

Auf dem indischen Subkontinent tickt eine Zeitbombe. Nur will das Ticken offenbar niemand hören.

Afrika: ein Kontinent auf dem Trockenen

Es ist Mitte März 2009 in Nairobi. Keine Wolke ist am blauen Himmel zu sehen, es herrschen angenehme 25 Grad. »So war es die letzten drei Monate fast immer«, sagt Berthold Bös, Entwicklungshelfer bei der *Gesellschaft für technische Zusammenarbeit (GTZ)*, den ich im italienischen Restaurant *Mediterraneo* treffe. Was sich für einen Mitteleuropäer traumhaft anhört, ist für die Kenianer eher ein Alptraum. Keine Wolke am Himmel heißt kein Tropfen Regen. Kein Regen bedeutet keine oder eine schlechte Ernte. Und das heißt fürs Volk: hungern. Kenias Regierung hat deshalb den Notstand ausgerufen. Zehn Millionen Menschen seien von der Dürre und deren Folgen betroffen, lässt die Regierung verlauten und ruft deshalb nach internationaler Hilfe.

Kenia ist kein Einzelfall. Fast jedes afrikanische Land meldet im Laufe eines Jahres Dürren und/oder Überschwemmungen. Dürren hat es immer wieder auf diesem geschundenen Kontinent gegeben. Aber neu ist die Häufigkeit und Intensität dieser Naturkatastrophen. Eine Folge des Klimawandels. »Kein anderer Kontinent wird in den kommenden Jahrzehnten so vom Klimawandel betroffen sein wie Afrika«, schreibt der entwicklungspolitische Journalist Karl-Albrecht Immel. Die Temperaturen werden nach dem IPCC-Bericht bis zum Ende dieses Jahrhunderts um drei bis vier Grad steigen. Es wird weniger Regen fallen, vor allem im südlichen Afrika.

Dabei ist Afrika wie kein anderer Kontinent auf den Regen angewiesen. Denn nur vier Prozent der landwirtschaftlichen Fläche wird künstlich bewässert. Afrika braucht also dringend die natürliche Bewässerung, braucht den Regen. Wenn der ausbleibt, werden auch viele Flüsse weniger Wasser führen. Schon jetzt ist der Niger, der drittlängste Fluss Afrikas (nach dem Nil und dem Kongo), ein Strömchen. Und auch der Gletscher des Kilimandscharo, dessen Anblick ich kurz nach meinem Start in Nairobi noch in voller Pracht mit weißem Sahnehäubchen genießen konnte, wird spätestens 2020 abgeschmolzen sein und damit als Wasserspender ausfallen.

Das sind alles sehr negative Nachrichten für die afrikanische Landwirtschaft. »Der Klimawandel wird zu einem großen Problem für ganz Afrika«, sagt Nteranya Sanjinja, Direktor am *International Institute of Tropical Agriculture* im nigerianischen Ibadan, »wir können künftig ganze Ernten verlieren.« Es werden sich auf jeden Fall die Anbauphasen einzelner Sorten verkürzen, was zu geringeren Ernten führen wird. In Nord- und

Westafrika werden – so Karl-Albrecht Immel – überlebenswichtige Getreidesorten wie Mais, Hirse und Sorghum kaum noch gedeihen. Der Weizen werde in den kommenden 70 Jahren sogar ganz aus Afrika verschwinden.

Ein extrem düsteres Szenario zeichnet sich also in Afrika ab. Die Erntemengen sinken, die Menschenmenge wächst. Nach Indien ist dies die zweite Zeitbombe.

Chinas versiegende Quellen

Bis kurz vor der Landung düste die Thai-Airways-Maschine durch dichte Wolken. Erst als der Jet rund 200 Meter über dem Boden schwebte, war Land in Sicht, und die regennasse Landebahn des supermodernen, gigantischen *Beijing Capital International Airport* rückte näher und näher. Ich landete in Peking an dem Tag, als der Regen kam. Der Regen war das große Thema an diesem 12. Februar. Der Taxifahrer, der Hotelrezeptionist, die Bedienung im Restaurant – alle sprachen über den ersehnten Regen. Exakt 110 Tage lang – so steht es am nächsten Tag in der *China Daily* – hatte es in Chinas Hauptstadt und ihrem Umland nicht geregnet.

So eine Trockenzeit gab es zuletzt vor 38 Jahren. Fast zehn Millionen Hektar Ackerland waren betroffen. Fast die Hälfte der Winterernte des Weizens war gefährdet. Ministerpräsident Wen Jiabao reiste zuvor in die Trockenprovinzen, um Trost und Geld zu spenden, aber auch die Bauern zu ermahnen, ihr Wassermanagement zu verbessern. Die nationale Behörde musste den Notstand ausrufen – aber dann kam endlich der ersehnte Regen.

Ob der Regen von Mutter Natur oder von Vater Staat (Maschinen der Luftwaffe sind an diesem Tage wie schon an vielen anderen zuvor zum Wolkenbilden in die Luft gestiegen) initiiert wurde, spielte letztendlich keine Rolle. Hauptsache war, dass endlich das Nass von oben kam. Vor allem in den Agrarprovinzen südlich der Hauptstadt – in Hebei, Shandong, Henan und Anhui – freuten sich einträchtig Landwirte und Funktionäre. Aber nicht lange. Denn es waren nur ein paar Tropfen auf den heißen Boden. Gerade mal vier Millimeter Niederschlag kam herunter.

Diese Trockenzeit zu Beginn des Jahres 2009 machte den Chinesen schlagartig und eindrucksvoll bewusst: Auch ihre Landwirtschaft wird vom Klimawandel betroffen sein – und zwar überwiegend negativ. In den vergangenen 50 Jahren ist in China die jährliche Durchschnittstemperatur um 1,1 Grad gestiegen. Zudem fallen die Niederschläge unregelmäßiger. Im Süden gibt es inzwischen häufiger starke Regenfälle, im Norden dagegen immer mehr Dürren.

Das Thema wird aber in Peking – anders als offenbar in Neu-Delhi – sehr ernst genommen. *Der* Experte Chinas, der sich mit dieser Frage seit langem beschäftigt, ist Lin Erda, Forscher an der *Chinesischen Akademie für Agrarwissenschaften*. Er ist kritisch und hat keinerlei Berührungsängste. So war es für ihn auch kein Problem, zusammen mit *Greenpeace* eine Studie zum Thema *Climate Change and Food Security in China* zu erarbeiten. Deren zentrale Aussage lautet: »Der Klimawandel wird die Ernährungssicherheit des Landes gefährden.« In den nächsten 20 bis 50 Jahren könnte die Produktion von Reis, Mais und Weizen deutlich zurückgehen, und zwar um 14 bis 23 Prozent bis zum Jahre 2050. Doch die Forscher fügten dieser Prognose ein bedeutsames *wenn* hinzu: Wenn nichts gegen die Folgen des Klimawandels unternommen werde. Natürlich wird China alles daransetzen, die Folgen des Klimawandels für seine Landwirtschaft zu minimieren. Ob das gelingt, ist freilich nicht sicher. Wenn im Falle eines Misserfolges klimabedingte Ernteausfälle eintreten, hat nicht nur China ein Problem, sondern die ganze Welt. Denn dann muss China in großem Stile auf dem Weltmarkt zukaufen, und das wird die Preise nach oben treiben.

Das größte Problem der Chinesen ist – wie in Indien – das Wasser. »Das Überleben der chinesischen Nation ist durch die Wasserknappheit bedroht«, beschreibt Premier Wen Jiabao ziemlich drastisch und offen die Situation. Chinas Landwirtschaft arbeitet extrem wasserintensiv. Kein Land bewässert seine Äcker stärker als China, kein Land hat mehr Bewässerungsanlagen. Diese werden in der nordchinesischen Ebene, dem agrarischen Kernland des Riesenreiches, vor allem von drei großen Flüssen gespeist. Alle drei fangen mit H an: Hai, Huai und Huang. Deshalb nennt man die Region auch die Drei-H-Region. Huang heißt gelb, der Huang Pu ist also der Gelbe Fluss. Er ist der größte der drei Ströme. Jahrtausendelang floss er ins Bohai-Meer. Doch schon seit 1972 erreicht er das Meer nicht mehr. Er ist schon Hunderte Kilometer vor seiner Mündung ausgetrocknet, weil Bauern, Fabriken und die Anwohner ihm viel zu viel Wasser entnehmen. Zudem kommt aus dem Himalaya weniger, und auch der Regen bleibt immer häufiger aus.

Weil die Flüsse weniger Wasser liefern, greifen die Chinesen verstärkt auf das Grundwasser zurück. Bis in die 60er Jahre hinein hatte China es nicht nötig, diese Quelle anzuzapfen. Aber nun ist das Wasser im Boden die wichtigste Quelle im agrarischen Norden des Landes. Die Zahl der Bohrlöcher stieg von 150 000 im Jahr 1965 auf derzeit über acht Millionen. Die Folge: Allerorten sinkt der Grundwasserspiegel. In Shijiazhuang, der Hauptstadt der Agrarprovinz Hebei, sank er von 23 Meter (1981) auf 58 Meter (2004), in manch anderen Gegenden gar auf bis zu 800 Meter. »Extrapoliert man diese Entwicklung, dann werden die Grundwasserreserven der nordchinesischen Ebene 2030 erschöpft sein«, schreibt die Investmentbank *CLSA* in ihrem Report *Thirsty China*.

Um dem zuvorzukommen, wird seit einigen Jahren ein alter Plan des großen Vorsitzenden Mao Ze-dongs verwirklicht. Drei große Kanäle sollen Wasser aus dem Süden in den Norden transportieren. Denn Chinas Süden hat genügend Wasser. Die ersten zwei Kanäle sind bereits in Bau, der dritte ist in Planung. Letzterer ist freilich auch der anspruchvollste. Er soll den Oberlauf des Yangtze mit dem Oberlauf des Gelben Flusses verbinden. Dazu müssen einige Tunnels durchs Gebirge gesprengt werden. Es wird ein Wettlauf mit der Zeit werden. Denn wer weiß, wie lange der Yangtze, der von den schnell schmelzenden Gletschern des Himalaya gespeist wird, noch so viel Wasser führen wird, dass er dem Gelben Fluss noch was abgeben kann.

USA: Gefahr aus dem Untergrund

Ogallala ist eine amerikanische Kleinstadt im Bundesstaat Nebraska. Sie würde heute noch – vom Rest des Landes unbemerkt – vor sich hin schlummern, wäre da nicht 1899 ein Ereignis gewesen, das den Namen des Städtchens zumindest etwas bekannter machte. In jenem Jahr wurde nämlich Ogallala der Namensgeber eines der weltgrößten Speicherseen, des *Ogallala Aquifers*.

Sicher werden nach wie vor viele Amerikaner noch nie etwas vom Ogallala gehört haben, aber letztendlich haben sie es seiner Existenz zu verdanken, dass sie immer noch so viel Fleisch essen können. Der Ogallala versorgt nämlich die wichtigsten Agrarstaaten der USA mit Wasser. Durch ihn können dort die Weiden und die Felder bewässert werden. Aber die bange Frage ist: Wie lange noch?

Vor Zehntausenden von Jahren hat sich dieser unterirdische See gefüllt. Es war Wasser, das am Ende der Eiszeit durch den Boden sickerte. Lange Zeit blieb dieses Reservoir unangetastet. Erst 1911 wurde ihm erstmals Wasser für landwirtschaftliche Bewässerung entnommen. Damals noch in kleinen Mengen. In großem Stile ging es erst in den 30er Jahren los, als sich flächendeckend die großen Sprinkleranlagen ausbreiteten. 1950 bewässerte der Ogallala 1,2 Millionen Hektar Ackerland, heute sind es über 5 Millionen.

Inzwischen ist der Ogallala Wasserspender für fast die gesamte Landwirtschaft in den *Great Plains*, wie der Agrargürtel der USA genannt wird. Er konnte nur dank des Ogallala zu dem werden, was er heute ist: ein sehr produktives Gebiet für den Mais-, Soja- und Weizenanbau. Der Ogallala liegt in einer Tiefe zwischen 60 und 120 Metern unter den Bundesstaaten South Dakota, Nebraska, Wyoming, Colorado, Kansas, Oklahoma, New Mexico and Texas. Drei der größten Getreidestaaten des Landes – Nebraska, Texas und Kansas – hängen am Tropf des Ogallala. Von ihm beziehen sie 70 bis 90 Prozent ihrer Bewässerung.

Doch die Pegel des Ogallala sinken. Denn in ihn fließt kaum Nachschub. Eigentlich nur Regenwasser, das durch die Erde sickert. Aber die Kalksteinschicht über dem Ogallala lässt kaum was durch. So liegt die Quote von entnommenem zu zugeführtem Wasser bei etwa 25. Das heißt: Für 25 Liter abfließendes Wasser fließt nur ein Liter neues Wasser durch Versickerung nach. Das Reservoir des Ogallala ist also mit Sicherheit irgendwann erschöpft.

Bei den anderen natürlichen wie künstlichen Speicherseen der USA sieht die Lage nicht viel besser aus. Dem *Central Valley Aquifer* in Kalifornien droht die Leere, ebenso dem *Southwest Aquifer* in Arizona, wo doppelt so viel Wasser entnommen wird, wie ihm zufließt. Und weil der Colorado River immer weniger Wasser führt, leiden auch seine beiden wichtigen Stauseen, der Lake Powell und der Lake Mead, an mangelndem Nachschub. So ist der obere Abschnitt des Lake Powell in Utah schon fast ausgetrocknet. Von diesen beiden Stauseen sind jedoch die kalifornischen Bauern abhängig, die den ganzen Westen, aber auch andere Landesteile der USA mit Gemüse, Obst, Milchprodukten und Fleisch versorgen.

Besorgt konstatiert angesichts der prekären Wassersituation

im Südwesten des Landes das *Center for Naval Analysis* in seiner Studie *National Security and the Threat of Climate Change*: »Das wird bedeutenden Einfluss auf die Nahrungsmittelproduktion (in den USA) haben.« Sie wird nämlich zurückgehen.

Europa: Südfrüchte im Norden

Erinnern Sie sich noch an den Sommer 2003 in Europa? Er war brutal heiß. Wochenlang brannte die Sonne. In Frankreich starben damals Tausende, vor allem ältere Menschen.

Spätestens in der zweiten Hälfte des 21. Jahrhunderts könnten solche heißen Sommer die Norm werden, prophezeit die amerikanische Klimaforscherin Rosamond Naylor von der *Stanford University* in ihrem neuesten Klima-Szenario. Wir werden also trockenere Sommer bekommen, Dürren inklusive. Just in den Monaten, wo fast alle Pflanzen in Mitteleuropa besonders auf Feuchtigkeit angewiesen sind, werden sie keine bekommen. Auch Deutschland wird davon betroffen sein. Die Berliner Professorin Claudia Kemfert (*Deutsches Institut für Wirtschaftsforschung, DIW*), inzwischen die deutsche Vorzeigefrau in Sachen Energie und Umwelt, mahnt: »Durch extrem heiße Sommer wird in Zukunft die Land- und Forstwirtschaft insbesondere in Süddeutschland mit Trockenheit und Wasserknappheit rechnen müssen.« Missernten werden die Folgen sein.

Erst langsam dämmert uns, dass auch unsere Bauern – und nicht nur die auf der südlichen Halbkugel – unter den steigenden Temperaturen zu leiden haben werden. »Die europäische Landwirtschaft wird die ganze Wucht des Klimawandels zu spüren bekommen«, sagt EU-Umweltkommissar Stavros Dimas, als er im April 2009 ein neues Weißbuch der EU zum Klimawandel vorstellte. Und er denkt da vor allem an Dürren und Extremwetterlagen. Lange Zeit dachten wir hierzulande, dass der Klimawandel unsere Bauern verschonen würde, dass wir sogar aufgrund steigender Temperaturen (zwischen 2,1 und 4,4 Prozent bis 2080) mitten in Europa Orangen, Zitronen und andere Südfrüchte anbauen könnten. Doch wie sieht es mit unserem täglich Brot aus? Werden wir unter diesen Bedingungen in Mitteleuropa noch genügend Getreide produzieren können? Und was passiert in den osteuropäischen Staaten wie Russland oder der Ukraine, die als große Hoffnungsträger in Sachen Getreide gelten? Was ist, wenn die schon als Kornkammer Europas apostrophierte Ukraine ebenfalls austrocknet?

Während wir uns in Mitteleuropa noch solch bange und theoretische Fragen stellen, sieht die Praxis in Südeuropa ganz anders aus. Dort, im südlichen Italien und Spanien, ist die Krise schon Realität und sehr konkret. Vor allem in Katalonien herrschte im Frühjahr 2008 die schlimmste Dürre seit 70 Jahren. Besonders dramatisch war die Lage um Barcelona. Mit Schiffen musste Wasser aus Marseille und Tarragona herantransportiert werden.

Spanien kann vielerorts seine Landwirtschaft nur noch mit künstlicher Bewässerung am Leben halten. Eine Fläche von 30 000 Quadratkilometern bekommt bereits auf diese unnatürliche Weise das nötige Nass. Das Wasser dafür stamme häufig aus illegal gebohrten Brunnen, von denen es inzwischen schon über 500 000 gäbe, berichtet der *WWF* in seiner Studie *Die Gier nach Wasser.* »Wenn nicht ein radikales Umdenken im Wasserverbrauch der mediterranen Regionen einsetzt, droht die Region auszutrocknen«, warnt Dorothee August vom *WWF*. Am Ende könnte – so der *WWF* – die Nahrungsmittelproduktion dort kollabieren.

5 Städte contra Äcker: Warum die landwirtschaftlichen Flächen weltweit schrumpfen

Früher war es einfach. Wollten die Bauern mehr produzieren, nahmen sie einfach mehr Land unter den Pflug. Ackerland war stets im Überfluss da. So dehnte sich seit Jahrtausenden weltweit die Landwirtschaft aus, Krume um Krume, Scholle um Scholle, Hektar um Hektar. Doch jetzt erleben wir, dass es so nicht weitergehen wird und kann. Zum ersten Mal in der Geschichte der Menschheit stößt die Landwirtschaft an ihre Grenzen. Sie kann sich nicht mehr ausdehnen. Im Gegenteil: Die Agrarflächen gehen weltweit zurück. Und das in einer Situation, wo wir angesichts der aufkommenden Ernährungskrise mehr Land bräuchten.

Ursachen für den Landverlust gibt es viele: Da ist zum einen die zunehmende Urbanisierung, also das Wuchern der Städte in aller Welt, weil immer mehr Menschen vom Land in die Metropolen strömen. Da ist die ebenfalls steigende Industrialisierung, weil immer mehr Entwicklungsländer so werden wollen wie die Industrieländer. Beide unaufhaltsamen Entwicklungen – Urbanisierung und Industrialisierung – benötigen Raum und Platz für Häuser und Fabriken sowie die dazugehörige Infrastruktur wie Straßen oder Schienen. Bislang wertvolles Ackerland muss dafür weichen. »Auf der Erde ist eine gigantische Umwidmung des Bodens zugunsten geteerter Flächen im Gange«, kommentiert Gerhard Matzig in der *Süddeutschen Zeitung*.

Neben dieser Zubetonierung droht vielen Ackerböden durch falsche Behandlung oder Überdüngung entweder Erosion, Versalzung oder Versteppung. Alle fünf bis sechs Jahre verschwindet auf diese Weise eine Fläche von der Größe Deutschlands. Zudem beanspruchen die expandierenden Baumwollplantagen immer mehr Platz, weil die Menschen immer mehr Kleider brauchen und kaufen. Und schließlich kommt noch die Landnahme durch den Biosprit hinzu, dessen Produktion Jahr für Jahr wertvolles Ackerland in Besitz nimmt. So werden in Deutschland bereits zehn Prozent der landwirtschaftlichen Flächen für Biokraftstoffe verwendet, sagt der Präsident des Deutschen Raiffeisenverbandes, Manfred Nüssel. Er sieht deshalb eine zunehmende »Flächenkonkurrenz zwischen der Produktion von Nahrungsmitteln und Energie«.

All diese Faktoren haben eine bittere Konsequenz: Der Boden, auf dem unsere Nahrungsmittel gedeihen, schrumpft. Die USA verlieren jedes Jahr 400 000 Hektar Ackerland. Das meiste davon sei bestes und sehr produktives Land, schreibt der *American Farmland Trust.* Dieses Minusgeschäft ist ein globaler Trend. Forscher an der *University of Wisconsin* in Madison kamen nach der Auswertung von Satellitenbildern zu dem Ergebnis, dass der Erde langsam, aber sicher das fruchtbare Land ausgehe. Es gebe zwar noch unbeackertes Land, aber »dort ist es entweder zu kalt oder zu trocken, um Getreide anzubauen«, sagt Jonathan Foley, Chef der Forschergruppe.

Dabei brauchten wir mehr statt weniger Land. Um im Jahre 2050 alle Menschen ernähren zu können, muss man bis dahin die Nahrungsmittelproduktion verdoppeln, schätzt die Weltbank. Doch wie soll das geschehen, wenn weltweit die Ackerflächen schrumpfen?

Oder gibt es doch noch einen rettenden Strohhalm? Einige haben ihn auf den Feldern und in den Weiten Südamerikas und Osteuropas entdeckt. »Landwirtschaftlich ungenutzte Flächen gibt es noch in größerem Umfang unter anderem in Lateinamerika, der Ukraine und Russland. Hier lässt sich durch eine Intensivierung der Landwirtschaft noch sehr viel erreichen«, schreibt der DBV in seinem Situationsbericht 2008. Und der

Nobelpreisträger Noman Borlaug sagt: »Afrika, die ehemalige Sowjetunion und der brasilianische Cerrado sind die letzten Reservate. Danach hat die Welt keine zusätzlichen Flächen mehr, die für die Landwirtschaft genutzt werden können.«

In Südamerika und der ehemaligen Sowjetunion gibt es in der Tat noch viele unbeackerte Gebiete. Aber das erfordert zum Beispiel in Russland oder der Ukraine viele Investitionen, die diese Länder jedoch bisher nicht tätigen. Außerdem haben beide Oststaaten eine miserable Infrastruktur. In Südamerika sieht es besser aus. Argentinien hat noch zusätzliches Land, das aber bei weitem nicht so gut und ertragreich ist wie das bereits genutzte. Und vor allem Brasilien hat noch Raum, zu wachsen. Doch irgendwann stößt auch dieser Gigant an seine Grenzen, nämlich an die Regenwälder des Amazonas-Gebiet.

Wir sollten uns keine Illusionen machen: Russland und Brasilien werden die Welt nicht retten können. Denn unterm Strich verliert die Welt immer mehr an Boden.

Stadtflucht: das Wuchern der Moloche

Seit 1953 lebt der *Spiegel*-Korrespondent Volkhard Windfuhr mit mehr oder weniger kurzen Unterbrechungen in Kairo. Damals, als er mit seinen Eltern hierherkam, hatte die ägyptische Hauptstadt etwas mehr als zwei Millionen Einwohner. Heute sind es zwischen acht und 15 Millionen. Keiner weiß es so genau. Ich fahre mit Windfuhr über die El-Dowal-El-Arabiya-Straße. Es ist eine breite sechsspurige Verkehrsader mitten im pulsierenden Kairo. Plötzlich sagt Windfuhr: »Das war vor 50 Jahren alles Ackerland.« Wie bitte? Es gehört viel Phantasie, das zu glauben und sich das vorzustellen: Da, wo heute Hochhäuser stehen und Autos fahren, sollen vor gar nicht allzu langer Zeit Bauernhöfe gestanden und Bauern gepflügt haben? Gideon Kruseman, ein niederländischer Agrarexperte, der die ägyptische Regierung berät, bestätigt diese Entwicklung: »Sie haben Apartmentblocks gesät statt Weizen.«

Kairo ist kein Einzelfall. Überall auf dieser Welt wuchern die Metropolen. Krakenartig breiten sie sich aus, nehmen immer mehr Umland in Besitz. Und dieses Umland ist beziehungsweise war meist bestes Ackerland, auf dem oft über Jahrhunderte hinweg die Nahrung für die Städter produziert wurde. Denn meist siedelten sich Menschen in größerer Zahl dort an, wo fruchtbares Land war, wo häufig auch ein Fluss das nötige Wasser lieferte. So entstanden im Laufe der Jahrhunderte viele Städte und viele Metropolen auf dieser Welt.

Zum Beispiel Manila: Während meines Besuches in der philippinischen Hauptstadt lese ich einen Artikel in der Zeitung *The Philippine Star*, der beschreibt, wie es in Manila vor über 75 Jahren ausgesehen hat. Es muss eine Idylle gewesen sein. Um die Stadt herum bildete sich ein Gürtel von sogenannten *latifundia*, großen Bauernhöfen, die die Städter mit den wichtigen Lebensmitteln versorgten. So funktionierte die Arbeitsteilung seit Jahrhunderten, und nicht nur in und um Manila. Heute dagegen sind die *latifundia* längst verschwunden.

Warum diese Idylle Vergangenheit ist, konnte ich in derselben Ausgabe des *Philippine Star* auf der *Modern-Living*-Seite nachlesen. Dort gibt es Berichte über neue schicke Wohnsiedlungen am Rande der Stadt. *Ohana Place* zum Beispiel: fünfstöckige Wohnhäuser im polynesischen Stil, wunderschön arrangiert um einen künstlichen See. *Ohana Place* ähnelt mehr einem Ferienresort als einer Wohnsiedlung.

Wenn man Manila mit dem Auto verlässt, sieht man am Rande der Stadt mehrere dieser schon fertiggestellten und bezogenen Zufluchten der Reichen, der Aufsteiger und der Ausländer, Expats genannt. Dort fühlen sie sich sicher, dort haben sie ihre Ruhe, dort sind sie unter sich. Man kann diese Ansammlung schicker, oft gleichförmiger Häuser auch als Luxus-Ghetto bezeichnen.

Diese Ghettos gibt es inzwischen in fast jeder Entwicklungsländer-Metropole, und es werden immer mehr. Egal, in welcher Hauptstadt man die Zeitungen aufschlägt, fallen diese Anzeigen auf: bunte, einladende Bilder von schönen Apartmenthäusern und schicken Villen am grünen Rand der Stadt. Und egal, ob ich aus Bangkok, Buenos Aires oder Kairo hinausfahre – überall stehen am Rande der Ausfallstraßen große Plakate, wo Immobilienfirmen für ihre neuen luxuriösen Wohnsiedlungen werben. Da die potentiellen Käufer meist auch gerne Golf spielen, fehlt selten der dezente Hinweis, dass in der Nähe auch bald ein Golfplatz entstehen werde. Und natürlich müssen auch Straßen zu diesen grünen Oasen des Luxus gebaut werden. Häuser, Straßen, Golfplätze – all das vernichtet Land, meist allerbesten Ackerboden.

Während die Reichen flüchten, strömen die Armen in die Städte.

Landflucht: die Attraktivität der Städte

Wenn man vom Flughafen in Mumbai Richtung Süden in die besseren und besten Wohngegenden der indischen Metropole fährt, sieht man eingeklemmt zwischen zwei Eisenbahngleisen eine Bretter- und Wellblech-Stadt. Es ist der Slum Dharavi, der als das größte Slumgebiet Asiens gilt. Inzwischen kennen es viele auf der Welt, denn Dharavi ist durch den vielfach Oskarprämierten Film *Slumdog Millionaire* weltberühmt geworden. Auch wenn die Bewohner selbst den Film sehr zwiespältig aufgenommen haben, gibt er doch einen Einblick in das Leben in den Slums. Hier vegetieren Menschen nicht – wie viele Leute im Westen meinen – hungernd vor sich hin, hier gehen viele Bewohner einer geregelten Arbeit nach und zahlen für ihre kargen Behausungen Miete.

Städte der Entwicklungsländer sind anziehend, sie wirken wie ein Magnet auf die Landbevölkerung, die von einem besseren Leben in den Städten träumt. Davon haben sie von Verwandten und Bekannten gehört, und sie sehen es tagtäglich im Fernsehen. Dort in den Städten versprechen sie sich Arbeit und ein bisschen Wohlstand. Wenn sie Glück haben, erfüllen sich ihre Wünsche. Wenn sie Pech haben, landen sie in einem der Slums.

Der Zuzug in die Städte ist ungebrochen, die Urbanisierung schreitet unaufhaltsam voran. In diesem Jahr werden auf der Welt erstmals mehr Menschen in Städten leben als auf dem Lande. Und das Wachstum geht weiter. Jedes Jahr werden weitere 60 Millionen Menschen in die Städte strömen. Im Jahr 2030 werden rund fünf Milliarden der dann rund acht Milliarden Menschen in Städten leben. Es ist ein globaler Trend, der nicht aufzuhalten ist.

Die Städte werden deshalb größer und größer. Immer mehr sogenannte Megacitys entstehen. So werden Städte klassifiziert, die mehr als 10 Millionen Einwohner haben. Schon 2015 wird es 26 Megacitys geben, darunter Lagos, Kairo, Karatschi, Kolkata, Manila und die chinesischen Riesenstädte Peking, Shanghai, Tianjin und Chongqing.

Am gravierendsten wird die Urbanisierung in China sein. Nach einem Bericht des *McKinsey Global Institute* werden 2030 über eine Milliarde Chinesen in Städten leben. Sie werden nicht alle in den schon bestehenden Städten Platz finden. Für sie müssen deshalb völlig neue Städte von Grund auf gebaut werden. Allein rund um Shanghai entstehen – sehr zur Freude ausländischer Architekten, die sich endlich einmal richtig austoben dürfen – mehrere neue, zum Teil futuristische Städte. Wie zum Beispiel Lingang New City, die das Hamburger Büro Gerkan, Marg und Partner für rund 800 000 Menschen konzipieren durfte. Insgesamt wird China in den nächsten fünf Jahren 300 neue Städte bauen (müssen). Die Folgen dieses Baubooms werden dramatisch sein: »Dieser Verstädterung könnten zwischen sieben und 20 Prozent der Agrarflächen zum Opfer fallen«, schätzt *McKinsey*, »und damit werden die Sorgen um die Nahrungsmittelsicherheit des Landes steigen.«

Das *Internationale Reisforschungsinstitut (IRRI)* sorgt sich im globaleren Rahmen. Angesichts der Urbanisierung in Asien und Afrika werde immer mehr Land für Häuser, Fabriken und Straßen benötigt. »Das bedeutet weniger Land für den Reisanbau«, schreiben die IRRI-Forscher. Aber sie beklagen nicht nur einen quantitativen Verlust, sondern auch einen qualitativen: »Das verlorene Land gehört zu dem besten und produktivsten Agrarland der Welt.«

Übrigens ist die Urbanisierung kein reines Entwicklungsländer-Phänomen. Auch in den westlichen Industriestaaten schreitet die Verstädterung weiter voran, wenngleich nicht (mehr) in dem Tempo, wie derzeit und zukünftig in den Entwicklungs- und Schwellenländern. Aber immerhin: »Die USA verlieren täglich fast 20 Hektar Ackerland, hauptsächlich durch die Ausbreitung von Städten und Vorstädten«, schreibt Laurie Garret vom *Council on Foreign Relations* in New York.

Stadt contra Land – die Sieger sind stets die Städter, die Bauern die Verlierer.

Das Japan-Syndrom oder Fabriken statt Felder

Ich fahre mit dem Hochgeschwindigkeitszug Shinkansen von Tokio ins rund 500 Kilometer entfernte Osaka. Obwohl der Shinkansen mit über 300 Stundenkilometern durch die japanische Landschaft rast, kann ich eines gut erkennen: die Zersiedelung der Landschaft. Häuser, Fabriken, Lagerhallen und Reisfelder wechseln sich in bunter Reihenfolge ab. Es sieht so aus, als ob die oft kleinen Reisfelder von den benachbarten Betonburgen in die Zange genommen würden.

Ein Bild mit Symbolcharakter: Wie zunehmende Industrialisierung und Urbanisierung ein Land seiner Agrarflächen und damit seiner Nahrungsmittel berauben, kann man bestens am Beispiel Japan studieren. Japan war einmal – und das ist gar nicht so lange her – eine Agrarnation. Doch dann begann in den 50er und 60er Jahren des 20. Jahrhunderts der beachtliche Aufstieg der Insel zu einer der führenden Industrienationen der Welt. Heute sind die Japaner – wirtschaftlich betrachtet – die Nummer zwei hinter den USA.

Doch dieser Aufstieg war und ist teuer erkauft für das relativ kleine Land und seine große Verbraucherschar von über 125 Millionen Menschen. Die vielen Fabriken, die das Wirtschaftswunder ermöglicht haben, brauchten viel Platz, ebenso die Straßen, auf denen die vielen Waren transportiert werden. Die unausweichliche Folge war, dass die landwirtschaftlich nutzbaren Flächen in Japan in den vergangenen Jahren systematisch zurückgingen. Seit 1965 nahm das Agrarland in Japan um 22 Prozent ab – auf derzeit nur noch 4,6 Millionen Hektar.

Japan hat deshalb eine der niedrigsten Selbstversorgungsraten unter den Industrieländern. Sie beträgt gerade einmal 40 Prozent (1965 lag sie noch bei 73 Prozent). Nur bei Reis und Gemüse ist Japan noch Selbstversorger. Alle anderen Nahrungsmittel müssen in großen Mengen importiert werden. Und weil die Lebensmittel immer teurer werden, muss Japan immer mehr Geld für diese Importe ausgeben. Hinzu kommt: Viele Lebensmittel – vor allem gefrorener Fisch – kommen aus China. Noch. Doch weil die Chinesen zunehmend ihre Lebensmittel für sich brauchen und deshalb weniger exportieren können und wollen, bekommen die Japaner ein Problem. Sie wissen nicht, wo sie ihre vielen Lebensmittel kaufen sollen.

Lester Brown hat dieser Entwicklung einen Namen gegeben: das *Japan-Syndrom*. Es erfasst Länder mit relativ hoher Bevölkerung, die aufgrund ihres hohen Industrialisierungsgrades immer weniger Flächen für die Landwirtschaft haben und deshalb zunehmend auf Agrarimporte angewiesen sind. Dieses Syndrom ist auch in anderen Ländern feststellbar, zum Beispiel auf Taiwan und in Südkorea. Beide haben zwei Jahrzehnte nach den Japanern ebenfalls einen brutalen – und durchaus erfolgreichen – Industrialisierungskurs eingeschlagen. Doch auch dieser ging zu Lasten der heimischen Landwirtschaft.

Korea hat 47 Millionen Einwohner, aber nur zwei Millionen Hektar Agrarfläche. Das *Korea Rural Ecocnomic Institute (KREI)* konstatiert »einen rapiden Verlust von bestem Agrarland«. Weniger Fläche, weniger Produktion. Heute beträgt die koreanische Selbstversorgungsrate bei Lebensmitteln nur noch knapp 25 Prozent. Bei wichtigen Produkten wie Weizen, Mais und Soja ist das Volk fast ausschließlich auf Importe angewiesen. »Das stellt langfristig eine ernste Gefahr für unsere Nahrungssicherheit dar«, sagt Kim Hwa-nyeon, Analyst bei *Samsung Economic Research* in Seoul.

Wird das Japan-Syndrom nach Korea und Taiwan noch weitere Staaten erfassen? Die Gefahr ist groß. Anfällig sind insbesondere jene Staaten, die stark auf Industrialisierung setzen und gleichzeitig eine große Bevölkerung ernähren müssen, vor allem die beiden Giganten China und Indien.

Vaterland schlägt Ackerland

Wochenlang tobte im Sommer 2008 der Streit. Nein, es war mehr als das, es war fast ein Krieg, mit Opfern auf beiden Seiten. Auf der einen Seite kämpften die Bauern, auf der anderen Seite die Staatsgewalt. Es ging um eine Fabrik nahe Kolkata im indischen Bundesstaat Westbengalen. Nicht um irgendeine, sondern um eine sehr prestigeträchtige Fabrik. In ihr wollte der indische Mischkonzern Tata, das größte Unternehmen des Landes, sein weltweit beachtetes Billigauto Nano bauen, um es dann für 100 000 Rupien (rund 1500 Euro) zu verkaufen, erst in Indien, später auch im Rest der Welt.

Ein Teil der 13 000 Bauernfamilien, auf deren Land die Fabrik gebaut wurde, wehrte sich. Sie fühlten sich nicht adäquat entschädigt und ihrer Existenzgrundlage beraubt. Ein paar Provinzpolitiker mischten die Bauern noch zusätzlich auf. Am Ende waren die Fronten so verhärtet, dass Rata Tata, der legendäre Chef des Konzerns, Anfang Oktober 2008 entnervt aufgab. Die Fabrik zog er stattdessen im westlichen Bundesstaat Gujarat hoch, aus der im April 2009 die ersten Nanos rollten. Der Bauernaufstand in Westbengalen endete somit mit einem Pyrrhussieg.

Die Nano-Fabrik war ein spektakulärer Fall, der den Weg in die globalen Medien fand. Geräuschlos werden dagegen fast täglich irgendwo in Indien, das sich auf einer gewaltigen industriellen Aufholjagd befindet, neue Fabriken gebaut. Oder es werden zunehmend ganze Sonderwirtschaftszonen eingerichtet, wo sich dann Firmen zu Vorzugskonditionen niederlassen können. Schon über 270 dieser Zonen soll es in Indien geben. Die Inder kopieren damit das Erfolgsmodell China, das schon seit Jahrzehnten auf solche Sonderwirtschaftszonen setzt. Dort hat inzwischen jede Stadt und jedes Städtchen eine solche Zone errichtet, um vor allem ausländische Investitionen zu ködern.

Denn die chinesischen Bürgermeister haben ein großes egoistisches Interesse, dass Acker- zu Industrieland umgewidmet wird. Erstens bedeutet Industrie meist Wirtschaftswachstum, sie können deshalb stolze Wachstumsraten nach Peking melden. Und zweitens verdienen die Kommunen legal und die korrupten Kader illegal an dem Verkauf des Agrarlandes, das ja offiziell der Kommune gehört.

Keine Frage: Chinas rapide Industrialisierung der vergangenen drei Jahrzehnte kostete Land. Viele Äcker mussten den Fabriken weichen. Und nicht nur denen. Denn eine moderne Industrielandschaft braucht eine funktionierende Infrastruktur, und das heißt vor allem Verkehrswege. Auch in diesem Bereich haben die Pekinger Planer ganze Arbeit geleistet. Was China in den vergangenen Jahren an Straßen, Schienen und Flughäfen geschaffen hat, ist beeindruckend.

Hatte die Volksrepublik 1989 gerade einmal 270 Kilometer Autobahn, so werden es 2010 rund 68 000 Kilometer sein und 2020 rund 88 000 Kilometer. Dazu kommen 62 000 Kilometer neue Schienenstränge und 40 neue Flughäfen. Doch so notwendig der Ausbau dieser Verkehrsadern war, um Chinas schnell wachsende Wirtschaft am Leben zu halten, so hatte er doch einen gravierenden Nachteil: Die gigantischen Infrastrukturprojekte haben viel Land gefressen, darunter auch wertvolles Ackerland.

Da die Industrialisierung weitergehen wird und die Motorisierung der chinesischen Bevölkerung erst am Anfang steht, wird in den nächsten Jahren und Jahrzehnten in China noch viel Beton angerührt werden müssen, um noch mehr Fabriken und noch mehr Straßen zu bauen. China wird dadurch mittelfristig in einen Zielkonflikt geraten, der da heißt: Industrialisierung versus Ernährungssicherheit. Beides wird China nicht erreichen können. Der wirtschaftliche Wachstumskurs erfordert Land, das den Bauern dann fehlt.

Vor diesem Dilemma stehen viele sogenannte Schwellenländer, die auf Wachstum durch eine forcierte Industrialisierung setzen. So macht man sich auch in Vietnam Sorgen. Dort schlugen bereits Wissenschaftler der *Vietnam Land Science Association* Alarm. Auf immer mehr Reisfeldern würden – so ihre Klage – Fabriken, Industrieparks und Golfplätze entstehen. Das vietnamesische Ministerium für natürliche Ressourcen und Umwelt gibt denn auch zu, dass zwischen 2001 und 2007 über 500 000 Hektar Farmland verlorengingen.

Im Zweifelsfall siegt eben das Vaterland über das Ackerland.

Am Boden zerstört

Der Boden ist das wichtigste Gut des Bauern. Er ist im wahrsten Sinne des Wortes die Grundlage alles landwirtschaftlichen

Handelns. Ohne ihn kann der Bauer nichts säen und nichts ernten. Trotzdem behandeln wir unseren Boden nicht besonders pfleglich. Wir versalzen ihn, wir verschmutzen ihn, wir vergiften ihn. Und besonders gefährdet ist er durch das Phänomen der Erosion.

Was ist Bodenerosion? Das ist der Abtrag von Boden durch Wind und Wasser. Entweder weht der Wind die oberste Schicht des Bodens weg, oder Wasser in Form von Regen spült ihn weg. Da der Boden Jahrzehnte, ja Jahrhunderte braucht, um sich zu erneuern, ist die Bodenerosion eine nahezu irreparable Beschädigung. Jared Diamond stellt in seinem Buch *Kollaps* deshalb eine einfache Rechnung an: »Da die Bodenerosion so viel schneller voranschreitet als die Bodenneubildung, geht unter dem Strich Boden verloren.« Im US-Bundesstaat Iowa sei so in den letzten 150 Jahren ungefähr die Hälfte des Oberbodens durch Erosion verschwunden. Aber Bodenerosion ist eine globale Erscheinung. Sie tritt in den südeuropäischen Ländern Italien und Spanien auf, aber sie ist in Afrika, Asien und Lateinamerika ein noch viel größeres Problem.

Auch Versalzung und Verschmutzung machen den Boden häufig unfruchtbar.

Versalzung: Sie kommt vor allem in Ländern vor, wo die Böden bewässert werden. Mit dem Wasser dringt Salz in die Erde. Das Salz verdunstet aber nicht mit dem Wasser, sondern bleibt in der Erde. Es wird geschätzt, dass rund 20 Prozent des bewässerten Bodens inzwischen versalzt sind. Solche Böden sind nicht mehr sehr produktiv. Sie verringern die Ernteerträge oder erlauben im schlimmsten Falle gar keine Ernten mehr.

Verschmutzung: Durch sauren Regen dringt Umweltschmutz der unterschiedlichsten Art in die Böden und macht sie ebenfalls sauer. Zudem schaden auch zu viel Dünger und Pflanzenschutzmittel dem Boden.

Zusammen zerstören Erosion, Versalzung und Verschmutzung jedes Jahre einen großen Teil wertvollen Ackerlandes. Die

UN-Umweltorganisation *UNEP* schätzt, dass jedes Jahr 20000 bis 50000 Quadratkilometer auf diese Weise verlorengehen, und zwar vor allem in Südostasien, China, Australien, in der Pampa Südamerikas und in Afrika südlich des Äquators.

Dort droht zudem noch eine weitere Gefahr – die Versteppung ganzer Landstriche.

Die Wüste lebt und marschiert

Bei Wüste denken die meisten Menschen bei uns an die Sahara. Jener riesige, mystisch angehauchte Landstrich Erde, der sich quer über Afrika legt. Und diese Wüste lebt. Sie bewegt sich Richtung Süden, 25 Kilometer in jedem Jahrzehnt. Mit Millionen von Bäumen versuchen sich die Staaten der Sahelzone gegen den Vormarsch zu stemmen. Das Projekt trägt den Namen *Great Green Wall*. Er soll aus einen Baumkorridor von fünf Kilometern über eine Distanz von 7000 Kilometern bestehen – von Dakar im Westen bis Dschibuti im Osten.

Vorbild der Afrikaner sind die Chinesen. Nicht mit ihrer jahrhundertealten Großen Mauer aus Stein. Diese konnte zwar früher Invasoren aus dem Norden aufhalten, aber nicht den heutigen natürlichen Feind, die Wüste. Deshalb bauen die Chinesen seit den 70er Jahren eine grüne Mauer, bestehend aus Bäumen, Büschen und Gräsern. Das größte Aufforstungsprojekt der Menschheit ist 4500 Kilometer lang und über 100 Kilometer breit. Es ist noch längst nicht beendet und soll noch bis 2050 fortgesetzt werden.

Neben diesen marschierenden »alten« Wüsten breiten sich zudem weltweit »neue« Wüsten aus. Sie bilden sich auf ohnehin schon trockenen Böden, die sich durch falsche Behandlung (Überweidung, Übernutzung, Entwaldung oder falsche Bewässerungsmethoden), aber auch durch den Klimawandel (wenige oder gar keine Niederschläge) zu Wüsten wandeln und damit für die Landwirtschaft für immer verlorengehen. Dieses Phänomen heißt Desertifikation oder – etwas verständlicher ausgedrückt – fortschreitende Wüstenbildung. In Ägypten spricht man von Arabyaraby, dem schleichenden Tod. Denn Tag für Tag killt die Steppe Quadratmeter um Quadratmeter.

Es ist ein riesiges Problem: Die Trockengebiete der Erde machen schätzungsweise 40 Prozent der Landoberfläche aus. Davon gelten 70 Prozent als von Wüstenbildung bedroht. Das heißt: Fast 30 Prozent unserer Erde könnten zu Wüste werden. Das Problem wird deshalb zu Recht als so wichtig angesehen, dass eigens dafür eine UN-Organisation geschaffen wurde: die *United Nations Convention to Combat Desertification (UNCCD)*, die seit Jahresbeginn 1999 in Bonn residiert.

Desertifikation ist weit verbreitet am Rande von natürlichen Wüsten. Besonders gefährdete Gebiete sind in Afghanistan, Kasachstan und anderen Gegenden Zentralasiens, im westlichen China, den indischen Bundesstaaten Rajasthan und Chhattisgarh, im Nahen Osten und im südlichen Afrika. Auch Nigeria verliert jedes Jahr rund 3500 Quadratkilometer. Weltweit fallen gegenwärtig jedes Jahr rund fünf Millionen Hektar der Versteppung zum Opfer, sagt der japanische Wissenschaftler Akio Shibata vom *Marubeni Research Institute*.

Betroffen ist zunehmend auch der Süden Europas, vor allem Spanien. Dort macht unter den Wissenschaftlern bereits das Wort von der Afrikanisierung des spanischen Klimas die Runde. Im Umweltministerium in Madrid schätzt man, dass ein Drittel des Landes der Wüste zum Opfer fallen könnte, mit verheerenden Folgen für die Landwirtschaft Spaniens. Antonio Serrano Rodriguez, als Generalsekretär im Ministerium für das Land zuständig, sagt laut *The New York Times*: »Es gibt zunehmend Gegenden, wo man nichts mehr anbauen kann.«

Auf die Welt bezogen, gilt diese Aussage freilich nicht. Denn noch gibt es unbeackerte Flächen – vor allem in der ehemaligen Sowjetunion und Südamerika.

Südamerika: Land in Sicht

Wir haben Buenos Aires, die Hauptstadt von Argentinien, in westlicher Richtung verlassen. Nachdem wir rund 60 Kilometer auf der vierspurigen Autobahn gefahren sind, wird sie nun zweispurig, und Sebastian Bullrich am Steuer sagt plötzlich: »So, jetzt sind wir in der Pampa.« Die legendäre argentinische Pampa: Flaches Land, kaum Bäume, eine unendliche Weite, die blütenweißen Wolken sind zum Greifen nah.

Wir werden in den nächsten eineinhalb Tagen auf oft schnurgeraden Straßen 1500 Kilometer durch die Pampa fahren. Wir werden vielen Viehtransportern begegnen, die als Ziel den Schlachthof Mercado de Liniers von Buenos Aires haben. Wir werden nur wenige Dörfer und Städtchen streifen. Wir werden aber viele Estancias passieren, wie die großen Farmen hier heißen. Deren Besitzer wohnen etwas abseits der Straße, ihre herrschaftlichen Anwesen sind meist eingerahmt von Bäumen.

Und ich werde auf dieser Fahrt viel von Sebastian Bullrich erfahren, denn er kennt sich in der Pampa bestens aus. Er ist Makler. Er verkauft hier Äcker, Weiden und ganze Estancias. Schon kurz nach Buenos Aires erteilt er mir eine erste Lektion: Die Pampa sei eine der fruchtbarsten Gegenden der Welt. Der Boden sei hervorragend, Grundwasser sei vorhanden, das Klima sei mild, und es gebe praktisch keinen Winter. Kein Wunder, dass das Land begehrt ist und die Preise steigen. Kostete 1957 ein Hektar Pampa 557 Dollar, so sind es heute 10 000 Dollar, für sehr gute Böden bekommt man sogar 15 000 Dollar und mehr.

Etwas über 30 Millionen Hektar Äcker und Weiden gibt es derzeit in Argentinien. »Diese Zahl könnte man aber leicht verdoppeln«, sagt Martin Fraguio, Generaldirektor von *Maizar*, einem der wichtigsten Agrarverbände des Landes. Diese Flächen, die noch nicht beackert sind, liegen im Westen und Norden des Landes, weniger im Süden, dem eher unwirtlichen

Patagonien. Aber die neuen Flächen haben nicht die Qualität der Pampa.

Trotzdem gehört Argentinien zu den wenigen Ländern, wo es noch ungenutztes Land gibt. Wäre da nicht die Regierung Kirchner, die einen Kleinkrieg gegen die eigene Landwirtschaft führt. Sie schröpft die Bauern, wo sie nur kann. So erhebt sie auf die Ausfuhren von Soja eine absurde 35-prozentige Steuer, was immer wieder zu Protesten der Bauern führt. Die herrschende politische Klasse tut sich traditionell schwer, Argentinien als eine Agrarnation zu akzeptieren. Sie sieht Argentinien eher als ein Industrieland. Aber Argentinien ist nun einmal aufgrund seiner natürlichen Vorteile (Boden und Klima) ein Agrarstaat und sollte deshalb diese Vorteile besser nutzen. So wie es der große Nachbar Brasilien tut. Agrobusiness-Funktionär Fraguio sagt deshalb: »Viele in unserer Branche schauen auf Brasilien als ein Erfolgsbeispiel.«

Die dortige Regierung unter Präsident Lula hat – anders als die argentinische – keine Politik gegen die Bauern gemacht. Im Gegenteil: Hier bekennt man sich zur Landwirtschaft, man ist stolz auf sie. Man betrachtet das Agrobusiness als einen der wichtigsten Wirtschaftszweige und als Exportschlager. So wachsen denn auch seit 20 Jahren Brasiliens Agrarexporte jedes Jahr um knapp zehn Prozent. Bei vielen Produkten ist Brasilien inzwischen die Exportnation Nummer eins auf der Welt: Zucker, Kaffee, Orangensaft, Soja, Rind- und Hühnerfleisch.

Warum ist Brasilien so erfolgreich? Lula gibt die Antwort in einem *Spiegel*-Interview: »Wir haben Land im Überfluss. 280 Millionen Hektar Ackerfläche, Sonne und Wasser dazu.« Einen Grund hat Lula vergessen zu erwähnen: Brasilien hat auch eine vorbildliche Agrarforschung, das *Empresa Brasileira de Pesquisa Agropecuária*, kurz *Embrapa*. Vor allem *Embrapa* war es zu verdanken, dass die landwirtschaftlich Fläche Brasiliens immer größer wurde. *Embrapa* hat es geschafft, die Cerrados – wie die weiten Savannenflächen in der Mitte des Landes heißen –

vor allem für Soja nutzbar zu machen. Vor allem deshalb nutzt Brasilien heute rund 40 Prozent mehr Anbaufläche als vor 20 Jahren.

Die Landwirtschaft dehnt sich immer weiter von Süden nach Norden aus. Diese Wanderungsbewegung der Bauern, die rund 20 Jahre dauerte, will ich in einem Tag schaffen. Ich fahre von Campo Grande, der Hauptstadt des Bundesstaates Mato Grosso do Sul, Richtung Norden nach Cuiabá, der Hauptstadt von Mato Grosso. Rund 700 Kilometer lang ist die Fahrt. Ich sehe zwölf Stunden lang fast nur Felder und Weiden. An den Ausfallstraßen der wenigen Städte, die wir passieren, ist alles, was im Agrobusiness Rang und Namen hat, mit großen Showrooms vertreten: John Deere, Massey Ferguson, Case International Harvester. Die Menschen hier leben mit und von der Landwirtschaft. Von der Hauptstraße gehen immer wieder Wege zu Fazendas ab. An den Eingangstoren stehen Namensschilder wie Fazenda Adriano oder Fazenda Gannetta. Es sind häufig italienische Namen, ab und zu taucht ein deutscher auf, Fazenda Grimm zum Beispiel.

Italienische und deutsche Einwanderer waren es überwiegend, die vor 20, 30 Jahren vom Süden des Landes hierherzogen. Darunter war auch André Maggi. Sein Sohn Blairo ist heute ein mächtiger Mann. Er ist inzwischen der weltgrößte Sojaproduzent und – Zufall? – auch Gouverneur des Bundesstaates Mato Grosso mit Sitz in Cuiabá. Er sagt: »Vor 30 Jahren war hier fast nichts.« Heute ist das heiße Cuiabá zwar keine schöne Stadt, aber mit seinen vielen neuen Gebäuden eine prosperierende Metropole.

Der Bundesstaat Mato Grosso ist zweieinhalbmal so groß wie Deutschland. Noch sind dort viele Quadratkilometer ungenutzt. Rui Prado, der Präsident des Bauernverbandes von Mato Grosso, *Famato*, sagt: »Hier gibt es noch ein Riesenpotential an Land.« Und irgendwann kommt auch das Amazonas-Gebiet dran?, wollte ich gerade fragen, aber Rui Prato kommt mir mit der Antwort zuvor. Nein, die Expansion gehe nicht zu Lasten des Amazonas-Gebiets. Nein, es werden keine Bäume des für die Menschheit so wichtigen Regenwaldes abgebrannt und abgeholzt, um neuen Ackerflächen Platz zu machen. Diese fast stereotypen Antworten höre ich sehr oft während meines Aufenthaltes in Brasilien. Man reagiert in Brasilien äußerst sensibel auf dieses Thema. Man will nicht weltweit am Pranger stehen. Auch Lula betont: »Das Amazonasgebiet eignet sich nicht besonders für Weizen. Auch für Zuckerrohr und Soja ist der Boden nicht gut.«

Warten auf Russischbrot

Russland und die Ukraine sind nicht gerade die besten Freunde. Aber in einem Punkt sind sich die streitbaren Nachbarn einig. Sie können beide eine wichtige Rolle in der künftigen Ernährung der Welt spielen. Denn beide haben etwas im Überfluss, was andere Länder nicht mehr haben: Ackerland. Und nicht nur das. Die Äcker bestehen auch noch aus sehr gutem Boden, der sogenannten Schwarzerde.

Die Statements von Politikern beider Länder klingen denn auch reichlich ähnlich und strotzen vor Optimismus. Russland könne »einen großen und wachsenden Beitrag dazu leisten, die weltweite Lebensmittelkrise zu meistern«, sagte Ex-Landwirtschaftsminister Alexei Gordejew. Und die ukrainische Premierministerin Yulia Tymoshenko tönt: »Ich glaube, dass die Ukraine seinem einstigen Namen als Brotkorb Europas wieder Ehre machen wird. Die Welt schaut voller Hoffnung auf uns.«

Werden die beiden Hoffnungsträger in Europas Osten die Erwartungen erfüllen?

Keine Frage: Das Potential ist da. Russland und die Ukraine sind die beiden größten Flächenstaaten Europas. In beiden Ländern liegt viel Ackerland brach. In einer Studie der FAO und der

ERBD (*Europäische Bank für Wiederaufbau und Entwicklung*) heißt es: »Mindestens 13 Millionen Hektar ungenutzten Ackerlandes könnten wieder genutzt werden.«

Das Land liegt brach, weil mit dem Zusammenbruch der Sowjetunion im Jahre 1991 auch die Landwirtschaft kollabierte. Die Kolchosen und Sowchosen, diese riesigen Kollektivfarmen, gingen reihenweise pleite, weil sie den marktwirtschaftlichen Anforderungen nicht gewachsen waren. Sie konnten mit der ausländischen Konkurrenz nicht mithalten. Es war billiger, Lebensmittel im Ausland zu kaufen. So importiert Russland heute immer noch fast 40 Prozent seiner Lebensmittel, zum Beispiel Hühnerfleisch aus den USA oder Schweinefleisch aus Brasilien.

Russlands Landwirtschaft ist in einem traurigen Zustand. Nichts drückt die Misere besser aus als folgender Vergleich: Der Bestand an Rindern ist genauso hoch (oder besser: genauso niedrig) wie zum Zeitpunkt der Oktoberrevolution. Und die war anno 1918.

Diesen unhaltbaren Zustand will die russische Regierung ändern. Sie will, dass Russland erst einmal wieder Selbstversorger wird und dann, wenn sie dieses Ziel erreicht hat, auch immer mehr exportiert. Jährlich soll deshalb eine halbe Million Hektar ungenutztes Land in Ackerland umgewandelt werden. Der Staat will dafür Mittel aus seinem Haushalt lockermachen. Doch gleichzeitig setzt er auch auf private Investitionen. Und die kommen vor allem aus dem Ausland. Weil Landwirtschaft plötzlich Zukunft hat und russischer Ackerboden relativ günstig ist, interessieren sich immer mehr private Anleger aus dem Westen für die russische Scholle.

Allerdings ist es mit der Umwandlung von Brach- in Ackerland nicht getan. Die Ernte muss schließlich auch dort ankommen, wo sie gebraucht wird. Straßen und Bahnen sind aber in Russland in ziemlich schlechtem Zustand. Die Infrastruktur sei ein großes Problem, schreiben FAO und ERBD in ihrer gemeinsamen Studie. Sie zu verbessern erfordere »riesige finanzielle

Investitionen«. Die große Frage ist: Ist Russland bereit, sie zu tätigen?

Die Ukraine ist, was die Infrastruktur anbetrifft, besser dran. Sie hat durch ihre Schwarzmeer-Häfen einen guten Zugang zu den lukrativen Märkten des Westens und des Nahen Ostens. Doch die Ukraine hat wiederum ein anderes Problem: Das Landrecht ist nach wie vor umstritten. Es stehen zwar ausländische Investoren bereit, aber sie dürfen bislang kein Land kaufen. Solange diese Frage nicht gelöst ist, wird vorerst Wunschdenken bleiben, was vor einiger Zeit der ukrainische Agrarminister Juri Melnik so hoffnungsvoll verkündete: »Die Ukraine kann ihre Produktion verdoppeln oder sogar verdreifachen.«

6 Sprit statt Brot

Der Genfer Jean Ziegler ist – so würde man es in seiner französischen Muttersprache ausdrücken – ein *Enfant terrible* oder auch ein *Agent provocateur*. Er ist bekannt – und deshalb nicht unbedingt beliebt – für seine starken, manchmal zu deutlichen Worte. Auch diesmal langte er verbal kräftig zu. Biosprit sei »ein Verbrechen an der Menschheit«, wetterte er im August 2008 in New York. Das waren keine Worte des Privatmannes Ziegler, sondern er sprach als *UN Special Rapporteur on the Right to Food*. Prompt wurde er wegen seiner deftigen Wortwahl gerüffelt, vor allem von den Protagonisten der Biosprit-Lobby.

Doch kurze Zeit später meldete sich ein weiterer Kritiker vom Genfer See, diesmal in der »unverdächtigen« Gestalt eines hochrangigen Managers. Nestlé-Verwaltungsratschef Peter Brabeck-Letmathe ereiferte sich in Vevey: »Die allgemeine Begeisterung für Biokraftstoffe ist ökologischer Wahnsinn.«

Biosprit ist plötzlich in der Kritik – zu Recht. Verflogen sind die euphorischen Vorstellungen, die man vor gar nicht allzu langer Zeit hatte. Biosprit war nämlich vor ein paar Jahren der Stoff, aus dem die Träume vieler Ökologen waren. Viele dachten, mit ihm habe man nun endlich die saubere Alternative zum umweltverschmutzenden Öl gefunden. Ein Land nach dem anderen legte deshalb ein Bioenergie-Programm auf. Die Vereinten Nationen vermeldeten, dass 17 Staaten Ethanol-Programme beschlossen haben. Andere Quellen zählten gar über 40 Länder.

Die ehrgeizigsten Biosprit-Verfechter waren die USA, die EU und Brasilien, die alle drei sehr ambitiöse Programme verabschiedeten. Aber auch Schwellenländer wie Indien, das bis

2017 zehn Prozent seines Benzins durch alternativen Treibstoff ersetzen will, folgten. Ebenso Thailand, das bis 2020 mittels Biosprit seinen Ölbedarf um 20 Prozen senken will. Überall auf dieser Welt – so schien es – trieb die Idee vom Biosprit Blüten. Der hohe Ölpreis, der phasenweise auf bis dato für unmöglich gehaltene 150 Dollar explodierte, beschleunigte den Boom des Biosprits. Er bestärkte viele Länder, ihren Kurs »weg vom Öl« fortzusetzen. Zudem war zu diesem Ölpreis die Produktion von Ethanol längst wettbewerbsfähig. Rund 1000 Biosprit-Fabriken in aller Welt arbeiteten zu Beginn des Jahres 2008 auf Hochtouren. Sie machten aus Mais (in den USA), Zuckerrohr (in Brasilien), Rapsöl (in der EU) oder Palmöl (in Südostasien) Sprit vor allem für ihre Autos. Investoren – Banken und Fonds, aber auch Superreiche wie Microsoft-Gründer Bill Gates – entdeckten plötzlich die junge Branche und steckten viel Geld in Biosprit-Unternehmen, weil sie alle dachten, das habe Zukunft.

Die Zukunft dauerte freilich nur ein paar Monate. Denn im Frühjahr 2008 passierte etwas Unerwartetes. Eine globale Ernährungskrise brach aus. Weltweit wurden Lebensmittel knapp. Schnell war ein Grund für diese Entwicklung gefunden: der Boom beim Biosprit. Auf den Äckern und Feldern wurden immer mehr Pflanzen zur Gewinnung von Energie angebaut statt zur Erzeugung von Nahrungsmitteln. Es kam zusehends zu einer Flächenkonkurrenz. Die US-Farmer standen zum Beispiel vor der Frage: Sollen wir Mais für Biosprit anbauen oder Soja für Futtermittel? Das heißt, es war in praxi gar keine Frage. Denn die Antwort hatte ihnen die US-Regierung bereits abgenommen, indem sie den Maisanbau für Biosprit hoch subventionierte. So war es für die amerikanischen Bauern viel lukrativer, Mais statt Soja anzubauen.

Und so wie die US-Farmer verhielten sich viele Bauern in anderen Regionen der Welt. Geködert von staatlichen Subventionen (knapp 100 Milliarden Dollar Steuergelder fließen nach

Angaben der *Global Subsidies Initiative* zwischen 2006 und 2012 in die Biosprit-Produktion), produzierten sie lieber für den Tank als für den Teller. So wurde aus Palmöl Sprit gemacht statt Speiseöl, und so wurde aus Rapsöl Biodiesel produziert statt Margarine.

Plötzlich geriet die Biosprit-Idee in die Kritik. Aus dem Saubermann wurde der Buhmann, der mitverantwortlich für die hohen Lebensmittelpreise war. Doch wie hoch die Schuld des Biosprits war, darüber stritten sich die Gelehrten und Lobbyisten. Die Palette der Urteile war breit. Die einen sagten, der Biosprit verteure die Lebensmittelpreise lediglich um drei Prozent; die anderen bemaßen den Beitrag mit 70 Prozent. Egal, wie viel es letztendlich sind, die Tatsache ist unbestreitbar: Der massive Ausbau der Biosprit-Produktion hat zum Anstieg der Lebensmittelpreise beigetragen.

Diese Tatsache hat in einigen Ländern zum Umdenken geführt, vor allem in der EU. Dort tauchen immer mehr Gutachten auf, die die ökologischen Vorteile des Biosprits in Zweifel ziehen. Nur die USA zeigen sich uneinsichtig. Trotz einer hitzigen und sehr emotionalen Diskussion hält auch der neue Präsident Barack Obama an der *Biofuel Policy* seines Vorgängers Bush fest. So werden wohl in den nächsten Jahren amerikanische Farmer immer mehr Mais für die Erzeugung von Sprit anbauen – eine fatale Entwicklung für die globale Ernährungssituation, denn Mais wird dringend als Futter für Mensch und Tier gebraucht.

Die USA und all die anderen biosprit-vernarrten Nationen sollten diese Schnapsidee schleunigst begraben und verstärkt an Biokraftstoffen der zweiten Generation forschen und arbeiten, um aus dieser inhumanen Konkurrenz zwischen Brot und Sprit herauszukommen. Es ist kein Sowohl-als-auch – wie uns die Amerikaner weismachen wollen –, es ist ein Entweder-oder: essen oder Auto fahren? Eine Frage, die nur eine Antwort kennt. Entwicklungsministerin Heidemarie Wieczorek-Zeul hat sie bereits gegeben: »Das Recht auf Nahrung wiegt schwerer als das auf Mobilität.«

Das verwirrende Zahlenspiel

Ed Schafer, Agrarminister unter George W. Bush, war der größte Schönredner. Ich durfte ihm bei einem Frühstück anlässlich der Verleihung des World Food Prize in Des Moines, Iowa, zuhören. Der grauhaarige Mann aus North Dakota sagte damals, was er immer sagte und was auch heute noch die offizielle Position der amerikanischen Regierung ist: Gerade mal einen geringfügiger Anteil von drei Prozent an den steigenden Nahrungsmittelpreisen sei dem Ethanol zuzuschreiben – und dabei zeigte Schafer mit dem Finger auf die böse Ölindustrie. Die sei schuld an der Explosion der Preise unseres Essens, weil in unserer Lebensmittelproduktion sehr viel Öl verwendet werde (siehe Kapitel 7). Und Bundeskanzlerin Angela Merkel, immerhin studierte Naturwissenschaftlerin, plappert bündnistreu nach: »Die steigenden Lebensmittelpreise haben nichts mit Biosprit zu tun.« Die Kanzlerin hat wohl nicht das Diskussionspapier *Entwicklungspolitische Positionierung zu Agrartreibstoffen* aus einem ihrer Ministerien, dem Bundesministerium für wirtschaftliche Zusammenarbeit und Entwicklung (BMZ), gelesen. Denn dort heißt es deutlich: »Agrartreibstoffe stehen in Konkurrenz mit der Sicherung der Welternährung.«

Zudem sehen viele seriöse Wissenschaftler das ganz anders als Schafer und Merkel. Keith Collins zum Beispiel. Er war bis Ende 2007 Chefökonom des USDA, also des amerikanischen Landwirtschaftsministeriums. Dann trat er in den Ruhestand und meldete sich – befreit von seinem politischen Maulkorb – mit einer aufsehenerregenden Rechnung zu Wort. 60 Prozent der höheren Kosten für Lebensmittel hätten ihre Ursache im Biosprit, errechnete Collins. Donald Mitchell, einer der führenden Rohstoff-Analysten der Weltbank, setzte sogar noch eins drauf. Er sagte, dass 70 Prozent des Preisanstiegs bei Mais und 40 Prozent bei Soja auf den Biosprit zurückzuführen sei.

Andere Ökonomen gehen eher von 25 bis 30 Prozent aus. Das renommierte *International Food Policy Research Institute (IFPRI)* in Washington taxierte den Anteil auf ein Viertel bis ein Drittel, die Entwicklungshilfeorganisation Oxfam auf 30 Prozent. Eine Nummer kleiner bietet die FAO an. Deren Experten schreiben dem Biosprit nur einen Schuldanteil von 10 bis 15 Prozent zu. Höchst bemerkenswert ist, dass selbst Bob Stallman, Präsident des extrem ethanolfreundlichen Bauernverbandes *American Farm Bureau Federation,* konzediert, dass 15 Prozent des Preisanstieges auf die Biosprit-Produktion zurückzuführen sei.

Der amerikanische Wahnsinn

Über acht Stunden braucht der Bus von Chicago nach Des Moines. Er durchfährt erst den Bundesstaat Illinois, ehe er nach der Überquerung des Mississippi den Bundesstaat Iowa erreicht. Ich bin ganz bewusst in den Greyhound-Bus gestiegen und nicht ins Flugzeug. Ich wollte den Mittleren Westen, die Kornkammer der USA, im wahrsten Sinne des Wortes erfahren, Meile für Meile. Es war – wie erwartet – langweilig, weil eintönig. Rechts Maisfelder, links Maisfelder. Die Monotonie wurde nur ab und zu unterbrochen von Sojafeldern und der Aufgeregtheit im Bus, als der Fahrer an einer Stadt, die als Haltestelle vorgesehen war, vorbeibrauste.

Diese Gegend, durch die ich fuhr, wird *Corn Belt* genannt. Mais heißt im Amerikanischen *corn.* Und dieser Landstrich macht seinem Namen immer mehr Ehre. Denn es wird immer mehr Mais angebaut. Dort, wo bisher Soja oder Weizen angebaut wurde, wachsen nun die Pflanzen mit den gelben Kolben. Der Boom hat eine Ursache, und die hat einen Namen: Ethanol – Sprit, der aus Mais gewonnen wird.

Der Boom wurde in Washington ausgelöst – durch die Regierung Bush. Sie verabschiedete Ende 2007 den *Energy Independence and Security Act*. Darin werden die Ziele einer Weg-vom-Öl-Politik bis 2022 festgelegt. Spätestens dann sollen 36 Milliarden Gallonen herkömmlichen Sprits durch Bioethanol und -diesel ersetzt werden.

Ethanol ist so etwas wie eine Wundertüte für die Amerikaner. Für jeden ist etwas drin. Es unterstützt die heimischen Bauern, die nach wie vor eine mächtige Lobby darstellen; es ist – angeblich – gut für die Umwelt und beruhigt deshalb etwas das Gewissen dieser umweltsündigen Nation, und – das Wichtigste – es erhöht die Energie-Sicherheit des Landes. Ganz in diesem Sinne sagte der ehemalige Präsident George W. Bush: »Es ist in unserem nationalen Interesse, dass unsere Bauern quasi Energie anbauen.«

Die Farmer folgten willig dem nationalen Auftrag aus Washington. Schließlich bekommen sie ordentliche Subventionen vom Staat, wenn sie den Mais in einer Ethanolfabrik abliefern. 2008 landeten rund drei Milliarden Bushel Mais in den derzeit rund 140 Ethanolfabriken. 2009 werden es schon 3,7 Milliarden Bushel sein, schätzt das USDA. Das wären 31 Prozent der gesamten US-Maisernte. Doch das ist noch längst nicht das Ende dieses Frevels. Denn, wenn die USA ihre Biosprit-Ziele bis 2016 erreichen wollen, müssten spätestens dann 60 Prozent der Maisernte in den Ethanolfabriken landen.

Hoffnung, dass diese höchst fragwürdige Politik ein Ende findet, besteht kaum. So war es zu erwarten, dass sich unter dem neuen Präsidenten Barack Obama in der Ethanol-Politik nicht viel ändert. Er war schließlich Governor in Illinois, einem der Corn-Belt-Staaten. Und er hat sich in seinem Wahlkampf-Team mit Ethanol-Fans umgeben. Vor allem Tom Daschle hat ihm häufig sekundiert. Daschle sitzt in Aufsichtsräten von drei

Ethanol-Unternehmen. So verkündete auch Obama gleich in seiner ersten Amtswoche seinen Energieplan. Er sieht eine drastische Reduzierung des Ölkonsums vor, rund vier Millionen Barrel am Tag. Ein Teil dieses Minus soll durch Ethanol ausgeglichen werden.

In den USA hat dieses trotzige Festhalten am Ethanol auch eine geostrategische Dimension. Man will um jeden Preis – und das ist durchaus wörtlich zu nehmen – die Abhängigkeit vom Öl und damit vor allem von den ungeliebten Arabern verringern. Das sei die amerikanische Phantasie, dass die USA glauben, sie könnten der Abhängigkeit von arabischem Öl entkommen, indem sie selber Energie anpflanzen, sagt Oxford-Professor Paul Collier.

Die amerikanische Politik ist freilich im Lande nicht unumstritten. Vor allem in Washington tobt ein erbitterter Kampf der Lobbyisten.

Bäcker gegen Bauern

Nördlich des Weißen Hauses in Washington tragen die Straßen ganz simple Namen. Sie sind einfach nach Buchstaben benannt. Zum Beispiel I Street, K Street oder L Street. Hier in diesen Straßen sitzen in fast jedem Bürogebäude Lobbyisten, die versuchen, Politiker in Kongress und Senat sowie die Bürokraten in den diversen Ministerien in ihrem Sinne zu beeinflussen. Hier herrscht die größte Lobbyistendichte der Welt.

Und hier tobt hinter den Kulissen ein heftiger Kampf, der im Amerikanischen unter dem Titel *Fuel versus Food* geführt wird. Frei ins Deutsche übersetzt heißt das: Sprit oder Brot. Oder überspitzt: Autofahren oder Abendessen. Bei dieser – man muss es so martialisch ausdrücken – Schlacht stehen sich in Washingtons bürokratischer Welt zwei gigantische Allianzen gegenüber, die sich eigens zu diesem Kampf formiert haben: *The Alliance for Abundant Food and Energy* und die *Food Before Fuel Campaign*.

In der Allianz des Überflusses hat sich die Agrarlobby, eine der mächtigsten des Landes, versammelt. Alle großen Namen sind dort vertreten: zum Beispiel der Agrokonzern Archer Daniels Midland (*ADM*), Traktor-Produzent John Deere und die Agrochemie-Giganten DuPont und Monsanto. »Wir glauben, dass beides – Nahrung und Energie – fundamentale menschliche Bedürfnisse sind«, heißt es in deren Glaubensbekenntnis. Benzin so wichtig wie Brot? Welch verquere Sicht. Ohne Benzin kann man überleben, ohne Essen nicht. Wer so denkt, redet auch so wie Patricia Woertz, Chefin von ADM: »Ein Rückzug vom Biosprit wäre falsch, unklug und gefährlich.« Dazu muss man wissen, dass ADM der größte Biospritproduzent der Welt ist und jährlich eine Milliarde Dollar in dieses Geschäft investiert hat.

In der *Food Before Fuel Campaign* sammeln sich die Kontrahenten. Es sind mehr als 25 nationale Verbände – die Fleischproduzenten, die Restaurantbesitzer, die Einzelhändler, die Getränkeindustrie – und auch humanitäre Organisationen wie *Food for All* oder das *Earth Policy Institute*. Eine der treibenden Kräfte dieses Bündnisses war *The American Bakers Association*. Ich besuche in der I Street »Die Stimme der Backwarenindustrie seit 1897«, wie stolz auf einem Schild am Eingang des Büros steht.

Robb MacKie, der Präsident, erzählt von den Leiden seiner Mitglieder. Einige der großen Bäckereien des Landes hätten schon zweimal, manche sogar drei- und viermal den Preis für das Brot erhöhen müssen, sagt MacKie. Zwei Unternehmen hätten sogar dichtgemacht. Grund der Misere: die Mehlpreise seien gestiegen, und zwar um fast 100 Prozent. Eine Folge der hohen Getreidepreise. Die sind wiederum so hoch, weil in den USA immer weniger Weizen angebaut wird, denn die amerikanischen Farmer säen und ernten lieber Mais für die Ethanol-Produktion.

Deswegen wettern MacKie und seine Lobbyorganisation so heftig gegen die Bioenergie-Politik der US-Regierung. »Wir hatten sehr sachliche Gespräche mit dem Kongress und dem Agrarministerium«, sagt MacKie, »aber es hat sich leider nichts geändert.« In der Debatte *Food versus Fuel* haben sich Politik und Administration in Washington ganz klar für *fuel* entschieden. Für die amerikanischen Verbraucher sind das keine gute Nachrichten. Sie werden doppelt zur Kasse gebeten – einmal werden ihre Steuergelder für die Subventionierung des Biosprits verwendet, zum anderen müssen sie als Folge dieser Politik mehr für ihre Nahrungsmittel bezahlen.

Bäcker-Präsident MacKie rechnet mit weiteren Preiserhöhungen beim Brot und weiteren möglichen Schließungen von Brotfabriken. Noch drastischere Töne höre ich wenig später beim *National Chicken Council*, in dem sich die Hühnerproduzenten zusammengeschlossen haben. Dort sagt William Roenigk, Senior Vice President des Council, ziemlich brutal und offen: »Die Ethanol-Politik bringt uns um.«

Einen Bundesgenossen haben die kritischen Verbände ironischerweise in einem der größten Ethanol-Verfechter, nämlich Brasiliens Präsident Lula. Auch er wirft den USA vor, sie würden den Mais missbrauchen, der dann zum Essen fehle.

Der Fall Brasilien dagegen sei – so Lula – anders zu bewerten.

Brasilien im Alkoholrausch

Mitte November 2008, Grand Hyatt Hotel in São Paulo. Fünf Tage lang war hier großer Auftrieb. Hundertschaften von Ministern, Bürokraten und Wissenschaftlern aus aller Welt kamen hierher. Sie bildeten die Staffage für eine große Show der brasilianischen Regierung unter dem etwas drögen Titel: *International Conference on Biofuel.* Initiator war Brasiliens Staatspräsident Lula höchstpersönlich. Mit dieser aufwendigen

Konferenz wollte er der Welt zeigen, dass Ethanol eine Alternative zum Öl ist und dass Brasilien an der Spitze dieser alternativen Bewegung steht. Am letzten Konferenztag erschien der kleine Mann mit dem grauen Bart gar selbst, um ein Loblied auf das Ethanol zu singen.

Brasilien hat bereits seit 1975 ein Ethanol-Programm und damit länger als jedes andere Land auf der Welt. Auslöser war die erste große Ölkrise anno 1973. Sie traf auch Brasilien, das diese Krise jedoch als Chance sah und sich nach Alternativen zum Öl umsah. Weit mussten die Brasilianer nicht blicken, denn das Gute war sehr nah: Zuckerrohr, das massenhaft im Bundesstaat São Paulo wuchs. Und längst hatten die Brasilianer bewiesen, dass man aus Zuckerrohr Alkohol machen kann, nämlich den berühmten Cachaça, der als hochprozentige Basis für den Allerweltscocktail Caipirinha dient.

Der damalige Junta-Chef Ernesto Geisel ordnete 1975 an, dass dem Benzin zehn Prozent Ethanol beigemischt werden sollte. Nach der zweiten Ölkrise 1979 legte Brasilien sein Pro-Alcool-Programm auf, eine Abkürzung von *Programa Nacional do Alcool.* Die Regierung forcierte die Zuckerproduktion und subventionierte heftig die Ethanol-Preise. Doch lange Zeit war der Ölpreis im Vergleich zum Ethanol so niedrig, dass viele in Brasilien dachten, das Programm sei eine Vergeudung von Steuergeldern. Aber die Regierung hielt trotzig an ihren Alkoholsprit-Plänen fest. Ende der 80er Jahre fuhren auf Brasiliens Straßen bereits neun von zehn neu zugelassenen Autos mit Alkohol. Die brasilianische Autoindustrie unterstützte den Kurs. Sie führte im März 2003 den sogenannten Flex-Fuel-Motor ein. Und Volkswagen brachte kurze Zeit später mit dem Gol 1,6 Total Flex das erste Auto mit diesem neuen Motor auf den Markt. Der Autofahrer kann nun an fast jeder der rund 30 000 Tankstellen des Landes entscheiden, ob er Benzin oder Ethanol tanken will. Der Motor schluckt beides ohne Murren.

Ethanol in Brasilien – eine schöne Erfolgsstory also. Aber

vernichtet Brasilien durch den massiven Ausbau der Zuckerrohrplantagen nicht einen Teil des Regenwaldes im Amazonas-Gebiet, und werden dadurch nicht die Lebensmittel verteuert, weil der Zuckerrohranbau anderen wichtigen Agrarrohstoffen das Land wegnimmt? Roberto Rodrigues, der ehemalige Agrarminister unter Lula, kennt natürlich diese Vorwürfe. Er sagt: »Wohin ich auch komme, höre ich sie.« Auch von mir hört er sie an diesem Morgen in seinem Büro in São Paulo. Und dann setzt er zur Verteidigungsrede der brasilianischen Ethanol-Politik an.

Nein, im Regenwald werde kein Zuckerrohr angebaut. Und zudem habe Brasilien genug Flächen. Auf nur einem Prozent der Agrarfläche werde Zuckerrohr für Ethanol angebaut. Nur ein Prozent!, wiederholt er nochmals, und spricht das Ausrufezeichen mit. Nein, einen Konflikt zwischen Sprit und Essen sehe er nicht. Brasilien sei in der glücklichen Lage, beides produzieren zu können – Ethanol und Lebensmittel. »Schauen Sie sich doch unsere Exporte an Fleisch und Soja an. Haben die etwa nachgelassen? Im Gegenteil: Wir exportieren immer mehr.«

Seine Argumente überzeugen. Brasilien scheint das einzige Land zu sein, das es aufgrund seiner Größe schafft, sowohl Sprit als auch Nahrung zu produzieren. Und das auch noch zu wettbewerbsfähigen Preisen. Brasilien muss seine Ethanolindustrie längst nicht mehr subventionieren.

Brasilien hat die längste Erfahrung mit Biosprit und inzwischen auch mit Abstand die beste Technologie. Das Land hat in den vergangenen Jahrzehnten sehr viel in Forschung und Entwicklung investiert. Jedes Jahr wird die Produktivität gesteigert, jedes Jahr wird immer mehr aus dem Zuckerrohr gepresst. So ist Brasiliens Ethanolproduktion (aus Zuckerrohr) viel effizienter als die amerikanische (aus Mais) und erst recht als die europäische (aus Zuckerrüben oder Rapsöl). Biosprit auf der Basis von Zuckerrohr kostet rund 0,24 Dollar pro Liter, in den USA ist es das Doppelte und in Europa das Dreifache.

»Die USA und Europa können nicht kostengünstig Biosprit produzieren«, sagt Staatspräsident Lula ziemlich selbstbewusst, »das können wir oder die Afrikaner besser.« Und so scheint sich eine neue Achse entlang des Äquators zu bilden – zwischen Brasilien und Afrika. So waren denn auch auffallend viele Afrikaner bei der Konferenz in São Paulo zu sehen. Ein gut informierter Teilnehmer flüstert mir beim Pausenkaffee zu: »Deren Flug- und Hotelkosten hat großzügig die brasilianische Regierung übernommen.« Brasilien hat ein großes Interesse daran, dass der afrikanische Kontinent ebenfalls den Biosprit-Kurs einschlägt, denn dann kann es dorthin das nötige Know-how liefern. Und die Afrikaner sind offenbar willens mitzumachen.

Afrikas falsche Revolution

Es war im Mai 2007, als Senegals Präsident Abdoulaye Wade zu Besuch in Brasilien war. Da ventilierte Lula die Idee von einer »grünen Opec«. Mögliche Mitglieder: natürlich Brasilien und möglichst viele afrikanische Staaten. Sie alle zusammen sollen Biosprit herstellen und dann den globalen Markt beherrschen. Gast Wade aus dem Senegal war begeistert. Wenig später schwärmte der Senegalese, der oft vielen Worten wenig Taten folgen lässt: »Biosprit wird eine Revolution in Afrika auslösen.«

Es ist eine Revolution, die inzwischen ganz Afrika erfasst hat – den Westen wie den Osten. Es sind vor allem ausländische Unternehmen, die die Idee, das Know-how und das Geld mitbringen. Das afrikanische Gastland bietet im Gegenzug Land und Leute. In Afrikas Westen haben sich nach Angaben der OECD bereits mehrere Firmen breitgemacht: Die französische AgroEd kaufte Land in Burkina Faso, Guinea und Mali. Die amerikanische 21st Century Energy investierte 130 Millionen

Dollar in der Elfenbeinküste. Und die allgegenwärtigen Chinesen engagieren sich durch die Firma Viscount Energy in Nigeria.

Im Osten des Kontinents sieht es nicht viel anders aus. Vor allem in Tansania tummeln sich Bioenergiefirmen aus Großbritannien, den Niederlanden und Schweden. Britische und auch deutsche Unternehmen (Flora EcoPower und Prokon) mischen in Äthiopien mit. Und Ugandas Präsident Yoweri Museveni hat bereits angekündigt, dass er großzügig den Zuckerrohranbau im Lande forcieren will, auch wenn dafür ein Teil des Regenwaldes geopfert werden muss, was Umweltschützer heftig kritisieren.

Aber von warnenden NGOs lassen sich Afrikas Herrscher nicht beeinflussen. Biosprit ist für sie eine neue Geldquelle, nach den »richtigen« Rohstoffen setzen sie nun also auf die nachwachsenden Rohstoffe. »Eine Goldgräberstimmung hat den ganzen Kontinent erfasst«, konstatiert *Der Spiegel*. »Es gibt ein enormes Potential bei der Expansion der Bioenergie-Produktion, und Afrika ist der Kontinent, der die besten klimatischen Voraussetzungen hat, um Agrarrohstoffe anzubauen, die in Biosprit umgewandelt werden können«, erklärte Mosambiks Energieminister Salvador Namburete auf der Konferenz *Powering Africa: the Biofuels Options* Anfang März 2009 in Maputo.

Berater trichtern den Afrikanern ein, dass dies eine richtige und erfolgversprechende Strategie sei. So sagt Cornelis van der Waal, Analyst bei Frost & Sullivan in Südafrika, dass Afrika großes Potential bei Bioenergie habe dank seiner riesigen Landfläche und seiner vielen Arbeitskräfte. Afrika »könnte wahrscheinlich der wichtigste Lieferant von alternativen Energien werden«, prophezeit van der Waal. Sein Rat deshalb: Die afrikanischen Staaten sollen dem Beispiel Brasiliens folgen.

Es gibt nur wenige kritische Stimmen auf dem schwarzen Kontinent. In Tansania warnen Parlamentarier davor, »unser Agrarland zu verkaufen«. Und immerhin stellt die Entwicklungsorganisation ENDA (Energy, Environment, Development) in Dakar zumindest die richtige Frage: »Ist denn Afrika in der Lage, Bioenergie zu produzieren, ohne seine Nahrungsvermittelversorgung zu gefährden?« Klare Antwort: Nein.

Die Länder Afrikas müssen inzwischen einen Großteil ihrer Lebensmittel importieren, weil sie aus verschiedenen Gründen nicht in der Lage sind, genug selbst zu produzieren, um ihre immer weiter wachsende Bevölkerung zu ernähren. Trotzdem wollen nun viele Staaten Pflanzen für Ethanol anbauen. Wie passt das zusammen? Gar nicht. Hier werden falsche Prioritäten gesetzt.

Warum baut Nigeria in der Nähe von Lagos für 100 Millionen Dollar eine *Biofuel Town*, in die rund 1000 Bioenergie-Experten aus Afrika und Brasilien einziehen sollen? Warum baut Nigeria, wo Millionen hungern, nicht stattdessen eine *Food Town*, wo sich Wissenschaftler darüber Gedanken machen, wie man das 150-Millionen-Volk ernähren kann?

Warum baut Ghana auf 27 500 Hektar Zuckerrohr an, aus dem 150 Millionen Liter Ethanol gemacht werden, die dann nach Schweden exportiert werden? Warum baut Ghana, das 40 Prozent seiner Nahrungsmittel importieren muss, nicht stattdessen die entsprechenden Agrarrohstoffe an, damit seine eigene Bevölkerung endlich genug zu essen hat?

Diese von den afrikanischen Führern ausgerufene Biosprit-Revolution ist eine Revolution gegen die eigene Bevölkerung. Doch das Volk hat in diesen autoritären Staaten wenig Mittel, sich zu wehren. Immerhin ein demokratisches afrikanisches Land hat eingesehen, dass dies ein Irrweg ist, und ihn deshalb verlassen. Südafrika hat nach monatelangen Diskussionen sein Biosprit-Programm reduziert und verzichtet sogar ganz darauf, Mais in Energie umzuwandeln. Denn Mais sei – so Rohstoffministerin Buywela Sonjica – »ein Grundnahrungsmittel für die Mehrzahl der armen Menschen im Lande«.

Ein begrüßenswerter Kurswechsel in Südafrika, der jedoch zum Beispiel in Asien noch keine Nachahmer gefunden hat.

Palmöl: in den Wok oder in den Tank?

Fährt man von Singapur an der Südspitze der malaysischen Halbinsel hoch nach Kuala Lumpur, in die Hauptstadt Malaysias, sieht man links und rechts der Autobahn fast nur noch Ölpalmen. Dicht an dicht stehen die Bäume. Sie stehen so eng zusammen, dass man von oben – aus dem Flugzeug betrachtet – glaubt, man fliege über ein Meer voller Seeanemonen.

Wo heute diese Ölpalmen wachsen, standen früher Gummibäume. Malaysia hatte riesige Gummiplantagen. Das war noch ein Relikt aus Kolonialzeiten, als die Briten hier herrschten. Nun ist alles weg, die Engländer (schon länger) und die Gummibäume (seit kurzem). Jetzt dominieren die Ölpalmen, aus deren Fruchtfleisch Palmöl gewonnen wird.

Malaysia ist einer der beiden großen Palmölproduzenten der Welt. Der andere ist das riesige Nachbarland Indonesien. Aus diesen beiden Staaten kommen zwischen 85 und 90 Prozent der Weltproduktion. Palmöl wird – vor allem in den asiatischen Ländern – zum Kochen verwendet, aber auch in Europa zur Herstellung von Lebensmitteln wie Margarine.

Doch vor ein paar Jahren wurde entdeckt, dass man aus Palmöl Sprit erzeugen kann. Und plötzlich titulierte man das Öl als grünes Gold. Und es kam dann auch prompt zu einem Goldrausch, vor allem in den beiden Ländern Indonesien und Malaysia. Das große Geschäft witternd, wurden tropische Wälder abgeholzt und Äcker zweckentfremdet. Wo immer es möglich war, wachsen nun Ölpalmen. »Die Unternehmen veranstalten ein regelrechtes Wettrennen um Anbauflächen«, berichtet Arief Wicaksono, politischer Berater bei *Greenpeace Indonesien.*

Die indonesische Regierung fördert diesen Boom. »Palmöl spielt in Indonesien eine strategische Rolle«, sagt Mukti Sardjono vom indonesischen Agrarministerium. Die Produktion soll in den nächsten Jahren kräftig ausgebaut werden. Entsprechend steigt der Platzbedarf. Derzeit benötigt die indonesische Palmölproduktion sechs Millionen Hektar. Bis 2020 soll sie jedoch auf 20 Millionen Hektar ausgeweitet werden. Zum Vergleich: Das entspricht einer Fläche von England, den Niederlanden und der Schweiz zusammen.

Kritik an diesem Raubau kommt von Bauern, Umweltschützern und auch dem einfachen Volk. Bauern aus Borneo zum Beispiel berichten laut BBC, dass ihnen einfach ihr Land weggenommen wurde, um darauf Ölpalmen anzupflanzen. Tier- wie Umweltschützer monieren, dass gerade auf Borneo Regenwälder abgeholzt werden und damit der Orang-Utan eines seiner letzten Reservate beraubt werde.

Das indonesische Volk dagegen hat andere Sorgen. Für es ist Palmöl das wichtigste Fett zum Kochen. Doch weil immer mehr Öl in den Tank fließt, fehlt es in den Woks und Bratpfannen. Das knapper werdende Angebot erhöht zudem die Preise. Um rund 50 Prozent ist Palmöl teurer geworden, was für viele indonesische Haushalte eine schwere Belastung bedeutet.

Nachdenkliches Europa

Was es nicht alles gibt. Zum Beispiel die *International Margarine Association of the Countries of Europe (IMACE)*, der Lobbyistenverband der europäischen Margarineindustrie. Aber was heißt hier Industrie? Die Margarinebranche wird mehr oder weniger von einem Unternehmen beherrscht: von dem britisch-niederländischen Nahrungsmittelmulti Unilever. Wenn wir am Kühlregal eines Supermarktes entlangstreifen, sehen wir viele Margarinemarken: Becel, Du darfst, Lätta, Sanella und natürlich die unverwüstliche Rama. Und wir denken: Welche Vielfalt! Doch in Wirklichkeit: viele Marken, ein Hersteller: Unilever.

In letzter Zeit sind die Margarinepreise gestiegen. Erster, naheliegender Gedanke: Da langt der Monopolist Unilever zu.

Falsch. Unilever ist diesmal nicht Täter, sondern Opfer. Opfer der europäischen Biosprit-Politik. Die EU-Regierungschefs haben nämlich im März 2007 beschlossen, dass bis zum Jahre 2020 zwanzig Prozent des (Primär-)Energieverbrauchs durch erneuerbare Energien und zehn Prozent des Autosprits durch Biodiesel zu ersetzen sei. Und so fließt immer mehr Rapsöl in die Produktion von Biodiesel. Um genau zu sein: Aus 40 Prozent der europäischen Rapsölernte wird Sprit.

Das Problem ist aber, dass ebendieses Rapsöl neben Palmöl auch ein wichtiger Bestandteil der Margarine ist. So buhlen die Margarineindustrie – sprich: Unilever – und die Biodiesel-Hersteller um das begehrte Rapsöl. Die Folge: Der Preis für Rapsöl steigt, im Laufe des Jahres 2008 hat er sich fast verdoppelt. Und nun kommt die IMACE ins Spiel. Auftragsgemäß kritisierte sie im Geiste von Unilever Brüssels Biosprit-Politik. »Diese provoziert ernsthafte Engpässe bei unseren Rohmaterialien und hohe Preise.«

An diesem Beispiel der Margarine lässt sich der Zielkonflikt zwischen Biosprit und Ernährung gut verdeutlichen. Man kann nicht beides haben: alternative Energie und günstige Lebensmittel. Es scheint so, als ob dies die Europäer verstanden haben, anders als die US-Amerikaner. Jedenfalls ist man in Europa inzwischen gegenüber Biosprit wesentlich kritischer eingestellt als noch vor zwei, drei Jahren.

Absetzbewegungen gibt es in der Schweiz, den Niederlanden, Frankreich, Deutschland – und vor allem in Großbritannien. Dort hatte im Januar 2008 die angesehene *Royal Society* einen kritischen Report veröffentlicht. Premierminister Gordon Brown war denn auch einer der ersten EU-Regierungschefs, der die europäischen Biosprit-Ziele in Frage stellte.Und auch Frankreichs Umweltminister Jean-Louis Borloo zog nach und sagte im Sommer 2008: »Biokraftstoffe sind nicht die magische Lösung, für die man sie vor 18 Monaten noch gehalten hat.«

Selbst innerhalb der grünen ökologischen Front mehren sich

diejenigen Stimmen, die den vor gar nicht allzu langer Zeit so gepriesenen Biosprit nun deutlich kritischer sehen. So melden die Umweltorganisationen *Friends of the Earth* und *Greenpeace* Bedenken an. Martin Hofstetter, Agrarexperte von Greenpeace, fordert: »Lebensmittel gehören auf den Teller und nicht in den Tank.« Sein eindrucksvolles Rechenbeispiel unterstreicht diese Forderung: Ein Hektar Getreide reiche, um ein Jahr lang entweder 18 Menschen zu ernähren oder ein Auto mit durchschnittlichem Verbrauch und Kilometerleistung zu betanken.

Natürlich wurde die zunehmende Kritikerschar durch die hohen Nahrungsmittelpreise aufgeschreckt, aber auch durch diverse Gutachten, die aufzeigen, dass der Biosprit gar nicht so umweltfreundlich ist, wie man anfangs dachte. So hat ein Forscherteam um den Chemienobelpreisträger Paul Crutzen herausgefunden, dass zum Beispiel Biodiesel aus Raps schädlicher für das Klima sein kann als herkömmlicher Diesel. Und im Dezember 2008 veröffentlichte der *Wissenschaftliche Beirat Globale Umweltveränderungen (WBGU)* der Bundesregierung ein sehr kritisches Gutachten, wonach Raps für Biodiesel und Mais für Ethanol unter Klimaschutzaspekten sehr ungünstig abschneiden.

Außerdem spricht das Kostenargument gegen den Biosprit. Dessen Produktion sei – so die *OECD* in ihrem Bericht *Economic Assessment of Biofuel Support Policies* – viel zu teuer und verschwende Steuergelder. Allein in Nordamerika und der EU werde der Biosprit derzeit mit elf Milliarden Dollar subventioniert. Und diese Zahl könne bis 2015 auf rund 25 Milliarden Dollar steigen.

Noch hält die EU an ihren Plänen prinzipiell fest, hat sie aber immerhin leicht modifiziert. Nun soll weniger Biodiesel aus Rapsöl gewonnen werden, dafür mehr aus Stoffen der zweiten Generation (siehe unten).

Andere Länder gingen sogar weiter als die EU. Sie stiegen ganz aus. So hat China sein Biosprit-Programm erst mal gestoppt. Die Umwandlung von Mais in Sprit ist bis auf weiteres untersagt. Bis 2010 sollen in China keine neuen Projekte zur Gewinnung von Bioethanol aus Getreide mehr genehmigt werden. 1999 hat China mit dem Bau von vier riesigen Ethanolfabriken begonnen. »Aber 2006 sahen wir, dass ein Problem entsteht, denn der Mais geriet zunehmend in Konkurrenz zur Nahrung. So ging die Anweisung an die vier Fabriken: Stoppt den Verbrauch von Mais für Ethanol und schaut euch nach anderen Möglichkeiten um«, sagt Zhangliang Chen, Präsident der *China Agricultural University*.

Was könnten aber Alternativen sein?

Warten auf die zweite Generation

Zwei Stunden kreiste der Jumbo von Air New Zealand am 30. Dezember 2008 über Auckland. Er befand sich nicht in einer Warteschleife, und er hatte auch keine Passagiere an Bord. Es war vielmehr ein Jungfernflug der besonderen Art. Im Tank des Riesenfliegers war eine besondere Mischung: 50 Prozent herkömmliches Kerosin, 50 Prozent Biosprit aus Jatropha. Jatropha?

Jatropha ist ein Strauch, der bis zu acht Meter hoch werden kann und fast nur in tropischen oder subtropischen Gebieten vorkommt. Seine Samen bestehen zu 30 Prozent aus Öl. Die Pflanze ist sehr genügsam: Sie wächst auch in trockenen Gegenden, benötigt sehr wenig Wasser und Dünger und gedeiht auch dort, wo keine anderen Pflanzen wachsen, die als Nahrungsmittel dienen können. Jatropha steht also nicht in Konkurrenz zu Mais, Soja oder Weizen.

Kein Wunder, dass Investment-Banker von Goldman Sachs Jatropha als einen der besten Kandidaten für die künftige Biodiesel-Produktion bezeichnen. Das Konzern-Trio Daimler (Auto), ADM (Landwirtschaft) und Bayer CropScience (Agrochemie) arbeiten bereits an einem gemeinsamen Projekt. Rüdiger Scheitza, Vorstandsmitglied von Bayer CropScience, sagt: »Die nachhaltige Produktion von Jatropha ohne Beeinträchtigung der Lebensmittelproduktion ist gerade für Grenzertragsböden eine interessante Option.« Ins Deutsche übersetzt heißt das: Jatropha lässt sich insbesondere auf Böden anpflanzen, auf denen sonst nichts wächst.

Vor allem in Asien breitet sich die Jatropha-Euphorie aus, in Indien, auf den Philippinen, in Thailand und auch in Myanmar. Im indischen Bundesstaat Chhattisgarh, einer der rückständigsten Gegenden des Landes, probt Indien die Energiezukunft. In der Hauptstadt Raipur steht eines der weltgrößten Jatropha-Projekte. Das Ziel ist, ein Drittel der benötigten Energie des Landes aus Jatrophapflanzen zu gewinnen. Noch ist freilich nicht bewiesen, ob sich Jatropha in großem Maßstab kommerzialisieren lässt.

Allerdings kann man es auch übertreiben. Das Negativ-Beispiel ist Myanmar. Dort forciert die Militärjunta seit Dezember 2005 mit aller Gewalt ein wahnsinniges Jatropha-Programm. Eine Fläche von der Größe Belgiens soll zur Anpflanzung von Jatropha genutzt werden. Die autoritäre Regierung hat den Ehrgeiz, von Ölimporten unabhängig zu werden. Doch damit riskiert sie, dass das Land noch mehr von Nahrungsmittelimporten abhängig wird. Denn viele Flächen, auf denen nun Jatropha angepflanzt wird, waren gutes Ackerland.

Jatropha ist etwas für südliche Regionen der Erde – Asien, Afrika und Lateinamerika. Aber welche Alternativen hat der Norden, also die industrialisierten Länder? Sie suchen verstärkt nach Biokraftstoffen der zweiten Generation. Die erste Generation, also Sprit aus Agrarpflanzen, ist für diese Länder verloren. »Wir können davon ausgehen, dass Biokraftstoff der ersten Generation keine Zukunft haben kann«, urteilt Peter Korak, Vorstand der Flora EcoPower AG.

Was unterscheidet die zweite von der ersten Generation?

Ganz einfach: Bei der zweiten Generation werden nur Rohstoffe verwendet, die nicht auch zur Herstellung von Nahrungsmitten benutzt werden können. Es gibt also keine Konkurrenz zwischen Tanken und Essen. Und was zählt dazu? Zellulose, Gräser, Algen, Abfälle, Holz, Stroh. All diese Stoffen können in Energie umgewandelt werden – im Prinzip und in der Theorie zumindest. Die Praxis hinkt freilich der Theorie noch ein paar Jahrzehnte hinterher.

Zellulose zum Beispiel. Es sei ein alter Traum, aus Zellulose Ethanol zu machen, schreibt der *New Scientist.* Immerhin produziere unser Planet 180 Milliarden Tonnen Zellulose. Aber bislang gibt es aber nur eine Fabrik im kanadischen Ottawa. Und die arbeitet nicht profitabel. Das größte Hindernis ist technischer Natur: Zellulose muss zuerst in Zucker umgewandelt werden, der dann zu Alkohol fermentiert werden kann.

Weiter ist man offenbar bei der Verflüssigung von Biomasse, auch Biomass-to-Liquid (BTL) genannt. Das Verfahren wurde schon in den 20er Jahren in Deutschland entwickelt. Aber erst im April 2008 wurde im sächsischen Freiberg die erste großtechnische BTL-Anlage weltweit eröffnet. Sie verwandelt Holz in Biokraftstoff.

In ihrer sogenannten *Roadmap Biokraftstoffe* haben Bundesministerien und Verbände sich für eine Förderung der Biokraftstoffe der zweiten Generation ausgesprochen. Vorreiter Deutschland. Es wäre schön, wenn andere Länder folgen würden und Agrarrohstoffe für das verwendeten, wofür sie geschaffen wurden – zum Essen.

7 Knappe Rohstoffe, hohe Preise

Klaus Gehrig ist groß und kräftig – in jeder Beziehung. Der Zwei-Meter-Hüne Gehrig ist der starke Mann beim Lebensmitteldiscounter Lidl. Und in dieser Funktion ist er bisher nur als Preisdrücker aufgefallen. Lange Zeit gab es für Lidl wie auch für dessen deutschen Erzrivalen Aldi bei den Preisen nur eine Richtung, und zwar die nach unten. Deshalb passen die folgenden Worte – gesprochen in einem Interview mit *Spiegel Online* – eigentlich gar nicht zum bulligen Klaus Gehrig: »Der Druck auf die Lebensmittelpreise wird weiter kräftig wachsen. Die Zeit von dauerhaften Preissenkungen ist vorbei.«

Der Herrscher über Europas größten Lebensmittelfilialisten hat leider recht. Wir werden uns daran gewöhnen müssen, dass die Preise für Brot, Butter, Fleisch und Gemüse steigen werden. Über 40 Jahre lang haben wir uns daran gefreut, dass Lebensmittel im Supermarkt immer günstiger wurden. Doch nun kehrt sich der Trend um, die Preise zeigen nach oben. »Die Ära billiger Nahrungsmittel ist vorbei«, schreibt *The Economist*.

Wir sollten uns in dieser Einschätzung nicht von den seit Herbst 2008 gesunkenen Preise für Agrarrohstoffe und Lebensmittel irritieren lassen. Die Ruhe an der Preisfront ist trügerisch, denn sie ist nur vorübergehend. Sie ist bedingt durch die hartnäckige globale Rezession, die mit deflationären Tendenzen verbunden ist. Das haben Rezessionen so an sich. Doch die Preisrückgänge sind wie die Rezession ein vorübergehendes konjunkturelles Phänomen, das das strukturelle zeitweise überlagert.

Das strukturelle Problem bleibt uns auch nach Ende der Rezession erhalten. Es wird uns dann sogar, wenn die Nachfrage wieder anzieht, umso härter treffen. Denn das ist auf dem globalen Nahrungsmittelmarkt das Grundproblem: Steigende Nachfrage trifft auf stagnierendes Angebot – nach dem marktwirtschaftlichen Einmaleins steigen in einer solchen Situation die Preise. Das Fatale für die Konsumenten ist, dass dieser Nachfrageüberhang bei nahezu allen landwirtschaftlichen Rohstoffen und Produkten besteht. Ob Fleisch oder Reis, ob Mais oder Milch, ob Kaffee oder Kakao – die Ernten und die Produktion können mit der Nachfrage der Milliarden Verbraucher nicht mithalten.

Weil das so ist, muss immer mehr auf die weltweiten Vorräte zurückgegriffen werden. Die Silos und Lagerhallen werden dadurch immer leerer. Für einen Rohstoff nach dem anderen werden historische Tiefstände vermeldet. Seit 1999 sinken die weltweiten Bestände an Mais, Reis und Weizen. Und es besteht wenig Hoffnung, dass sie in den nächsten Jahren wieder aufgefüllt werden können.

Im Gegenteil: Die weltweite Lücke zwischen Nachfrage und Angebot wird in den nächsten Jahren noch größer werden. Denn die Nachfrage wird steigen, weil – wie in den vorigen Kapiteln beschrieben – die Zahl der essenden Menschen steigt und viele Konsumenten aus der neuen globalen Mittelschicht ihre Essgewohnheiten ändern. Und das Angebot wird zurückgehen, weil – wie ebenfalls vorher ausgiebig erläutert – es immer weniger Ackerland gibt, der Klimawandel die Landwirtschaft hart treffen wird und der Biosprit in Konkurrenz zum Essen tritt.

Wir müssen deshalb Abschied nehmen von den Zeiten der Überproduktion, von den Milchseen und Fleischbergen. Billige, jederzeit verfügbare Lebensmittel – das war gestern. Wir müssen umdenken und uns daran gewöhnen, dass unser Essen immer teurer wird. Aber wie teuer wird es werden?

Die Welternährungsorganisation FAO wagt zusammen mit der OECD regelmäßig einen Ausblick in die Welt der Ernährung und deren Preise. Im neuesten *Agricultural Outlook 2008–2017* erwartet sie bis 2017 folgende Preisanstiege: Rind- und Schweinefleisch wird danach um 20 Prozent, Weizen und Mais um 40 bis 60 Prozent, Butter um über 60 Prozent und Pflanzenöle über 80 Prozent teurer.

Freuen kann sich darüber nur eine Minderheit – die Börsianer.

Wo die Preise gemacht werden

Chicago, *windy city*. Der kalte Wind treibt an diesem Morgen Ende Oktober die Menschen noch schneller in einen imposanten Art-déco-Wolkenkratzer an der West Jackson Street im Finanzviertel. Hier residiert der *Chicago Board of Trade (CBOT)*, hier werden die Preise der wichtigsten Agrargüter gemacht – und zwar weltweit. Ich fahre in Begleitung von Mary Haffenberg vom CBOT mit dem Aufzug in die fünfte Etage. Dort kann man von einer Balustrade das hektische und für den Laien völlig unverständliche Schreien und Treiben auf der vierten Etage beobachten. Mary erklärt mir grob, was da unten passiert: »Hier vorne werden Weizen, Soja und Mais gehandelt«, sagt sie, »dort hinten Rinder und Schweine.«

Auf riesigen elektronischen Tafeln erscheinen Zahlenkolonnen. Die Zahlen sind entweder grün, orange oder rot. Es ist heute viel rot zu sehen. Das heißt: Die Preise sind im Vergleich zum Vortag gesunken (grün bedeutet Kursanstieg, orange keine Veränderung).

Hier in Chicago werden seit 1848 die Preise für fast alle agrarischen Rohstoffe gemacht – und zwar global und das ganze Jahr über. Es gibt zwar noch ein paar andere, kleinere Börsen in Minneapolis, Kansas, New York (dort werden die sogenannten *soft commodities* wie Kaffee oder Kakao gehandelt), aber Chicago ist der Platz, auf den Landwirte in aller Welt schauen.

Ich gehe mit Mary hinunter aufs Parkett. Es ist kurz nach zehn Uhr. Die Börse hatte wie immer um 9:30 Uhr geöffnet.

Aber jetzt schon liegen auf dem schwarzen Linoleumfußboden Papierfetzen, zerknüllte Seiten des *Wall Street Journal* und Junk-Food-Tüten.

Völlig unaufgeregt am Rande des hektischen Treibens lehnt an einem Pult der Händler Vic Lespinasse. Der Mann in der giftgrünen Jacke ist seit 25 Jahre hier an der Börse. Ihn kann nichts mehr erschüttern – auch nicht die vielen roten Zahlen, die er heute auf den elektronischen Tafeln sieht. Ganz ruhig sagt er: »Die Preise sind natürlich wegen der Finanzkrise unten.« Doch im selbigen stoischen Ton sagt er: »Ich bin ziemlich optimistisch, dass sie langfristig wieder steigen werden.« Was ihn denn so sicher mache, frage ich. »Die weltweite Nachfrage nach Nahrung wird doch in den nächsten Jahren und Jahrzehnten weiter zunehmen.«

Mit seinem Optimismus ist er nicht alleine. Jim Rogers, der amerikanische Rohstoff-Guru, der inzwischen in Singapur residiert, orakelt: »Ich setze auf steigende Kurse bei praktisch allen Agrarrohstoffen weltweit, und davon gibt es ungefähr 20.« Agrargüter seien »das Gold der nächsten Jahre«. Rogers prognostiziert deshalb eine Hausse bis mindestens zum Jahr 2014. Solche Aussichten auf Gewinne ziehen natürlich eine ganz besondere Spezies an – die Spekulanten.

Die Stunde der Spekulanten

Sie sitzen in teuren Büros in New York oder London und haben sicher noch nie einen Schweinestall von innen gesehen oder ein Weizenfeld betreten. Aber sie sind Besitzer von Tausenden von Schweinehälften und Tonnen von Weizen. Allerdings nur vorübergehend. Sie wollen sie auch gar nicht behalten. Denn sie wollen nur mit ihnen spekulieren.

Die virtuellen Schweinebesitzer sind Fondsmanager. Sie verwalten viel Geld von reichen Privatleuten, aber auch von Pensionskassen. Weil sie dieses Geld im Sinne ihrer Anleger vermehren müssen, forschen sie nach renditeträchtigen Anlagen. Und bei der Suche nach dem schnellen Dollar haben sie im Jahr 2008 die Agrarmärkte entdeckt. Denn dort stiegen die Preise, und auf diese haben die Fondsmanager gesetzt. Sie kauften sogenannte Futures. Das sind Verträge, in denen sich der Käufer verpflichtet, zu einem festgelegten Datum – zum Beispiel in einem halben Jahr – zu einem fixen Preis eine bestimmte Menge Weizen zu kaufen. Ist der Marktpreis in einem halben Jahr höher als der vereinbarte, hat der Käufer einen schönen Schnitt gemacht.

Deshalb kauften Fondsmanager so viel Schweinehälften, Mais, Soja und Weizen wie noch nie. Zeitweise besaßen die Herren in den dunklen Anzügen mehr als die Hälfte aller Getreidevorräte in den USA. Dadurch trieben sie die Preise noch weiter nach oben. Doch über ihren Einfluss auf die gestiegenen Preise wird gestritten. Das Spektrum reicht von verdammen bis loben. Die sozialdemokratische Entwicklungshilfeministerin Heidemarie Wieczorek-Zeul schimpft: »Wer auf die Ausbreitung des Hungers in den Entwicklungsländern spekuliert, verletzt die Menschenrechte.«

Die Betroffenen (zum Beispiel Tom Coyle von der amerikanischen *National Grain and Feed Association*) schreien auf: »60 Prozent des Weizenmarktes gehört derzeit einem Indexfonds. Ist doch klar, dass das einen Einfluss auf den Markt hat.« Die liberale EU-Agrarkommissarin (Mariann Fischer Boel) stimmt zu, sagt aber auch: »Ich habe keinen Zweifel, dass Spekulanten die Preise nach oben treiben, doch ich glaube an Märkte und wehre mich dagegen, alle Details unserer Gesellschaft zu regeln.« Der Börsianer (David Lehman, Chefökonom des CBOT) preist das segensreiche Wirken: »Die Spekulanten sind nicht schuld an der Preisexplosion. Sie bringen Liquidität in die Märkte, das erleichtert den Ausgleich von Angebot und Nachfrage.«

Natürlich hat das Spekulieren mit lebenswichtigen Gütern

eine moralische Dimension. Wer sein Geld damit vermehrt, dass er auf steigende Agrarpreise setzt (und damit letztendlich den Tod von noch mehr hungernden Menschen provoziert), handelt zynisch, um nicht zu sagen: menschenverachtend. Man muss deshalb diskutieren dürfen, ob ihr Handeln erlaubt ist oder verboten gehört. Die Inder haben Letzteres getan, sie haben an ihren Börsen den Handel von Futures einiger Agrargüter vorübergehend untersagt. Die liberalen Amerikaner dagegen wollen alles dem Markt überlassen. Die amerikanische *Commodity Futures Trading Commission (CFTC)* hat jedenfalls nach einer dreitägigen Anhörung im Sommer 2008 nicht feststellen können (oder wollen), dass das Treiben der Spekulanten negative Folgen auf den Märkten gehabt habe. Ein regulierendes Einschreiten des Staates sei deshalb nicht nötig.

Inzwischen hatte die Finanzkrise immerhin eine reinigende Wirkung. Viele Spekulanten haben sich mangels Liquidität vorübergehend verzogen. Aber deshalb Entwarnung zu geben wäre verfrüht. Diese gierige Meute liegt weiter auf der Lauer. Sie sind nur eine Ecke entfernt. Sie werden wiederkommen, wenn sich eine Rallye bei den landwirtschaftlichen Rohstoffen abzeichnet. Aber inzwischen hat die *CFTC* mit Gary Gensler einen neuen Chef, der härter gegen Spekulanten vorgehen will.

Weizenbauern ernten keine Erfolge

Die wenigsten Menschen wissen, wo Kasachstan liegt. Ist das nicht irgendwo im Bermudadreieck zwischen China, Indien und Russland? Und gehörte es nicht mal zur untergegangenen Sowjetunion? Kasachstan liegt in Zentralasien. Außerdem ist Kasachstan – gemessen an der Fläche – eines der größten Länder der Welt. Und auch einer der größten Weizenproduzenten. Wenn dort im fernen Kasachstan die Ernte mal nicht so gut ausfällt, bestimmt das letztlich auch unseren Brotpreis.

Als zum Beispiel Ende Februar 2008 die kasachische Regierung ankündigte, dass es auf seine Weizenexporte einen Zoll erheben wolle, und damit das Angebot auf dem Weltmarkt verknappte, schnellten in Chicago plötzlich die Weizenpreise um 22 Prozent nach oben. Das war Rekord, einen solchen Sprung an nur einem Tag hatte es bislang in Chicago noch nie gegeben. Der Weltmarkt für Weizen ist inzwischen sehr sensibel. Auf jede Veränderung in irgendeinem entfernten Winkel der Welt reagiert er sofort und mit heftigen Ausschlägen nach oben. Und so stieg der Weizenpreis im April 2008 auf ein Rekordniveau.

Plötzlich war die halbe Welt in Aufruhr – von Frankreich bis Japan. Da Weizen ein wichtiger Bestandteil des Brotes ist, stiegen die Brotpreise. In Frankreich überstieg der Preis für die geliebte Baguette plötzlich die psychologisch wichtige Preisgrenze von einem Euro, was dort fast einen Volksaufstand auslöste. Was den Franzosen ihre Baguette ist den Italienern ihre Pasta, deren wichtigste Zutat das Hartweizenmehl ist. Der Nudelhersteller Barilla erhöhte in eineinhalb Jahren seine Pastapreise um 40 Prozent und musste deshalb viel Prügel von den erbosten Italienern einstecken, die sich zu Demonstrationen und Streiks gegen die hohen Pastapreise versammelten. Und auch die japanischen Nudelhersteller konnten nicht mehr stillhalten. So stiegen auch in Japan die Preise für die Instantnudeln, ein eminent wichtiges Basisnahrungsmittel der Japaner. Der »Cup Noodle« von Nissin, ein Klassiker unter den Instantnudeln, wurde zum ersten Mal seit 17 Jahren teurer.

Der Weizenmarkt ist ein gutes Beispiel, wie schnell und unmittelbar die Weltmarktpreise auf die Verbraucherpreise durchschlagen. Denn dieser Markt ist sehr eng. So bezeichnen Ökonomen einen Markt, der nur sehr wenige Anbieter hat. Nur ein paar Länder sind in der Lage, große Mengen an Weizen zu exportieren. Die USA, Kanada, Australien und Argentinien gehören traditionell zu den ganz Großen in diesem Geschäft, aber inzwischen mischen auch osteuropäische Länder wie die

Ukraine oder Kasachstan mit. Wenn einer von diesen Staaten als Exporteur ausfällt oder seine Ausfuhren reduzieren muss, gibt es ein Problem. Beispiel Australien: Dort kommt es aufgrund des inzwischen deutlich spürbaren Klimawandels immer wieder zu Dürren. Dann sinken die Erntemengen und natürlich die Exporte. So geschehen 2007, als Australien seine Exporte von 16 auf zehn Millionen Tonnen reduzieren musste.

Warum der Weizenmarkt so nervös ist und auf jede noch so kleine Veränderung reagiert, ist leicht erklärt: Das Angebot kann mit der Nachfrage kaum mehr mithalten. Mit anderen Worten: Der Verbrauch ist größer als die Produktion. Gerd Sonnleitner, der Präsident des *Deutschen Bauernverbandes*, sagt: »Die meisten Verbraucher haben noch nicht realisiert, dass wir in den vergangenen zehn Jahren nur eine einzige Getreideernte (nämlich im Erntejahr 2004/05) hatten, die über dem Jahresverbrauch lag.« Hat in einer solchen ohnehin schon angespannten Situation eines der klassischen Weizenländer Ernteprobleme, reagiert der Markt nervös, und die Preise schnellen nach oben.

In neun der vergangenen zehn Jahren musste also auf die Reserven zurückgegriffen werden. Und so sanken Jahr für Jahr die Weizenbestände – bis sie im Erntejahr 2007/08 (Ende August) nur noch 280 Millionen Bushel betrugen. Das war der niedrigste Stand seit 60 Jahren. Greg Wagner von *Horizon*, einer der führenden Agrar-Analysten in Chicago, nennt diese Zahl »absolut schockierend«. Denn die geringen Lagerbestände bedeuten, dass wir uns eine weitere Missernte irgendwo auf dieser Welt nicht mehr leisten können. Zwar sind dank einer sehr guten Ernte im Jahr 2008/2009 die in vielen Silos gelagerten Reserven wieder etwas aufgefüllt worden, aber noch sind wir weit von den beruhigenden Höchstmarken der früheren Jahre entfernt. Und diese werden wir wohl auch nie mehr erreichen, denn die Getreideproduktion kann nach Expertenmeinung in den kommenden Jahren kaum mit der steigenden Nachfrage mithalten. Die Lage auf dem Weizenmarkt wird deshalb angespannt bleiben. Hohe Preise sind garantiert.

Und als ob das nicht schon schlimm genug wäre, droht nun noch eine weitere Gefahr für die Weizenernten: Ein Pilz mit dem Kürzel Ug99 gefährdet die Weizenfelder. Ug99 heißt er deshalb, weil er 1999 im afrikanischen Uganda zum ersten Mal auftauchte und von da aus seinen Vernichtungsfeldzug begann. Erst breitete er sich in Ostafrika aus, dann schaffte er den Sprung übers Rote Meer in den Jemen und den Iran. Nun bedroht er Pakistan und Indien, was vor allem dort verheerende Folgen hätte. »Dieser neue Pilz hat das große Potential, unseren Weizen zu zerstören«, sagt Nobelpreisträger Norman Borlaug laut *Wall Street Journal.*

Mais: die vielen Kolbenfresser

Mais? Nur selten landen die kleinen gelben Körner in Reinkultur auf unseren Tellern. Amerikaner und Kinogänger verspeisen sie in Form von Popcorn. Und auch in Cornflakes steckt Mais. Aber das war es dann auch schon fast. Trotzdem ist Mais, der in einem Tal in Zentralmexiko vor rund 5000 Jahren zum ersten Mal angebaut wurde (der Name kommt vom indianischen »Mays«), nach Weizen das zweitwichtigste Getreide auf der Welt. Das hat einen einfachen Grund: Mais – oder wie es im Amerikanischen genannt wird: Corn – ist die Basis für fast alles, was wir essen. Denn es ist unter den Tieren das mit Abstand beliebteste Futtermittel.

Milch, Käse und Joghurt kommen von Kühen, die gerne Mais fressen. Und die Eier stammen von Hühnern, die Maiskörner picken. Weil wir von alldem immer mehr essen, brauchen wir auch immer mehr vom Futtermittel Mais. Doch die Erzeugung hält mit dem Verbrauch nicht mit. Die Folge: Der Maisvorrat der Welt ist auf einem historischen Tiefstand.

Die Preise für Mais stiegen deshalb auf über sieben Dollar per Bushel im Juni 2008. Inzwischen sind sie – wie fast alle landwirtschaftlichen Rohstoffpreise – zurückgegangen. Doch das wird sich bald wieder ändern, denn wenn die Menschen immer mehr Fleisch und Milch verzehren, braucht das Vieh immer mehr Futter.

Entscheidend wird sein, was in China passiert. Das Riesenreich ist der große Unbekannte. Noch produziert China genug Mais im eigenen Lande. Aber wie lange noch? Wenn der Fleisch- und Milchkonsum dort weiter steigt, brauchen die Rinder und Schweine immer mehr Futter. Soja importiert China schon seit Jahren, wann folgt Mais? Wenn China nur wenige Prozent seines Maisverbrauchs auf den Weltmärkten zukaufen muss, wird das die Märkte stark beeinflussen und die Preise nach oben treiben. Die Chinesen behaupten, sie werden keinen Mais importieren müssen. Viele Nichtchinesen sind da anderer Meinung.

Hinzu kommt eine gravierende Entwicklung, die den Mais-Preis eskalieren lässt: Der bereits beschriebene zunehmende Einsatz von Mais als Biosprit – vor allem in den USA. Dort geht ein Drittel der Ernte bereits in die Spritproduktion. Und die Tendenz ist, wie gesagt, steigend.

Heiß auf Reis

Los Baños ist eine Universitätsstadt rund 65 Kilometer südlich von Manila. Unterhalb eines Berges liegen in einem ummauerten Gelände mehrere Reisfelder. Am Rande der Felder stecken Täfelchen mit seltsamen Zahlen- und Buchstabenkombinationen. Spätestens jetzt ist klar, dass dies keine normalen Reisfelder sind. In Los Baños wird kein Reis primär zum Verzehr angebaut, sondern zum Zwecke der Forschung.

Hier hat das *International Rice Research Institute (IRRI)*

seinen Sitz, hier ist die Elite der Reisforscher aus aller Welt versammelt. Der Deutsche Achim Dobermann ist einer von ihnen, der Agrarwissenschaftler ist sogar Forschungschef am IRRI. Er sitzt in einem Flachbau neben den Reisfeldern; durch sein Fenster hat er alle Reisfelder permanent im Blick. Auf ihnen wird zum Beispiel probeweise ein neuer ertragreicherer Powerreis angebaut. Daneben gedeiht eine neue Sorte für Bangladesch, die bis zu 17 Tage Überschwemmung überstehen kann, und ein sauerstofftoleranter Reis, der mit der Hälfte der üblichen Wassermenge auskommt. Insgesamt hat das IRRI zehn neue Varianten in der Erprobung. Dobermann hofft, dass dort draußen im Nass ein Wunderreis dabei ist.

Die Forscher brauchen dringend Erfolge, denn Reis wird zunehmend knapp. Dobermann klagt: »Seit Jahren wird mehr Reis verbraucht, als angebaut wird.« So war in fünf der letzten sieben Jahre der Konsum höher als die Produktion – trotz Rekordernten. Reis ist nach wie vor das Nahrungsmittel Nummer eins in Asien, dem bevölkerungsreichsten Kontinent. Mehr als 40 Prozent ihrer Kalorien nehmen die Asiaten via Reis zu sich. Hinzu kommt, dass vor allem in Afrika immer mehr Reis gegessen wird. Dort rangiert in einigen Ländern – vor allem an der Westküste – Reis ganz oben auf dem Speisezettel. So ist für mehr als die Hälfte der Menschheit Reis inzwischen das Hauptnahrungsmittel.

Weil die Bevölkerungen in Afrika und Asien kräftig weiter wachsen, wird auch der Reiskonsum in den kommenden Jahrzehnten weiter steigen. Bis 2020 müssen zusätzlich 60 Millionen Tonnen Reis angebaut werden, schätzt das IRRI. Aber wo? In Asien?

Viele neue Reisflächen gibt es dort nicht mehr. »Die gegenwärtige Anbaufläche für Reis ist auf historischem Höchststand. Es ist unklug anzunehmen, dass man zusätzliche Flächen habe, um die künftige Nachfrage zu befriedigen«, sagt Samarendu Mohanty, Chef der *Social Sciences Division* im IRRI. Im Gegenteil: Die Reisfelder werden schrumpfen, prophezeit er. In Vietnam, aber auch in Thailand zum Beispiel verwandeln viele Bauern ihre Reisfelder in lukrativere Shrimpsfarmen.

Weil sich das Land nicht mehr vermehren lässt, müssen die Erträge gesteigert werden. Eine zweite grüne Revolution in den Reisschalen müsse deshalb her. Sie sei mindestens so dringend wie die erste vor 40 Jahren, fordert das IRRI in seinem Papier *Responding to the Rice Crisis*. Doch das ist leichter gesagt als getan. Auch hier klaffen Wunsch und Wirklichkeit deutlich auseinander. Das Wachstum der Erträge geht zurück. Zwar stieg in den beiden Jahrzehnten nach der grünen Revolution die Produktivität jährlich um 2,5 Prozent. Seit den späten 80er Jahren sind es aber nur noch 1,1 Prozent im Jahr. Das ist viel zu wenig, um die Milliarden reishungriger Menschen zu versorgen.

Weil Nachfrage und Angebot so weit auseinandergehen, werden die Reispreise steigen. Chaotische Situationen wie im Jahr 2008 könnten sich also durchaus wiederholen. Binnen weniger Monate stieg der Weltmarktpreis für Thai-Reis von 360 auf über 1000 Dollar pro Tonne. Das war der höchste Preis seit 34 Jahren. »So was habe ich in meinem ganzen Leben nicht erlebt«, sagt die 70-jährige Kwanchai Gomez, Geschäftsführerin der *Thai Rice Foundation*. Reis war plötzlich so wertvoll, dass kriminelle Banden Jagd auf Reis machten. Die thailändische Polizei musste nachts Patrouille laufen, und Bauern bildeten Dorfmilizen, um ihren kostbaren Reis vor Dieben zu schützen.

Soja perplexus

Die argentinische Pampa – viele assoziieren diesen Landstrich mit riesigen Rinderherden und mit Gauchos. Doch an dieser romantisierenden Darstellung stimmt nichts mehr. Wer heute eine große Farm in Argentinien besitzt, ist eher Manager als Gaucho. Wie zum Beispiel Federico Mocorrea. Er reitet nicht mit einem breitkrempigen Hut über sein Land, er fährt mit seinem vierradangetriebenen *Subaru* über die Wege seiner riesigen Hazienda von 5000 Hektar. Rinder sind dort weit und breit nicht mehr zu sehen. Dafür Sojafelder – bis an den Horizont. »Soja hat die Rinder verdrängt«, sagt der deutschstämmige Federico. Und dann macht er eine simple Rechnung auf. Rinderzucht bringt ihm zwischen 150 und 180 Dollar pro Hektar, Soja dagegen 400 bis 500 Dollar. Keine Frage, dass die argentinischen Estancia-Manager zum Sojaanbau wechselten.

Weil sich viele so wie Federico entschieden haben, wird bereits auf der Hälfte der argentinischen Anbaufläche Soja gesät und geerntet. Soja ist inzwischen Argentiniens wichtigstes Exportprodukt. Die Einnahmen aus dem Sojageschäft haben das Land nach dem Staatsbankrott von 2001 gerettet. Und auch heute noch tragen sie einen großen Teil zum Etat bei. Denn beim Sojaexport kassiert der Staat kräftig mit. Er erhebt eine 35-Prozent-Steuer auf jedes Kilo Soja, das Argentinien verlässt.

Und wohin verkaufen Federico Mocorrea und seine Kollegen das viele Soja? »Nach China natürlich«, antwortet er. Die Chinesen sind die weltweit größten Sojaaufkäufer. Rund 40 Prozent alles weltweit angebauten Sojas landen dort, meist als Viehfutter in den Mägen der Rinder, Kühe, Schweine und Hühner. Bis Ende der 90er Jahre waren die Chinesen noch Selbstversorger bei Soja, doch seitdem müssen sie immer größere Mengen auf dem Weltmarkt kaufen, zur Freude der argentinischen, vor allem aber auch der brasilianischen Sojabauern. Die Brasilianer mischen seit den späten 60er Jahren im Sojageschäft mit. Sie sind inzwischen die dominierende Macht vor den USA, weil diese zugunsten von Mais (für Ethanol) immer weniger Soja anbauen.

Soja ist der Aufsteiger unter den Agrarprodukten. Er ist inzwischen die begehrteste Hülsenfrucht. Auf sechs Prozent der landwirtschaftlich genutzten Fläche der Erde wird bereits

Soja angebaut. Grund des Booms: Soja ist ein gesuchtes, hoch eiweißhaltiges Futtermittel. Dass Soja reich an Proteinen ist, war eine relativ späte Entdeckung. Die Dänen gehörten zu den Ersten, die in den 30er Jahren den hohen Nährwert von Soja für ihre Kühe, Schweine und Hühner erkannten. Heute werden rund 80 Prozent des Sojas verfüttert. Aber auch das liebe Vieh ist wählerisch, rohes, unbearbeitetes Soja mag es nicht. So muss Soja geschrotet werden, bevor es im Trog landet.

Nur 20 Prozent des Sojas dienen dem direkten menschlichen Konsum. Dabei sind die Japaner Weltmeister im Soja-Essen. Jeden Tag verzehren sie 50 Gramm, die Chinesen zehn Gramm, der Westler dagegen nur fünf Gramm. Die Japaner essen Soja meist in eher natürlicher Form – als Tofu oder in der allgegenwärtigen Misosuppe. In Japan gibt es noch viele kleine Tofu-Händler, die täglich frischen Tofu zubereiten. Doch sie jammern, dass das Soja immer teurer werde und sie manchmal gar keines mehr bekämen. Sie werden weiter jammern müssen.

Denn die Sojapreise werden hoch bleiben, davon ist Gustavo Grobocopatel, einer der großen Sojabauern Argentiniens, überzeugt. Es gebe keine Möglichkeit, Soja (aber auch Mais) als Tierfutter zu ersetzen. China – sagt er – werde immer mehr Soja kaufen, solange die Chinesen Hähnchen, Schweine- und Rindfleisch essen wollen. Ziemlich makaber sagt Gustavo: »Das Einzige, was den Sojapreis fallenlassen könnte, wäre, wenn es auf einen Schlag 200 Millionen Chinesen weniger gäbe.«

Der etwas andere Rinderwahnsinn

Es waren mal glückliche Kühe und Rinder, die hatten viel Platz auf grünen Weiden, auf denen sie sich frei bewegen konnten. Doch für viele dieser Vierbeiner ist diese Bewegungsfreiheit längst vorbei. Sie leben nun in riesigen Ställen. Besonders gravierend ist diese Entwicklung in den USA. Seit Ende des Zweiten

Weltkrieges wurden immer mehr Rinder von den Weiden verdrängt und in gigantische *feedlots* gesperrt, wo sie zu Tausenden, ja manchmal zu Hunderttausenden dahinvegetieren. Die Amerikaner haben für diese Art der Massentierhaltung einen neuen technokratischen Ausdruck kreiert: *CAFO – Confined Animal Feeding Operations*. Vor allem in Arizona und Kansas stehen diese gigantischen stallähnlichen Gebilde. Ein Großteil der 100 Millionen amerikanischer Rinder lebt so eingesperrt. Statt Gras fressen sie dort nun Mais. Der Grund für den Umzug der Rinder ist ein simpler ökonomischer: Mit Mais im Stall werden sie schneller fett als mit Gras auf der Weide. Längst ist das Rind zu einer fleischproduzierenden Maschine auf vier Beinen mutiert. Wie das Schwein und wie das Huhn. Das Tier degenerierte zur industriellen Massenware, das gefälligst immer schneller immer dicker zu werden hat.

Weil der Fleisch- und Milchkonsum weltweit steigt, gibt es immer mehr Rinder, Kühe, Schweine und Hühner auf dieser Welt. Und das hat verheerende Folgen – für Land, Wasser und den Futternachschub.

Die Tiere brauchen Land, unvorstellbar viel Land. Rechnet man die Fläche, die für Futter benötigt wird, zu der Fläche, die als Weideland oder *feedlot* gebraucht wird, kommt man auf eine unvorstellbare Zahl: Ein Drittel unserer Landfläche dient der »Produktion« von Tieren, die wir später verspeisen. Nochmals zur Verdeutlichung, aber auch zum Nachdenken: Ein Drittel der Erde benötigen wir, damit wir Menschen Fleisch und Milch konsumieren können.

Und die Tiere brauchen Wasser. Um ein Kilo Fleisch zu erzeugen, braucht man – je nach Tier – 5000 bis 20 000 Liter. So viel trinkt das Vieh natürlich nicht. Das meiste Wasser wird bei der Futterherstellung verbraucht. Rund acht Prozent des globalen Wasserverbrauchs gehen direkt und indirekt in die Tierproduktion.

Doch der größte Engpass ist das Futter. Jedes Tier muss vor

dem Weg in den Schlachthof in kurzer Zeit möglichst viel fressen. Besonders schlechte Futterverwerter sind dabei die Rinder. Sie brauchen sieben Kilogramm Futter, um ein Kilo Fleisch zu liefern. Das Schwein ist mit 6,5 Kilogramm etwas effizienter. Am ökonomischsten ist noch das Huhn, das für 2,6 Kilogramm Futter ein Kilogramm Fleisch liefert. Wenn der Fleischkonsum weltweit weiter steigt, dann muss man die Frage stellen: Woher soll all das Futter kommen?

Ein Drittel der weltweiten Getreideernte wird also bereits jetzt schon ans Vieh verfüttert. Wenn dieser Anteil weiter wächst, werden in naher Zukunft Mensch und Tier um die Nahrung streiten. Dann werden wir – so Jeremy Rifkin – vor der Frage stehen, »ob wir mit dem vorhandenen Getreide Menschen oder Tiere versorgen wollen«.

Aber vielleicht regelt sich diese Frage über den Preis, wenn aufgrund steigender Fleischpreise der Konsum sinkt. Experten erwarten aufgrund der steigenden Nachfrage weltweit steigende Fleischpreise. Eugen Weinberg, Analyst bei der Commerzbank, sagt laut *Financial Times Deutschland*: »Mittelfristig dürften die Preise massiv anziehen.« Zum einen wegen der hohen Futterkosten, zum anderen wegen der steigenden Fleischnachfrage.

Alles in Butter?

Im fernen Neuseeland gibt es ein Unternehmen, dessen Namen viele noch nie gehört haben: Fonterra. Es ist der größte Konzern des Landes, der ein Drittel des Weltmarktes für Milch, Butter und Yoghurt kontrolliert. Seine bekannteste Marke ist Anchor. Eigentlich eine große Erfolgsgeschichte, über die ich mich gerne aus erster Hand informiert hätte. Aber in einer seltenen Mischung aus Arroganz und Ignoranz blieben der Konzern und seine Sprecher stumm. Sie beantworteten keine E-Mails, vergeblich warte ich in meinem Hotel in Auckland auf einen Rückruf aus der Konzernzentrale vor Ort.

Ich muss mich deshalb mit Informationen aus zweiter Hand begnügen: Fonterra ist eine Genossenschaft, getragen von 11 000 Farmern als Mitglieder; knapp 14 Milliarden Liter Milch Jahresproduktion; 24 Fabriken in Neuseeland, 50 in aller Welt; Exporte in über 140 Länder. »Neuseeland ist das Saudi-Arabien der Milchwirtschaft«, schreibt das *Wall Street Journal* und meint damit vor allem Fonterra mit seinen Milch-Scheichs. Die *International Herald Tribune* titelte – um im Bild zu bleiben –: »Milch ist das neue Öl.«

Heißt das: Milch wird knapp wie Öl? Das Massenblatt *Bild,* der selbsternannte Anwalt des kleinen Mannes, fragte besorgt auf Seite eins: »Sollen Rentner jetzt etwa keine Butter mehr essen?« Diese Frage stellte sich in Japan schon nicht mehr. Dort gab es im Frühsommer 2008 für niemanden mehr Butter. Die Regale in den Supermärkten waren leer.

»Es gibt eine weltweite Verknappung von Milch«, sagt Philip Goode von Dairy Australia in Canberra. Die simple Erklärung gibt der Deutsche Bauernverband in seinem Situationsbericht 2008: »Die weltweite Nachfrage nach Milch und Milchprodukten ist in den letzten Jahren deutlich stärker gestiegen als das Angebot.« Und der Milchkonsum wächst weltweit weiter – von 580 Millionen Tonnen um die Jahrtausendwende auf 1043 Millionen Tonnen im Jahr 2050, schätzt die FAO.

Vor allem die Asiaten greifen immer mehr zum Milchglas und zum Joghurtbecher. »Wir sehen eine riesige Nachfrage nach Milchprodukten in China. Ein Drittel des Wachstums in den nächsten zehn Jahren wird aus China kommen«, sagt Fonterra-Chef Andrew Ferrier. Vor zehn Jahren haben in China nur Babys und ältere Menschen Milch getrunken, meistens in Pulverform. Das hat sich total geändert. In den Städten hat inzwischen der Konsum von Flüssigmilch den von Milchpulver weit überholt. Der Städter trinkt inzwischen Frischmilch und löffelt Yoghurts. Es wird geschätzt, dass derzeit jedoch »nur« 300 Millionen Chinesen regelmäßig Milch konsumieren. Um das zu steigern, rühren Unternehmen und der Staat die Werbetrommel. »Jeden Tag ein Glas Milch macht die Menschen stärker«, lautet der Spruch des größten chinesischen Milchproduzenten Mengniu (Mongolische Kuh). Und seit 2006 gibt es eine Regierungskampagne für mehr Milch. Gerne wird in diesem Zusammenhang Ministerpräsident Wen Jiabao zitiert, der sagte: »Ich habe einen Traum: Jeder Chinese, besonders die Kinder, sollten täglich einen halben Liter Milch bekommen.«

In den vergangenen Jahren konnte sich die Welt darauf verlassen, dass in den USA und der EU Butter und Milch dank permanenter Überproduktion im Überfluss da waren. Doch im Juli 2007 meldete die EU-Kommission eine völlig veränderte Landschaft: Milchseen und Butterberge sind verschwunden – erstmals seit 1968, als die EU-Milchmarktordnung eingeführt wurde. Und auch in Neuseeland stößt man an seine Grenzen. Mehr Weideflächen gibt es weder auf der Nord- noch auf der Südinsel des zweigeteilten Neuseelandes. Und zudem konkurrieren die Kühe mit Schafen um die begehrten Grünflächen. Milch oder Fleisch?, heißt deshalb für die neuseeländischen Farmer die Alternative. Und sie entscheiden sich häufiger für das lukrativere Fleisch.

Kaffee, Kakao und Bier: Genuss wird teurer

Ein Selfmademan aus dem New Yorker Stadtteil Brooklyn musste daherkommen und der Welt beibringen, wie man Kaffee trinkt. Kein Italiener aus dem Land des Espresso und Cappuccino, kein Österreicher aus dem Land der Kaffeehauskultur, kein Brasilianer aus dem Land der Bohne kam auf die Idee. Nein, ein gewisser Howard Schultz hat es geschafft, der Welt den Kaffeegenuss (oder was er dafür hält) zu vermitteln. Sein Unternehmen heißt Starbucks.

Howard Schultz, der früher Haushaltsgeräte verkaufte, ist zwar nicht der Gründer von Starbucks, aber hat es geschafft, aus einer kleinen Kette von elf Coffeeshops in Seattle ein globales Imperium zu bilden. Starbucks ist mit seinen rund 15 000 Filialen inzwischen auf dieser Welt omnipräsent. Starbucks in den Flugzeugen von United Airlines, Starbucks im Flughafen von Kuala Lumpur, Starbucks in der Verbotenen Stadt in Peking. Starbucks ist bei der globalen jungen Elite *in*. Wer mit dem Laptop bei Starbucks sitzt und sich eine (überteuerte) Latte Macchiato oder einen Espresso Doppio leisten kann, hat es geschafft – gerade auch in den klassischen Teeländern China, Japan und Korea. Dort ist Kaffeetrinken inzwischen *très chic.*

Vor zehn, 15 Jahren gab es überhaupt keine Cafés in Seoul, Tokio oder Peking. Heute befindet sich in diesen Metropolen fast an jeder Straßenecke ein Coffeeshop. Nicht nur Starbucks macht sich dort breit, sondern auch immer mehr einheimische Ketten. In China wächst der Kaffeeverbrauch jährlich um 18 Prozent. Néstor Osorio, Chef der *International Coffee Organization* in London, rechnet mittelfristig mit 200 bis 250 Millionen chinesischen Kaffeetrinkern.

Die Nachfrage nach Kaffee wird also weiter zunehmen, das ist gewiss. Kann die Produktion mithalten? Das ist ungewiss. Denn kaum ein agrarischer Rohstoff ist so wetteranfällig wie die Kaffeebohne. Und so wechselhaft wie das Wetter, so volatil sind die Kaffeepreise. Doch man kann davon ausgehen, dass sie tendenziell weiter nach oben gehen werden. »Wir sind in einer gefährlichen Situation«, sagt Andrea Illy, Chef der gleichnamigen italienischen Kaffee-Firma. Er warnte in der *Financial Times* davor, dass die Preise aufgrund des knappen Angebots »explodieren« könnten.

Ein weiterer Preistreiber neben der steigenden Konsumentenschar sind die Spekulanten, die in diesem Markt gerne unterwegs sind. Kaffee gehört zu den sogenannten *soft commodities,* und die sind traditionell anziehend für Spekulanten. Noch intensiver als im Kaffee- tummeln sie sich freilich im Kakaomarkt. Am deutlichsten konnte man deren Treiben im Frühjahr 2008 sehen. Spekulanten waren plötzlich im Besitz von Futures über 654 000 Tonnen Kakao, während die Schokoladenhersteller und andere Firmen, die Kakao zur Verarbeitung brauchen, mit 706 000 Tonnen nur wenig mehr besaßen. Die Spekulanten setzen meist auf steigende Preise und liegen damit beim Kakao meist richtig.

Denn auch beim Kakao gilt wie beim Kaffee und so vielen anderen agrarischen Rohstoffen: Die Nachfrage aus Asien nimmt zu. Immer wieder Asien. Auch beim Kakao muss der prosperierende Kontinent mit seiner immer wohlhabenderen Bevölkerung als Erklärung für steigende Preise herhalten. »Wenn der Konsum von Schokolade in den asiatischen Märkten weiterhin boomt, wird die Nachfrage das Angebot in den nächsten fünf bis zehn Jahren übersteigen«, sagte Patrick De Maeseneire, ehemaliger Vorstandschef des schweizerischen Kakao-Konzerns Barry Callebaut gegenüber der *Financial Times*.

Kaffee teurer, Kakao und Schokolade teurer, gibt es Genussmittel, deren Preise nicht steigen werden?

Tee? Leider nein. Die Preise sind auch dort auf historischem Höchststand, weil Dürren in den drei wichtigen Exportländern Indien, Kenia und Sri Lanka zu gravierenden Ernteausfällen geführt haben.

Bleibt als Trost das Bier. Doch auch das wird teurer. »Wir haben dramatische Veränderungen im Rohstoffsektor«, sagt – oder besser: klagt – Bernhard Schadeberg, Chef der Krombacher Brauerei, Deutschlands Nummer eins. Hopfen ist inzwischen ein gefragter Rohstoff. In den vergangenen fünf Jahren hat sich der Hopfenpreis verfünffacht, allein 2007 legte er um 250 Prozent zu. Die Ernten 2008 und 2009 waren schon lange vor der eigentlichen Ernte ausverkauft.

Aber vielleicht merken die Kunden die Preiserhöhung für

die Schokolade oder den Kaffee gar nicht. Denn die Hersteller belieben zu tricksen.

Das kommt nicht in die Tüte: die Tricks der Konzerne

Darf's ein bisschen weniger sein? Aber bitte so, dass es der Verbraucher nicht merkt. Das scheint die unausgesprochene Devise der Nahrungsmittelkonzerne in aller Welt zu sein. Natürlich leiden und stöhnen auch sie unter den hohen Rohstoffpreisen. Es ist freilich ein Jammern auf hohem Niveau. Sie können zum einen die Preise zumindest teilweise an den Endverbraucher weitergeben, indem sie ihre Produkte verteuern, was sie ja auch ausgiebig getan haben. Doch es gibt noch eine zweite, unauffälligere Variante. Der Preis bliebt gleich, aber der Packungsinhalt ändert sich, indem er schrumpft oder verändert wird. Das sind sogenannte versteckte Preiserhöhungen, die der ahnungslose Käufer gar nicht registriert, denn wer studiert schon die Rezeptur, wer liest das Kleingedruckte auf den Verpackungen oder wiegt gar zu Hause den Packungsinhalt nach.

Besonders kreativ bei den versteckten Preiserhöhungen sind die amerikanischen Food-Giganten. General Mills (Marken: Pillsbury, Häagen-Dazs, Cheerios, Old El Paso) zum Beispiel ließ, so berichtet *The Wall Street Journal*, unmerklich für den Verbraucher seine Verpackungen für Cornflakes und andere Frühstücksvarianten schrumpfen. Sara Lee (Marken: Deli Perfect, Douwe Egberts) nahm zum Brotbacken billigeres, proteinärmeres Mehl und reduzierte den Fleischanteil in seinen Deli-Produkten. Campbell, der berühmte Suppenhersteller, sparte bei seinen Zutaten, sagte aber den Konsumenten nicht, auf was sie verzichten mussten. Der Kraft-Konzern, der immerhin 1,3 Milliarden Dollar mehr für seine Rohstoffe aufwenden musste, änderte zum Beispiel sein Rezept für *Miracle Whip*. Und auch beim Schweizer Nahrungsmulti Nestlé, dessen größter Kostenblock im Einkauf Milch ist, mischte in seiner industriellen Küche neu und reduzierte bei dem ein oder anderen süßen Produkt den Milchanteil.

Eine neue EU-Verpackungsverordnung, die seit April 2009 gilt, dürfte den Herstellern ihre Versteckspielchen zudem erleichtern. Danach ist es den Unternehmen freigestellt, welche Verpackungsgröße sie für ihre Lebensmittel wählen. Die Schokoladentafel muss nun nicht mehr 100 Gramm schwer sein. Sie kann auch nur noch 75 oder 88 Gramm wiegen. Die Nahrungsmittelproduzenten haben die freie Wahl, die Verbraucher das Nachsehen. Sie können auf den ersten Blick nicht mehr vergleichen. Und die Hersteller können das zu versteckten Preiserhöhungen nutzen, indem sie einfach die Menge reduzieren, aber nicht den Preis. Wieder einmal – und das sei nur am Rande erwähnt – ein Beispiel, wie Brüssel in seinem Harmonisierungswahn zu Lasten des europäischen Verbrauchers handelt.

Ob es uns schmeckt oder nicht: Wir essen Öl

Man mag es kaum glauben, wenn man die Packungen und Dosen so sauber und unschuldig in den Regalen der Supermärkte stehen sieht. Doch fast in der gesamten Wertschöpfungskette unserer Lebensmittel – vom Acker des Bauers bis zum Regal im Laden – wird Öl verwendet. Nicht die Autos oder Flugzeuge verbrauchen deshalb am meisten Energie, sondern unsere Nahrungsmittel.

Das fängt beim Bauern auf dem Hof an. Sein Dünger wird aus Gas und Öl hergestellt. Seine Traktoren und andere Maschinen schlucken Sprit. Hinzu kommt das Benzin für den Transport vom Hof in die Fabrik, von dort in das zentrale Lager der Handelskette und von dort schließlich in den Supermarkt. Und schließlich muss noch die Verpackung addiert werden, deren Herstellung ebenfalls viel Energie kostet.

Unsere industrielle Nahrungsmittelproduktion, die wir uns in den vergangenen Jahrzehnten (im Westen) aufgebaut haben, ist also extrem energieintensiv. Insofern ist es gar nicht falsch, wenn der amerikanische Geologe und Umweltjournalist Dale Allen Pfeiffer sagt: »Wir essen Öl.«

Durch diese Abhängigkeit sind die Preise für Öl und agrarische Rohstoffe, und damit auch Lebensmittel, inzwischen stark aneinandergekoppelt. Steigt der Ölpreis, steigen auch die Preise für Mais, Soja oder Weizen. Michael Dwyer, Chefökonom der Auslandsabteilung des amerikanischen Landwirtschaftsministeriums, sagt: »Wenn Sie wissen wollen, in welche Richtung die Nahrungsmittelpreise gehen werden, beobachten sie den Ölpreis.«

Und der britische Think Tank *Chatham House* prophezeit: »Höhere Ölpreise und die daraus resultierenden höheren Düngerpreise werden im kommenden Jahrzehnt ein wichtiger Treiber der Nahrungsmittelpreise sein.«

Attraktive Aschenputtel

In Kassel gibt es ein Unternehmen, das lange Zeit nur wenige Insider kannten. Es hat einen Namen, der wenig sexy klang, und es stellt Produkte her, die noch weniger sexy waren. Doch die wenigen, die das Aschenputtel kennen, finden es hoch attraktiv. Denn es bescherte ihnen hohe Aktienkurse. Die Rede ist von Kali+Salz, dem größten Düngemittelhersteller Europas. In den vergangenen Jahren explodierten bei K+S, wie das Kürzel des Unternehmens heißt, Umsatz und Gewinn. K+S ist – wenn man so will – ein Profiteur der Ernährungskrise.

Denn Dünger ist weltweit gefragt, weil viele Bauern ihre Produktion steigern wollen und deshalb Dünger *en masse* auf ihre Äcker schütten. Ohne Dünger, der aus den drei Basiselementen Stickstoff, Phosphor und Kalium besteht, gedeiht auf der Welt fast gar nichts mehr. Deshalb boomt weltweit die Düngerbranche. Diese hat den Vorteil, dass sie überschaubar ist. Nur ein paar wenige Unternehmen aus Kanada (dort residiert der Weltmarktführer PotashCorp), den USA, Russland und eben Kassel beherrschen den Markt.

Böse Zungen sprechen von einem Oligopol, das den Bauern die Preise diktieren könne. Die Unternehmen hingegen verweisen auf die marktwirtschaftlichen Spielregeln. Die Nachfrage sei groß und das Angebot knapp. Das treibt die Düngerpreise nach oben. Sie sind 2008 um fast das Doppelte gestiegen. Auch wenn sie inzwischen leicht gefallen sind, wird die Lücke zwischen Angebot und Nachfrage in den nächsten Jahren nicht verschwinden. Kali+Salz-Chef Norbert Steiner sagt: »Wir sind überzeugt, dass die Engpässe fortbestehen.« Was im Klartext bedeutet: Die Preise für Dünger werden auch in den nächsten Jahren hoch bleiben. Das freut ihn und vor allem die Aktionäre des inzwischen in die deutsche Firmen-Eliteliga, den Börsenindex DAX, aufgestiegenen Unternehmens.

Die Landwirte erfreut es dagegen gar nicht. Ganz gleich, wo ich auf meiner Weltreise war, hörte ich sie und ihre Funktionäre über die hohen Düngerpreise stöhnen. Dünger macht häufig den größten Teil ihrer Kosten aus. Den frustrierten Bauern bleiben nur zwei Möglichkeiten: Sie kaufen zähneknirschend den teuren Dünger und versuchen, die Preise irgendwie auf ihre Produkte umzuwälzen, was ihnen allerdings kaum gelingt. Oder sie kaufen keinen Dünger (auch weil sie in der Finanzkrise keine Kredite bekommen) und lassen das Land unbeackert. Diese Reaktion ist überall auf der Welt anzutreffen, am häufigsten aber in den Entwicklungsländern. Dort können sich viele Bauern den teuren Dünger nicht mehr leisten, und sie verzichten deshalb auf die Aussaat.

Das Ergebnis dieser weltweiten Zurückhaltung werden wir bei den kommenden Ernten sehen. Sie werden geringer ausfallen und so zusätzlich das Nahrungsmittelangebot verknappen.

8 Fasten in der Ersten Welt, hungern in den Entwicklungsländern

Die Menschheit hat irgendwann im Frühling 2009 einen neuen traurigen Rekord erreicht: Über eine Milliarde Menschen auf unserem Planeten hungern. In Zahlen: 1 000 000 000, eine Eins mit neun Nullen. Jeder siebte Mensch geht abends hungrig ins Bett, wenn er denn überhaupt eines hat. Alle zehn Tage sterben 250 000 Menschen wegen Hunger, darunter 160 000 Kinder.

Aber regt das noch jemanden in der satten Welt auf? In den Medien wurde dieses Rekordereignis nur pflichtschuldig, wenn überhaupt, notiert. Wir haben uns an die Bilder gewöhnt, an die Kinder mit den dicken, aufgedunsenen Bäuchen und dem traurigem Blick aus großen Augen. Viele spenden zu Weihnachten an karitative Organisationen, um ihr Gewissen für den Rest des Jahres zu beruhigen. Und Politiker echauffieren sich bei passender Gelegenheit publikumswirksam. Wie zum Beispiel Heidemarie Wieczorek-Zeul, die auf dem Welternährungsgipfel in Rom im Juni 2008 von einem »Skandal der Menschheitsgeschichte« sprach.

Sie hat ja recht. Aber was macht die Politik angesichts des Skandals? Sie verabschiedet Deklamationen und Resolutionen. Noch im Jahre 2000 haben sich die wichtigsten Regierungschefs auf die sogenannten Millennium-Entwicklungsziele verpflichtet. Bis zum Jahre 2015 soll – so die Zielsetzung – die Anzahl der absolut Armen um die Hälfte verringert werden. Doch von diesem hehren Ziel ist man weiter weg denn je. Bei ihrem ersten Treffen im April 2009 im italienischen Cison di Valmarino mussten die G8-Agrarminister eingestehen, dass »die Welt sehr weit vom Erreichen dieses Ziels entfernt« ist.

Wir marschieren tatsächlich in die andere Richtung. Die

Zahl der Hungernden und Armen nimmt zu. Vor Beginn der Ernährungskrise hungerten 854 Millionen Menschen. Danach wurde diese Zahl von den internationalen Organisationen immer wieder nach oben korrigiert. Erst meldete die FAO 923 Millionen, nun sind wir seit Frühjahr 2009 über der Ein-Milliarden-Grenze. Besonders betroffen sind die Regionen Afrika, Asien und der Nahe Osten.

Die hohen Nahrungsmittelpreise sind der wichtigste Grund, warum die Zahl der Hungernden weltweit stieg. Nach einer Modellrechnung der *University of Minnesota* gilt folgende Gleichung: Der Anstieg der Nahrungsmittelpreise um einen Prozentpunkt bedeutet 16 Millionen mehr hungernde Menschen. Viele Menschen in den sogenannten Entwicklungsländern müssen zwischen 50 und 100 Prozent ihres mageren Einkommens fürs Essen ausgeben. Oft bleibt – wenn nötig – für den Gang zum Arzt kein Geld mehr. Und allzu häufig müssen die Kinder von der Schule genommen werden, weil sich die Familie die Schulbildung ihrer Kinder nicht mehr leisten kann.

Die schwelende Finanzkrise verstärkte das Problem noch. Viele Menschen wurden infolge der globalen Rezession arbeitslos, oder sie bekommen weniger Gehalt. Sie verdienen weniger, aber müssen mehr fürs Essen ausgeben. Diese Entwicklung trifft auch immer mehr Menschen in der vermeintlich reichen westlichen Welt.

Der Hunger ist deshalb längst kein Entwicklungsland-Phänomen mehr. Er hat inzwischen die Teller und Tafeln der Ersten Welt, also der Industrieländer, erreicht. »Das neue Gesicht des Hungers« nennt dieses Phänomen Josette Sheeran, Chefin des *World Food Programme* (WFP). »Der Hunger kennt keine Grenzen mehr«, sagt sie, »sogar die Armen in den reicheren Ländern leiden nun wirklich.« Und siehe da: Nun ist Hunger plötzlich auch ein Thema im Westen. Vorher, als rund 850 Millionen Menschen hungerten, interessierte es außer den Hilfsorganisationen kaum jemanden in Europa oder den USA. Aber jetzt, da im Westen Millionen von Menschen darben, schrecken viele Menschen irritiert auf, weil sie das Gespenst des Hungers längst besiegt glaubten.

In Deutschland strömen immer mehr Menschen zu den Tafeln, die inzwischen über eine Million Menschen mit dem täglich Brot versorgen. Schlimmer ist es freilich in den USA, der reichsten Nation der Welt. Dort sind rund 36 Millionen (!) Menschen auf Nahrungsmittelhilfen des Staates oder karitativer Organisationen angewiesen. Die *Food Banks* in den großen Städten Amerikas melden ständig neue Rekordzahlen.

USA: Sturm auf die Food Banks

Mitten im Industriegebiet in Süden von San Francisco steht ein neues, unscheinbares Gebäude. Es sieht aus wie einer der vielen Lagerhallen, die es hier zu Dutzenden gibt. Doch dies ist die Zentrale der *San Francisco Food Bank*. Marguerite Nowak, Managerin der Bank, empfängt mich in deren Foyer, wo eine grüne Tafel mit den Sponsoren hängt (unter anderen Adobe, FedEx und Macy's) und wo T-Shirts mit dem Aufdruck *End Hunger* zum Kauf für zehn Dollar ausliegen.

Marguerite macht mit mir einen Rundgang durch das 5000 Quadratmeter große Lager. Dort stehen elf Hochregale – von A bis L durchbuchstabiert. In ihnen lagern zum Beispiel Spaghetti, Dosenbohnen und auch Obst. Sie greift in eine große Kiste von Orangen und zeigt mir eine der Früchte. »Die sehen nicht so toll aus, sind aber völlig in Ordnung«, sagt sie. Die Food Banks leben davon, dass Farmer, Händler und Supermärkte ihnen Waren schenken, die sie aus welchen Gründen auch immer aussortiert haben. Manche Waren müssen die Helfer freilich kaufen. Eier zum Beispiel. Der Preis des Dutzends sei von 75 Cent auf 1,49 Dollar gestiegen, klagt Marguerite. Wir gehen in einen Kühlraum, wo Milchprodukte lagern. Fleisch gibt es hier nicht.

Nowak: »Das ist zu teuer, das können wir uns nicht leisten.« Thunfisch oder Hähnchen aus der Dose – das muss reichen.

Immer wieder sagt sie: »Es ist so frustrierend.« Die Zahl der Sponsoren nimmt ab, oder sie geben weniger. Gleichzeitig steigt die Zahl der Bedürftigen. An knapp 200 Ausgabestellen im Großraum San Francisco erreicht die Organisation mittlerweile über 150 000 Betroffene. Sie stammen vor allem aus der neuen Schicht der sogenannten *Working Poor*, die zwar einen Job haben, aber deren Gehalt nicht ausreicht, sowohl Essen als auch Wohnung zu finanzieren. Über 60 Prozent der »Kunden« stammen inzwischen aus dieser Gruppe der arbeitenden Armen.

Die *San Francisco Food Bank* ist eine von 200 Food Banks in den USA. Sie alle haben sich in der Dachorganisation *Feeding America* zusammengeschlossen. Sie versorgen 25 Millionen bedürftige Amerikaner. Und es werden täglich mehr. Die Helfer können den Andrang kaum bewältigen. »Uns gehen die Lebensmittel aus, bevor wir helfen können«, klagt die freiwillige Helferin Cyntheya London in der Food Bank in Albany, der Hauptstadt des Bundesstaates New York.

Vicki Escarra, Präsidentin von *Feeding America,* sagt: »Unsere Food Banks rufen uns jeden Tag an, um uns mitzuteilen, dass die Nachfrage höher ist als jemals zuvor in unserer Geschichte.« Sie widerspricht einem weitverbreiteten Klischee, dass nur Obdachlose die Hilfe in Anspruch nähmen. Nein, es seien ganz normale Leute, die den ganzen Tag hart arbeiteten, aber am Ende des Tages entscheiden müssten, bezahle ich meine Stromrechnung oder kaufe ich Essen für die Familie.

Selbst Angestellte mit einem Einkommen zwischen 50 000 und 75 000 Dollar haben inzwischen Probleme, genügend Nahrungsmittel zu kaufen, heißt es in dem Bericht *NYC Hunger Experience 2008*. Eric Gioia, Mitglied des Stadtrats von New York City, benutzt deftige Worte der Anklage: »Es ist kriminell, dass sich in der reichsten Stadt im reichsten Land der Welt Millionen Menschen Sorgen machen müssen, dass sie genügend

Essen auf ihre Teller bekommen.« Über drei Millionen New Yorker seien inzwischen betroffen.

New York ist kein Einzelfall. In ihrem *Hunger and Homelessness Survey* vom Dezember 2008 kommt die Konferenz der US-Bürgermeister zu dem traurigen Ergebnis, dass in 20 der 21 größten Städten des Landes die Nachfrage nach Nahrungsmittelhilfen gestiegen ist, insbesondere bei den sogenannten *working families*. Kurz zuvor gab das Landwirtschaftsministerium USDA im November 2008 eine neue Statistik heraus: Danach galten 36,2 Millionen Amerikaner, darunter 12,4 Millionen Kinder, als *food insecure*, haben also nicht genug zu essen Das waren wohlgemerkt Zahlen aus dem Jahr 2007. Die aktuellen sind aufgrund der Finanzkrise mit Sicherheit viel höher.

Quer durch die USA sind Menschen in Not und auf fremde Hilfe angewiesen. Selbst im Bauernstaat Iowa erhalten 241 340 Menschen Lebensmittelhilfe, und das bei nur drei Millionen Einwohnern. Erschüttert lese ich während meines Aufenthaltes in Iowas Hauptstadt Des Moines in der Lokalzeitung die Aussage der 72-jährigen Jan Fleming, die seit sieben Jahre Hilfe bekommt. »Ohne sie wäre ich tot«, sagt sie.

Armes reiches Amerika.

Deutschland: An den Tafeln der Armen

Sabine Werth hatte Anfang der 90er Jahre die Initative *City Harvest* bei einer Reise in New York kennengelernt. Zurück in Berlin hörte sie einen Vortrag über Obdachlosigkeit in Berlin. Danach entschied sie spontan: So etwas wie *City Harvest* wäre auch in Berlin sinnvoll, und sie gründete zusammen mit der Initiativgruppe *Berliner Frauen* im Februar 1993 die Berliner Tafel. Inzwischen, mehr als 15 Jahre später, gibt es allein in Berlin 13 und bundesweit über 830 Tafeln.

Aus vielen Städten sind die Tafeln heutzutage nicht mehr

wegzudenken. Sie spielen eine wichtige Rolle in der Armutsbekämpfung. Über eine Million bedürftiger Menschen haben die Tafeln 2008 versorgt, das waren 300 000 mehr als im Jahr zuvor. In Städten wie Hamburg hat sich die Zahl sogar innerhalb eines Jahres verdoppelt. Wichtigste »Zielgruppe« sind längst nicht mehr die Obdachlosen, wie zu Zeiten der Tafelgründung. Heute kommen zu den Tafeln überwiegend Rentner, Hartz-IV-Empfänger, Alleinerziehende und Geringverdiener.

Und es werden täglich mehr. Gerd Häuser, ehrenamtlicher Vorstandsvorsitzender des *Bundesverbands Deutsche Tafel* und hauptamtlicher verdi-Funktionär, rechnet vor, dass es zwischen 14 und 20 Millionen Arme in Deutschland gebe, die auf Nahrungsmittelhilfen angewiesen seien. Für ihn ist das »eine unfassbar große Zahl«. Häuser: »Die Tafeln sind der sichtbare Beweis, dass Armut in unserem Land alles andere als ein Randphänomen ist.« Zu Recht stellt er fest: »Dass es sie überhaupt geben muss, ist ein Armutszeugnis für ein nach wie vor reiches Industrieland wie Deutschland.«

Der Erfolg der Tafeln spiegelt das Versagen des Staates wider. In ihrem neoliberalen Wahn haben die Regierungen der vergangenen Jahre beschlossen, dass sich der Staat immer mehr aus wichtigen Bereichen zurückziehen und immer mehr – einst staatliche – Leistungen privatisieren müsse. So auch bei der Armutsbekämpfung. Weil der Staat weniger hilft, muss sich die Gesellschaft selber helfen. So vermeldet der *Bundesverband Deutsche Tafel* seit 2004 einen regelrechten »Gründungsboom« bei Tafeln.

Die deutschen Tafeln arbeiten etwas anders als die amerikanischen Food Banks. Sie bekommen zum Beispiel keine Geldspenden von Sponsoren, um selbst Lebensmittel zu kaufen. Sie sammeln stattdessen »überschüssige« Lebensmittel, die sonst vernichtet würden. Das kann beim örtlichen Bäcker oder Fleischer sein, in Supermärkten oder auf Wochenmärkten, in Hotels und Restaurants, im Großhandel oder auch bei Großveranstaltungen. Natürlich gibt es auch ein paar Sponsoren wie die Handelsketten Metro, Lidl oder Rewe, aber sie geben Sach- und keine Geldspenden.

Über 30 000 ehrenamtliche Helfer verteilen jeden Tag die Waren. Die Berliner Tafel zum Beispiel hat 45 Ausgabestellen, verteilt jeden Monat 550 Tonnen Lebensmittel aller Art und erreicht 125 000 Menschen. Sie müssen nur einen sehr geringen Betrag zahlen, »symbolische Münze« genannt. Meist beträgt der Obolus einen Euro. Bedürftigkeit muss aber nachgewiesen werden, häufig in Form eines offiziellen Bescheids, wie zum Beispiel für den Empfang von Arbeitslosengeld II.

Besonders skandalös ist: Mit einem Anteil von knapp 25 Prozent sind unter den Kunden der Tafeln »erschreckend viele Kinder«, wie Gerd Häuser traurig feststellen muss. Viele Tafeln haben deshalb in der Not sogenannte Tafeln für Kinder gegründet. Sie beliefern Schulen und Kitas mit belegten Broten sowie Obst und Salaten. Selbst im reichen Bundesland Baden-Württemberg bitten Kindergärten und Grundschulen zunehmend um Lebensmittelspenden. Schüler armer Eltern können sich dort in Ganztagsschulen das Mittagessen nicht mehr leisten. Immerhin haben sich inzwischen einige Städte dazu durchgerungen, das Schulessen zu bezuschussen. Darunter auch Freiburg. Dessen Oberbürgermeister Dieter Salomon sagt: »Kein Kind soll hier in der Schule zuschauen müssen, wenn andere Kinder essen.«

Hungrige Kinder werden zunehmend zu einem Problem. Der Deutsche Caritasverband befürchtet eine Verfestigung der Kinderarmut in Deutschland. Mehr als zwei Millionen Kinder unter 14 Jahren seien arm. Schon heute lebe jedes vierte Kind unter der Armutsgrenze, sagt die katholische Hilfsorganisation.

Tafel-Gründerin Sabine Werth, die immer noch Präsidentin der Organisation ist, sagt angesichts solcher Zahlen: »Die Verelendung unserer Gesellschaft ist greifbar.«

Dieser Zustand ist nicht nur ein deutsches Phänomen, sondern leider auch ein europäisches.

Europa: Das Gespenst des Hungers kehrt zurück

In Frankreich heißen sie *Restos du cœur*, in Großbritannien *FareShare*, im flämischen Teil Belgiens *Voedselbanken* und in Italien *Banco Alimentare* – in fast allen westeuropäischen Ländern gibt es inzwischen eine den amerikanischen Foodbanks oder der deutschen Tafel vergleichbare Organisation. Sie arbeiten mehr oder weniger nach demselben Prinzip: Sie sammeln Lebensmittel bei Supermärkten sowie Restaurants und verteilen sie anschließend an Bedürftige. All diese Hilfsorganisationen vermelden steigende Zahlen: mehr Ausgabestellen, mehr verteilte Nahrungsmittel und mehr »Kunden«. Darf man solche Wachstumszahlen als Erfolg werten? Aus der Sicht der Helfer mit Sicherheit. Sie leisten tolle, bewundernswerte Arbeit.

Aber kann es angehen, dass sich in Westeuropa immer mehr Menschen nicht mehr die nötige Nahrung leisten können? Welch gesellschaftlicher Rückschritt ist es, wenn der Chef der britischen Hilfsorganisation FareShare, Tony Lowe, verkünden muss: »Nahrungsmangel ist in Großbritannien ein großes Thema.« Hatten wir das Thema nicht schon mal im 19. Jahrhundert und seitdem längst abgehakt?

»Das Gespenst des Hungers kommt zurück«, schreibt Petra Steinberger in der *Süddeutschen Zeitung*. Auch nach Mitteleuropa, wo wir es längst vertrieben glaubten. Es ist kein Massenphänomen, aber es trifft dort eine kleine, stetig wachsende Minderheit.

In Italien geht jedem siebten Haushalt vor dem Monatsende das Geld aus. Italienische Soziologen prägten für dieses Phänomen den Begriff der *quarta settimana* – die vierte Woche. In diesen letzten Tagen des Monats sinken die Umsätze der Supermärkte, weil die Italiener in ihrer (Geld-)Not den Konsum von Brot und ihrer geliebten Pasta einschränken. *Arrividerci Penne?*, fragte deshalb das *Wall Street Journal* und stellte fest, dass viele Italiener sich zunehmend wie Amerikaner ernähren, nämlich billig und ungesund.

Freilich: Noch schlimmer als im Westen ist die Situation in Osteuropa. Dort müssen viele Einwohner 40 bis 50 Prozent ihres Einkommens für Nahrung ausgeben, in den ärmeren Staaten des Ostens noch viel mehr. Von Albanien bis Polen stöhnen deshalb viele Menschen unter den diversen Krisen. In Albanien schildert die Mutter einer Familie in Kukës der *BBC* ihren freudlosen Alltag: Vor zwei Jahren habe sie für 5000 Leks die Nahrungsmittel für drei Mahlzeiten am Tag kaufen können, jetzt reiche derselbe Betrag nur noch für einen Liter Öl oder eine Packung Nudeln. Und in Polen – schreibt *Der Spiegel* – »können sich immer mehr Menschen trotz eines bezahlten Jobs nicht mehr satt essen«. Schlimm ist die Situation auch in der Ukraine und vor allem in Russland

Dort herrscht große Unzufriedenheit. Zwei Drittel der Russen müssen zwischen 50 und 75 Prozent ihres Budgets für Nahrungsmittel ausgeben. Viele können ihre laufenden Ausgaben nicht mehr von ihren Löhnen bestreiten. Sie müssen auf ihr Erspartes zurückgreifen. Zum ersten Mal seit Ende des kommunistischen Regimes gaben 2008 die russischen privaten Haushalte mehr aus, als sie einnahmen.

Viele Russen sind sauer. Auf die Regierung, die ihrer Meinung nach zu wenig tut, um die Situation zu verbessern. Auf die reichen Oligarchen, die sich für ihre Villen vergoldete Fensterrahmen bestellen, während sich die Bevölkerung kaum eine Flasche Milch leisten kann. Und auf die Händler, die Lebensmittel horten, um die Preise hoch zu halten, und die sie mit billigen Tricks reinlegen wollen: Denn die Preise für Fleisch werden oft nur noch per 100 Gramm ausgewiesen, damit sie nicht mehr so horrend erscheinen.

Naher Osten: Unser täglich Brot nimm uns heute

Am Schluss musste das Militär eingreifen, um den Aufstand zu beenden. Ägyptens Staatspräsident Husni Mubarak verdonnerte im Frühjahr 2008 seine Soldaten allerdings nicht, auf die Straßen zu gehen und die Demonstrierenden niederzuknüppeln. Nein, sie mussten in den Kasernen bleiben und Brot backen. Denn der Grund des massiven Aufbegehrens in der ägyptischen Bevölkerung war das Brot, das immer teurer werdende Brot. Der Marktpreis hatte sich in den vergangenen zwei Jahren verdoppelt.

Brot hat eine große Tradition in Ägypten, wo vor Jahrtausenden das Brotbacken erfunden wurde. Brot heißt Aysh, was auch Leben bedeutet. Es ist das wichtigste Nahrungsmittel der Ägypter. Die meisten Ägypter können es sich aber nicht leisten, jedenfalls nicht zu Marktpreisen. Brot wird deshalb kräftig subventioniert. Der Staat musste 2008 rund 2,5 Milliarden Dollar zuschießen, damit das Brot für die Massen erschwinglich bleibt. Verteilt wird es an staatlichen Brotausgabestellen. Dort hatten sich im Laufe des Jahres 2008, als die Nahrungsmittelkrise ihren Höhepunkt erreicht hatte, immer wieder lange Schlangen gebildet. Morgens um drei Uhr kamen die Leute schon. Oft standen sie stundenlang an. Dabei kam es immer wieder zu Auseinandersetzungen – und letztlich auch zu mehreren Toten. Der Frust entlud sich auch deshalb, weil schlecht bezahlte Regierungsinspektoren das subventionierte Mehl für sich abzweigten und es anschließend teuer auf dem Schwarzmarkt verkauften.

In Ägypten wird nicht nur Brot subventioniert, sondern auch Speiseöl, Zucker und einiges anderes. Trotzdem reichen die zugeteilten Rationen in vielen Haushalten nicht aus. Familie Abdulwahab zum Beispiel lebt in einem der ärmeren Viertel Kairos. Sie können zwar subventioniertes Brot und Öl kaufen, aber nicht in solchen Mengen, um die vierköpfige Familie zu ernähren. Sie essen nur noch zweimal am Tag statt wie bisher dreimal. Fleisch gibt es nur noch einmal die Woche. Rund 80 Prozent des Einkommens geben die Abdulwahabs inzwischen fürs Essen aus.

Der ägyptische Kampf ums täglich Brot ist kein Unterschichtenphänomen. Die Kinderärztin Monika Mina klagt: »Selbst der Mittelschicht steht das Wasser bis zum Halse.« Ein Arzt, der in einem staatlichen Krankenhaus arbeitet, verdient gerade mal 280 Pfund (33 Euro) und kann sich damit kaum genug zum Essen leisten. Denn eine Dose Pflanzenfett kostet zum Beispiel schon 20 Pfund, ein Kilo Reis vier Pfund. Kein Wunder, dass angesichts solch geringer Löhne und solch hoher Nahrungsmittelpreise auch die sogenannte Mittelschicht zu rebellieren begann. Die Regierung reagierte mit einer 30-prozentigen Lohnerhöhung für alle Staatsbediensteten, um Ruhe zu haben – bis zum nächsten Aufstand.

Zu diesem Mittel der Besänftigung griffen viele Regierungen im Nahen Osten. Die saudische Regierung erhöhte die Löhne für ihre Beamten, Jordanien und die Vereinigten Arabischen Emirate (um 70 Prozent!) taten es auch. Denn – egal ob reicher Ölstaat oder armer Wüstenstaat – die arabischen Staaten sind gravierend von der Nahrungsmittelkrise betroffen. Sie alle müssen die meisten ihrer Lebensmittel importieren. Allein für Getreideimporte mussten die Länder im Nahen Osten und Nordafrika im Jahr 2008 rund 22 Milliarden Dollar ausgeben. Die Ölstaaten können sich diese Ausgaben leisten, die Ölhabenichtse in der arabischen Welt dagegen nicht. Wie zum Beispiel Jordanien, Syrien oder der Jemen.

Der Jemen, der kleine Staat am Südzipfel der Arabischen Halbinsel, muss fast alle Lebensmittel für seine 23 Millionen Einwohner importieren, was ihm zunehmend schwerer fällt. In vielen jemenitischen Dörfern gibt es deshalb als Nahrung nur noch Brot und Tee – wenn überhaupt.

Das sind afrikanische Verhältnisse.

Afrika: Brei statt Brot

Gleich bei meiner ersten Fahrt in Nairobi lerne ich Peter, den Taxifahrer, kennen. Er lenkt mich in den nächsten Tagen meines Aufenthalts in der kenianischen Hauptstadt in seinem klapprigen Nissan ohne Rück- und Außenspiegel bewundernswert sicher durch das meist chaotische Verkehrsgewimmel Nairobis. Er sagt rechtzeitig, wenn ich zum Schutz vor unliebsamen Eingriffen das Fenster nach oben kurbeln soll (»In this area are some bad boys, you know«), und er erzählt mir viel über das schwierige Leben der Kenianer draußen, außerhalb unseres Nissans.

Wir fahren zum City Market, einem der größten Lebensmittelmärkte Nairobis. Es ist alles da, was Herz und Magen begehren. Eine große Vielfalt an Obst und Gemüse. »Hier ist nichts importiert, das ist alles aus Kenia«, sagt Peter stolz. Keine Preisschilder sind zu sehen, hier wird gefeilscht und gehandelt. Doch es sind nicht viele Käufer zu sehen. Fliegen machen mit Abstand die meisten Lebewesen aus. Manche Verkäufer dösen mangels Nachfrage hinter ihren Bergen von Mangos, Orangen und Bananen. Hier auf diesem Markt in Nairobi kann man live erleben, was in vielen Entwicklungsländern inzwischen ein weitverbreitetes Phänomen ist: Die Lebensmittel sind da, aber sie sind zu teuer. Die armen Menschen können sie sich nicht leisten. Die Preise sind stark gestiegen, ihre Löhne nicht.

Eine kleine Menschentraube bildet sich auf dem Markt in Nairobi lediglich um die paar Maissäcke, aus denen ein Verkäufer mit einer ausgedienten Tomatendose weißes Maismehl schöpft. Dieses Mehl ist der wichtigste Bestandteil für das kenianische Nationalgericht *Ugali,* einen Maisbrei. Er liegt wie ein Klotz im Magen und vermittelt ein Völlegefühl: Hauptsache man ist satt – bis zum nächsten *Ugali.*

Doch inzwischen können sich viele Kenianer selbst diesen einfachen Sattmacher nicht mehr leisten. Denn der Mais ist nach wie vor zu teuer. Sein Preis ist nicht gesunken, im Gegenteil: Im März 2009 kostete in Kenia die Tonne Mais im Großhandel 367 Dollar, ein Jahr zuvor waren es nur 222 Dollar. Vor allem in Kinbera, dem größten Slum Afrikas, leiden die Menschen unter diesen hohen Preisen. Ali Omar, ein Bewohner des Slums, sagt: »Das Frühstück ist kein Muss, aber bisher war mittags und abends gekochter Maisbrei oder Weizen üblich. Das ist nun vorbei.« Neuerdings muss eine Tasse Haferflocken bis zum Abend reichen. »Manchmal essen wir zwei Tage auch gar nichts«, sagt Omar.

Die Menschen in Afrika stehen inzwischen wieder vor qualvollen Entscheidungen, für was sie ihr spärliches Geld ausgeben sollen: Essen, Gesundheit oder Bildung. Erster Verlierer: die Gesundheit. Kranke gehen nicht mehr zum Arzt. Ambroise Kouadio, Arzt in Abidjan, der inoffiziellen Hauptstadt der Elfenbeinküste, sagt: »Viele arme Menschen hier müssen zwischen einer Behandlung beim Arzt und Essen wählen, und sie entscheiden sich gewöhnlich fürs Essen.« Oder sie kaufen sich bei dubiosen Händlern billige nachgemachte Medizin.

Zweiter Verlierer: die Bildung. Allzu häufig müssen Eltern ihre Kinder von der Schule nehmen. Das Geld reicht nicht mehr, um Gebühren und Uniformen für die Schulen zu finanzieren. Und zudem brauchen die Eltern die Kinder häufig wieder als billige Arbeitskräfte, die wenigstens ein bisschen zum Lebensunterhalt der Familien beitragen können. Das ist eine fatale Entwicklung, denn damit wird vielen Kindern ihre Zukunft geraubt. Afrika fällt damit wieder zurück in längst überwunden geglaubte schlechte Zeiten.

Bis vor ein, zwei Jahren befand sich Afrika endlich einmal auf gutem wirtschaftlichen Wege. Manche Staaten konnten stolze Wachstumsraten vorweisen. Es bestand bei den internationalen Organisationen die berechtigte Hoffnung, dass Afrika sich langsam aus dem Teufelskreis der Armut befreien könnte. Doch dann schlug die Ernährungskrise zu. Der ehemalige UN-

Generalsekretär Kofi Annan, aus dem westafrikanischen Ghana stammend, sagt: Die globale Ernährungskrise drohe, »Jahre, wenn nicht sogar Jahrzehnte wirtschaftlichen Fortschritts« in Afrika zu zerstören, und »100 Millionen Menschen werden wieder zurück in die Armut geworfen«.

Afrika, wo ein Drittel der Bevölkerung unterernährt ist, war in den vergangenen Jahrzehnten immer der Hunger-Kontinent. Und der Westen ist daran mitschuldig. Organisationen wie der *Internationale Währungsfonds (IWF)* zwangen die ehemaligen Kolonien, sogenannte *cash crops* anzubauen, damit Devisen in die Kassen kommen. *Cash crops* sind teure Produkte für den reichen Norden, wie Zucker, Bananen, Erdnüsse, Kakao, Tee, Kaffee oder Baumwolle. Dafür wurden riesige Plantagen in den fruchtbaren Regionen des Kontinents angelegt. Die weniger lukrative Produktion für den heimischen Markt wurde deshalb vernachlässigt, was zu einer Verschärfung des Hungerproblems führte.

Erschwerend kam hinzu: Naturkatastrophen führen in Afrika immer wieder zu gravierenden Ernteausfällen. Auch politische Unruhen verknappten oft das Angebot, weil manche Stämme sich lieber bekriegten, als ihre Äcker zu bewirtschaften. Alle drei Problemverursacher – *cash crops*, Katastrophen und Kriege – gibt es nach wie vor. Aber nun kommt noch die Nahrungsmittelkrise hinzu. Deshalb hat diesmal der Hunger eine andere, eine völlig neue Dimension.

Die hohen Preise auf den Weltmärkten treffen die afrikanischen Ländern hart. Denn fast alle sind inzwischen auf Importe angewiesen. Liberia zum Beispiel muss 90 Prozent seines Reisbedarfs im Ausland kaufen, der Senegal rund 50 Prozent.

Mauretanien muss 70 Prozent seiner Nahrungsmittel importieren, das kleine Dschibuti fast alle. Und das große Nigeria muss jedes Jahr drei Milliarden Dollar für Lebensmittelimporte ausgeben. Nigeria, einst Reisexporteur, ist inzwischen Afrikas größter Reisimporteur.

Über die Importe schwappen die hohen Preise ins Land. Reis, Getreide, Öl – alle wichtigen Basis-Lebensmittel wurden gravierend teurer. Weil Weizen unerschwinglich wurde, backen die Menschen zum Beispiel in Ghana und Kenia Brot aus Cassava, bei uns auch unter dem Namen Maniok bekannt. In anderen Ländern ersetzen sie Weizen durch Sorghum, aber prompt wurde durch die größere Nachfrage auch dieses dunkle Getreide der Armen teurer.

In vielen afrikanischen Familien musste der Speiseplan kräftig zusammengestrichen werden. Aseta Quedraogo (sieben Kinder) aus Burkina Faso sagt: »Früher habe ich noch sehr oft Reis mit Gemüse gekocht. Jetzt reicht unser Geld (35 Euro im Monat) meist nur noch für To, so heißen unsere Fladen aus Maismehl.« Aseta ist wie die meisten afrikanischen Frauen Leidtragende dieser Entwicklung. Sie sind zwar für das Essen verantwortlich. Sie bauen es an, kaufen und bereiten es zu; doch sie essen zuletzt. Erst sind der Mann und die Kinder dran, dann dürfen die Frauen den Rest essen. Doch es bleibt immer weniger übrig.

Selbst in Südafrika, dem wirtschaftlichen Musterland, haben inzwischen über zehn Millionen Haushalte Probleme. Elizabeth Paulson (Monatsverdienst 210 Euro) sagt: »Jetzt reicht es nur noch für die Grundbedürfnisse, für Reis, Mehl, Öl, Kaffee, Eier. Ganz selten habe ich mal ein Stück Fleisch im Topf.« Ihr erster Gedanke jeden Morgen sei: Wie krieg ich heute wieder alle satt?

Asien: Ratte statt Rind

Ly Yuthheang ist in Phnom Penh einer dieser Gelegenheitsarbeiter, die immer wieder ihre Arbeitskraft anbieten müssen. Zwischen 5000 und 10 000 Riel verdient er am Tag, wenn er denn Arbeit hat. Fast das ganze Geld geht für Essen, Speiseöl und Wasser drauf. Strom kann sich die vierköpfige Familie in ihrer Hütte in einem der Slums der kambodschanischen Hauptstadt nicht leisten. Für 5000 Riel kann Ehefrau Him Siengoeun gerade mal ein Kilo Reis minderer Qualität und eine Schüssel Suppe kochen. Oft verzichtet sie auf eine Mahlzeit, damit ihre zwei kleinen Kinder und ihr Mann satt werden. »Die gestiegenen Lebensmittelpreise haben uns noch tiefer in die Armut gerissen«, sagt Ly.

Alltag in Kambodscha. Wie Lys Familie müssen viele fast ihr gesamtes Einkommen fürs Essen ausgeben. Der Preis für Reis ist um 100 Prozent gestiegen, der für Fleisch zwischen 50 und 70 Prozent, der für Fisch und Gemüse zwischen 20 und 30 Prozent. »Für die Armen ist es ein täglicher Kampf«, sagt Chan Sophal vom *Cambodia Development Policy Research Institute.* »Sie leben von der Hand in den Mund.«

Ratten sind inzwischen in Kambodscha eine günstige Alternative zu dem viel zu teuren Rindfleisch geworden. Scharfe Ratten mit Knoblauch werden dann im Wok gebraten. Allerdings ist die Nachfrage nach dem Nagetier so stark, dass auch die Preise für Ratten gestiegen sind.

Auch in Indien werden Ratten als billige Option gepriesen – und zwar von höchster Stelle. Die Regierung des indischen Bundesstaates Bihar, einem der ärmsten des Landes, empfiehlt, Ratten zu essen. Restaurants sollen die Tiere auf die Speisekarte nehmen. Das Essen von Ratten hätte sogar zwei Vorteile: Zum einen würden dadurch die Leute satt, und zum anderen könnten die Ratten dann auf den Getreidefeldern keinen Schaden mehr anrichten.

Hunger in Asien? Ist das nicht die Region, deren Volkswirtschaften schon seit Jahren stolze Wachstumszahlen vorweisen können? Und trotzdem soll dort Hunger herrschen, so dass man in einigen Regionen gar Ratten essen muss?

Asien ist ein riesiger Kontinent. Er reicht von Pakistan im Westen bis nach Osttimor im Osten. Asien ist ein sehr heterogener Kontinent. Er reicht vom superreichen Japan bis zum bettelarmen Bangladesch. Asien muss deshalb sehr differenziert betrachtet werden. Der Nordosten – Japan, Südkorea und Taiwan – hat es geschafft, den Hunger größtenteils aus seinen Gesellschaften zu eliminieren (sieht man von dem Sonderfall Nordkorea ab, das in seiner selbstgewählten Isolation vor sich hin hungert). Im Südosten Asiens sind die meisten Staaten auf dem Sprung, es zu schaffen. Ausnahmen dort: die Indochina-Staaten Kambodscha, Myanmar und Laos, aber auch die Philippinen (wo sich fast die Hälfte der Bevölkerung als *food poor* einschätzt). Wer es nicht geschafft hat, sind die Staaten Südasiens: Bangladesch, Pakistan und Indien. Dort, in Südasien, befindet sich neben Afrika die größte Hungerregion der Welt.

Bangladesch ist eine geschundene Nation. Taifune und Überschwemmungen verwüsten regelmäßig große Teile des Landes und vernichten die Reisernten. Knapp die Hälfte der Bevölkerung – also über 60 Millionen Menschen – lebt unterhalb der Armutsgrenze. Ein Textilarbeiter – viele Bangladeschis nähen für westliche Konzerne wie zum Beispiel H&M – muss 70 Prozent seines Lohnes allein für Reis ausgeben. Steigende Lebensmittelpreise haben für solche Menschen verheerende Auswirkungen. Wenn sich der Preis für ein Kilo Reis – wie in Bangladesch geschehen – binnen kurzer Zeit von 17 auf 34 Taka verdoppelt, kann das über Leben oder Tod vieler Menschen entscheiden. Um das Schlimmste, aber auch um Revolten zu verhindern, bietet die Regierung subventionierten Reis an. Ähnlich die Antwort der pakistanischen Regierung. Um das 160-Millionen-Volk einigermaßen ruhig zu halten, führte die Regierung wieder Lebensmittelkarten ein, die in den 80er Jahren schon einmal abgeschafft waren. Um diese Subventionen finanzieren zu können, musste die Regierung sogar den Militärhaushalt kürzen. Die Lage muss ernst sein, wenn Generäle auf Raketen zugunsten von Reis verzichten.

Doch das größte Problemland der Region ist Indien. Rund 200 Millionen Menschen dort leiden immer noch mehr oder weniger Hunger. Nun ächzen die Menschen zudem noch unter höheren Preisen. Linsen, Reis und Zwiebeln – alles ist teurer geworden. »Ein Besuch beim Gemüsehändler fühlt sich an wie ein Ausflug in eines der modernen, schicken Einkaufszentren Delhis«, schreibt die *Times of India*. Man könne sich die Auslagen anschauen, aber leisten könne man sich nichts.

Die Regierung in Neu-Delhi redet das Thema eher klein. Nur in Zeiten des Wahlkampfes entdecken die Politiker die armen Menschen. Shankar Aiyar vom Nachrichtenmagazin *India Today* sagte im Wahlkampf 2009 laut *Süddeutsche Zeitung* treffend: »In Indien ist es so, dass die Regierungen zwar von den Armen gewählt werden, dann aber für die Reichen regieren.« Für die Regierung passen hungernde Inder nicht zum modernen Image des Landes, das sie so gerne der Welt vermitteln wollen. Doch die Elendsbilder sind nun mal Realität. Gleich in unmittelbarer Nachbarschaft des Flughafens von Mumbai kann man sehen, wo man gelandet ist: Inmitten von Hütten. Kinder schlafen auf dem nackten Fußboden oder – wenn sie Glück haben – auf einem Pappkarton.

Slums sehe ich dagegen in keiner chinesischen Großstadt. Die autoritäre Regierung in Peking war – ob das vielen in ihr Weltbild passt oder nicht – in den vergangenen Jahrzehnten bei der Armutsbekämpfung wesentlich erfolgreicher als Indien, die größte Demokratie der Welt. China hat es geschafft, in den vergangenen Jahren rund 400 Millionen Menschen aus der Armut und damit auch vom Hunger zu befreien.

Welche Welten zwischen Indien und China liegen, konnte ich bei meinen Besuchen in den Büros des *World Food Programme (WFP)* in Neu-Delhi und Peking feststellen. Während mir in Delhi die japanische Büro-Chefin Mihoko Tamamura in leisen Worten erzählt, dass 40 Prozent aller unterernährten Kinder der Welt in Indien leben und dass die Kalorienzahl pro Kopf in Indien stetig sinkt, kann mir ihre Pekinger Kollegin Anthea Webb nur Positives berichten. Seit 2005 brauche China keine

Nahrungsmittelhilfe mehr. Im Gegenteil: Seit 2006 spendet die Pekinger Regierung Nahrung und Geld für das *World Food Programme*.

Das WFP, die größte humanitäre Hilfsorganisation der Welt, kann es dringend gebrauchen.

Der verzweifelte Kampf der Helfer

Wer kauft in der Welt am meisten Reis, Weizen und Mais ein? Es ist eine zierliche dynamische Frau, die ich mir aufgrund ihrer schlichten bunten Wollkleidung eher in einem Ökoladen vorstellen kann. Sie heißt Nicole Menage. Auf ihrer Visitenkarte steht *Chief Food Procurement Service*, Chefin des Nahrungsmitteleinkaufs. Sie residiert am Rande Roms zwischen der Innenstadt und dem Flughafen Fiumicino. Dort im Parco de Medici stehen nur Bürotürme. Einer davon ist die Zentrale des *World Food Programme*. Rund 900 Menschen aus aller Welt arbeiten hier. Die Amerikanerin Nicole Menage ist einer davon, und sicher einer der wichtigsten.

Sie kauft für über 100 Millionen Menschen in 77 Ländern Nahrungsmittel ein. So viele Hungernde in aller Welt hat das WFP im Jahr 2008 versorgt. »Das war eine sehr harte und schwierige Zeit«, sagt Menage. Sie litt doppelt unter den steigenden Nahrungsmittelpreisen. Einerseits stieg die Zahl der Bedürftigen in den Entwicklungsländern drastisch an, andererseits musste sie mit ihrer Einkäufertruppe immer mehr Dollars für die Nahrungsmittel ausgeben. Das WFP kauft nämlich alle Lebensmittel, die es verteilt, selbst ein, so zum Beispiel Mais in Südafrika oder Reis in Indien.

Die anschließende Verteilung an die Bedürftigen in aller Welt ist eine riesige logistische Aufgabe. Dabei greifen die Logistik-Experten des WFP auf alles zurück, was trag- und bewegungsfähig ist. »Wir nutzen Flugzeuge, Lastwagen, Fahrräder, Kamele, Yaks und Elefanten, um Nahrung zu den Hungernden zu bringen«, heißt es im Jahresbericht des WFP. Doch weil 2008 auch die Ölpreise hoch waren, stiegen die Transportkosten des WFP gewaltig an und rissen ein großes Loch in den Etat der Organisation.

Das *World Food Programme* ist zwar eine UN-Organisation, hat aber keinen Etat, der regelmäßig von irgendwelchen Mitgliedsnationen ausgeglichen wird. Die Organisation ist auf Spenden angewiesen, hauptsächlich von Regierungen. Die größten Geber sind: USA, Saudi-Arabien, die EU-Kommission, Kanada, Japan und Großbritannien.

Immer wieder muss Josette Sheeran, die amerikanische Chefin, losziehen und betteln gehen. Vor allem im Krisenjahr 2008 waren ihr Verhandlungsgeschick und ihre Überredungskunst gefragt. Sie schaffte es, fast eine Milliarde Dollar zusätzlich einzusammeln (alleine Saudi-Arabien spendete 500 Millionen Dollar). Trotzdem musste im April 2008 das WFP seine Schulspeisungen in Kambodscha und Kenia einstellen. 450 000 Kinder in Kambodscha und 1,2 Millionen in Kenia waren betroffen. Sheeran sagt: »Das waren herzzerreißende Entscheidungen.«

Über sechs Milliarden Dollar will und muss sie im Laufe des Jahres 2009 zusammenbekommen. Im Jahr davor waren es knapp über fünf Milliarden Dollar, 2007 »nur« 2,7 Milliarden. An diesen Zahlen lässt sich ablesen, wie die Zahl der Bedürftigen in den vergangenen Jahren zugenommen hat. Das WFP braucht immer mehr Geld, um die Ärmsten der Armen – und nur um diese kann sich die Organisation kümmern – mit den nötigsten Lebensmitteln zu versorgen. Dabei hat sich infolge der Nahrungsmittelkrise die Arbeit des WFP völlig geändert. Zum ersten Mal muss das WFP Nahrungsmittel nicht verteilen, weil eine Naturkatastrophe über ein Land hereinbrach, sondern weil eine Welle von Preiserhöhungen über viele Entwicklungsländer schwappte und viele Lebensmittel für Millionen von Menschen so verteuerte, dass sie sie sich nicht mehr leisten können.

Josette Sheeran nennt diese Entwicklung der vergangenen Monaten den »stillen Tsunami«. Tsunami, um die Dramatik deutlich zu machen. Still, weil er so unbemerkt von der (westlichen) Öffentlichkeit stattfindet. Und in der Finanzkrise steigt das Desinteresse im Westen noch, weil man zu sehr mit sich selbst beschäftigt ist. Dabei nimmt das Problem durch diese – vom Westen verursachte – Krise noch zu. Nach Schätzungen der Weltbank steigt bei einem Verlust nur eines Prozentpunkts des Weltwirtschaftswachstums die Zahl der in Armut lebenden Menschen um 20 Millionen.

Im Moment konzentriert sich die Aufmerksamkeit der großen Nationen – beispielsweise im Rahmen der G20, wo mit Ausnahme von Brasilien und Südafrika keine Stimme der Entwicklungsländer vertreten ist – sehr darauf, die negativen Auswirkungen der Finanzkrise zu bekämpfen. Sheeran: »Ich verstehe ja, dass sich die Welt gerne auf *eine* Krise konzentrieren möchte, aber das können wir uns nicht leisten. Das sind keine getrennten Krisen. Die Nahrungskrise und die Finanzkrise sind miteinander verbunden.«

So gibt es denn auch zunehmend Kritik, dass Milliarde um Milliarde in das Finanzsystem gepumpt werde, aber dem WFP immer wieder das Geld ausgeht. Als Josette Sheeran zu Beginn der Fastenzeit 2009 den Papst besuchte, kritisierte sie völlig zu Recht: »Finanzielle Rettungspakete dürfen nicht nur der Wall Street und der Main Street [amerikanisches Synonym für den Durchschnittsbürger; W.H.] zugute kommen, sondern auch den Orten, wo es gar keine Straßen gibt.« Und damit meint sie vor allem die Entwicklungsländer. Sheeran muss sich bei aller Kritik diplomatisch-zurückhaltend äußern, denn sie ist ja auf das Geld der westlichen Geberländer angewiesen.

Doch macht sich unter den Helfenden zunehmend Bitterkeit breit, wenn sie sehen, wie schnell und unbürokratisch während der Finanzkrise Hunderte von Milliarden lockergemacht werden. Sylvia Borren vom *Global Call to Action Against Poverty* klagt: »Wenn man für die Rettung von Banken das Zwanzigfache dessen einsetzt, was man für die Rettung von Menschenleben ausgibt, dann sendet man ein deutliches Signal, was einem wichtiger ist.«

9 Demonstrationen, Migrationen, Explosionen

Hansjörg Strohmeyer sitzt auf der 18. Etage des UN-Hochhauses am East River in New York. Eigentlich ist das die Hochburg der Diplomaten, in der man eine verklausulierte sowie stets rücksichtsvolle Sprache pflegt. Doch Strohmeyer pfeift an diesem frühen Nachmittag auf diplomatische Konventionen. Er redet sich in Rage: »Die Industrieländer können nicht mehr sagen: Das ist uns egal. Nein, das wird ihnen um die Ohren fliegen. Dann werden nicht mehr Tausende nach Gibraltar oder auf die Kanaren kommen, sondern Zehntausende. Und dann wird es Instabilitäten geben.«

Strohmeyer managt bei der UN die *Taskforce on the Global Food Security Crisis*, die es seit Ende April 2008 gibt und direkt UN-Generalsekretär Ban Ki-moon unterstellt ist. Sie beschäftigt sich mit der Ernährungskrise, ihren Ursachen und ihren Folgen. Und eine der möglichen Konsequenzen hat Strohmeyer gerade angedeutet – die Flucht von hungernden Menschen aus dem armen Süden in den reichen Norden. Sollte sich die Ernährungssituation in den Entwicklungsländern weiter verschärfen, drohen Migrationsbewegungen, wie sie die Welt seit der Völkerwanderung nicht mehr gesehen hat.

In den Hauptstädten der westlichen Länder ahnt man inzwischen, was auf sie zukommen könnte. Zunehmend beschäftigen sich deshalb die Planungsstäbe in den Regierungen mit der neuen Situation. Hunger wird dort jetzt nicht mehr nur als humanitäres, sondern zunehmend als Sicherheitsproblem gesehen. »Ernährungssicherheit und globale Stabilität sind eng miteinander verknüpft«, sagt US-Agrarminister Tom Vilsack. Aber nicht nur in Washington fürchtet man Unruhen, die ganze Länder und Regionen destabilisieren und möglicherweise zu Migrationen auf die Wohlstandsinseln des Westens führen könnten.

Die ersten Krawalle gab es bereits im Frühjahr und Sommer 2008. In vielen Ländern kam es wegen der hohen Lebensmittelpreise zu Demonstrationen, die häufig nicht friedlich endeten. Es gab viele Tote und noch mehr Verletzte. Auf der Karibik-Insel Haiti fing es an, wo es der meuternden Menge hungriger Menschen sogar gelang, den Regierungschef aus seinem Palast zu jagen. Gewalttätige Ausschreitungen folgten in vielen afrikanischen Staaten – von Mauretanien bis Südafrika –, aber auch in den südasiatischen Hungernationen Bangladesch und Pakistan.

Bislang tobten die Unruhen innerhalb der Landesgrenzen. Aber das muss nicht so bleiben. Denn es drohen Konflikte, ja möglicherweise sogar Kriege zwischen Staaten. Es wird dabei um zwei elementare Güter gehen, die man zur Nahrungsmittelproduktion braucht: Land und Wasser. Beide sind knapp, beide sind begehrt, beide bergen gewaltiges Konfliktpotential in sich. US-Senator Richard Lugar kann sich »vielleicht sogar Kriege um Nahrungsmittelreserven« vorstellen.

Hinzu kommt der Konfliktstoff Wasser. Von wegen Kriege ums Öl, wie viele Auguren vorhergesagt haben. Nein, »die Kriege des 21. Jahrhunderts werden ums Wasser geführt«, konstatiert die Weltbank. Ohne Öl kann man notfalls (über)leben, aber ohne Wasser nicht. Wasser ist die Quelle unserer Nahrung. Und dieses lebensnotwendige Wasser wird immer knapper. Wer viel davon hat – und das sind die Staaten, die an den Oberläufen mächtiger Flüsse liegen –, wird es mit aller Macht verteidigen. Wer wenig davon hat, wird versuchen, es notfalls mit aller Gewalt zu bekommen.

Während über potentielle Wasserkriege schon viel geredet und geschrieben wurde, sind mögliche Konflikte um Land ein neues, noch wenig beachtetes Phänomen. Aber Ackerland wird ja – wie Wasser – ebenfalls knapper. Viele Staaten wissen nicht mehr, wie sie auf dem wenigen Land immer mehr Menschen ernähren sollen. Deshalb fangen nun viele Staaten an, Ackerland im Ausland zu kaufen. Es sind natürlich nur die reichen Staaten, die sich das leisten können. Es sind die Saudis und die Emirate aus dem ölreichen Mittleren Osten, und es sind die Chinesen, (Süd-)Koreaner und Japaner aus dem Fernen Osten. Sie kauften in den vergangenen Jahren und Monaten mehr oder weniger klammheimlich riesige Flächen in Afrika, Südamerika, Südost-Asien und Zentralasien auf. Dort bauen sie Reis, Getreide und was auch immer an, um die Ernte dann in ihr Land zu schaffen. Die hungernden Einheimischen haben das Nachsehen. Man kann dieses Phänomen durchaus als eine neue Form des Kolonialismus bezeichnen. Und man darf gespannt sein, wie lange die darbende Bevölkerung zusehen wird, wenn ihr zum Beispiel die reichen Saudis und Koreaner vor ihren Augen das täglich Brot stibitzen. Konflikte sind programmiert.

Auf Haiti fing es an

Tagelang dauerten im April 2008 die Unruhen auf Haiti, einem der ärmsten Länder der Welt, an. Der Hunger trieb die Demonstrierenden aus den Armenvierteln vom Rande ins Zentrum der Hauptstadt Port-au-Prince. Auf ihrem Wege dorthin schlossen sich immer mehr Leute an. Sie skandierten dabei einfache und verständliche Parolen wie »Wir haben Hunger«. Die Preise für Lebensmittel waren auf Haiti innerhalb eines Jahres um das Doppelte gestiegen. Viele Haitianer konnten sich nicht einmal mehr Reis, die Basis ihrer Nahrung, leisten. Stattdessen mussten sie sich Lehmkuchen backen, ein ungesundes Gemisch aus Erde und Butter. Weil dieser Kuchen billig ist – er kostet gerade mal einen Cent –, diente er vielen Armen Haitis als einzige Nahrung. Die Demonstrationen eskalierten, es kam zu

Toten, und schließlich stürzte die Regierung von Jacques Edouard Alexis.

Haiti war sicher der extremste Fall, der aber aufzeigte, was passieren kann, wenn sich hungrige Massen formieren, sich aufmachen und auf die Regierungspaläste marschieren. Aber es war bei weitem nicht der einzige Aufruhr protestierender Hungernder. Die Weltbank schätzt, dass es im Laufe des Jahres 2008 in 33 Ländern Unruhen wegen steigender Preise für Lebensmittel (und Energie) gegeben hat.

Vor allem auf dem Hungerkontinent Afrika trieb es die Leute massenhaft auf die Straßen. Kamerun erlebte die schlimmsten Unruhen seit 16 Jahren. Anfang März 2008 kamen dort rund 100 Menschen ums Leben. Im bettelarmen Burkina Faso gab es mehrere Generalstreiks. Die Massen skandierten: »Das Leben ist teuer.« Im senegalesischen Dakar zogen Menschen demonstrativ mit leeren Reissäcken durch die Straßen. Und in Conakry, der Hauptstadt Guineas, riefen die Demonstranten: »Gebt uns billigeren Reis.« Selbst im relativ prosperierenden Südafrika gab es landesweite Streiks, bei denen die Demonstrierenden T-Shirts mit dem Aufdruck *Eat the rich* trugen.

Doch auch in Asien gab es Protest. In Indonesien gingen Zehntausende auf die Straße, weil Tofu und das beliebte Tempeh, ein fermentierter Sojabohnenkuchen, viel zu teuer geworden waren. In Bangladesch streikten Tausende von Textilarbeitern. Es kam zu Straßenschlachten mit der Polizei. Und in Pakistan mussten Soldaten die Lkws, die Weizen und Mehl geladen hatten, bewachen. Es drohte die Gefahr, dass sie von den Hungernden überfallen würden.

Dass allerorten protestiert wurde, lag sicher an den extrem gestiegenen Preisen. Aber es hatte seine Ursache auch darin, dass in bisher nie gekanntem Maße die Bevölkerung in den Städten vom Hunger betroffen war. »Die Leute auf dem Lande leiden still vor sich hin«, schreibt die *Welthungerhilfe* in einer Analyse. Die Städter dagegen neigen schneller zu Demonstrationen,

Streiks und notfalls zu gewalttätigen Ausschreitungen. Sie sind oft ärmer dran als die Menschen auf dem Lande. Letztere können sich wenigstens zum Teil noch selbst versorgen. Die Städter haben diese Möglichkeit nicht. Sie sehen nur die vollen Regale und Marktstände, aber sie können sich die teuren Nahrungsmittel nicht mehr leisten.

Noch ist bislang nur eine Regierung – die von Haiti – Opfer der protestierenden hungrigen Massen geworden. Werden weitere folgen? Kenia ist ein Kandidat. Premier Raila Odinga sagte einst völlig zu Recht: »Ein hungriger Mensch ist ein zorniger Mensch.« Inzwischen sind in seinem Land zehn Millionen Menschen hungrig. Sind sie auch schon zornig? Der andere Kandidat ist Ägypten, wo es wegen der schlechten Ernährungslage auch schon zu Demonstrationen und Streiks kam. Es erscheinen bereits Bücher, die das Land in einer vorrevolutionären Phase wähnen: *The Land of the Pharaohs on the Brink of a Revolution* von dem englischen Autor John Bradley und *The Final Days* des prominenten regimekritischen Journalisten Hamdi Qandil.

Jean Ziegler ist überzeugt, dass eines Tages hungernde Menschen gegen die Regierenden revoltieren werden. »Es ist genauso möglich wie einst die Französische Revolution«, sagt der Schweizer. Oder die Russische, denn auch diese war zum Teil hungergetrieben.

Bislang haben sich die Unruhen innerhalb der Landesgrenzen ausgetobt. Doch dies könnte sich ändern. Konflikte zwischen Nationen sind vorprogrammiert. Der Ministerpräsident von Singapur, Lee Hsien Long, sagte laut *Financial Times*: »Der Wettbewerb um Lebensmittel könnte Streitereien vertiefen sowie Konflikte und Kriege provozieren.«

Vor allem weil die, die Lebensmittel im Überfluss haben, sie horten und als ökonomische Waffe benutzen.

Drohen Lebensmittelkartelle? Vor einer neuen Geopolitik der Nahrung

Ich fahre von Neuseelands Wirtschaftsmetropole Auckland mit der Eisenbahn in die Hauptstadt Wellington. Fast 12 Stunden braucht der Bummel-Zug, den fast nur Touristen benutzen, für die rund 660 Kilometer lange Strecke. Ich brauche keine Schafe zu zählen, um einzuschlafen. Das besorgt schon die Monotonie der vorbeiziehenden Landschaft. Schafe, Bauernhöfe, Kühe, Bauernhöfe, Schafe, Bauernhöfe. Langsam erfahre ich auf diese Weise, dass Neuseeland ein modernes Agrarland mit saftigen Weiden, mildem Klima und viel Wasser ist.

Am nächsten Morgen unterfüttert James Palmer, Planungschef im neuseeländischen Agrarministerium, diese Erkenntnis mit Zahlen. 34 Millionen Schafe, 5,6 Millionen Milchkühe, 4,3 Millionen Rinder weiden auf neuseeländischem Rasen. Stolz sagt Palmer: »Wir können 50 Millionen Menschen ernähren«, also das Zwölffache von Neuseelands Bevölkerung, die derzeit 4,2 Millionen Einwohner beträgt.

Die Welt brauchte viele Neuseelands. Doch die gibt es leider nicht. Im Gegenteil: Es gibt nur wenige Staaten auf dieser Welt, die mehr Nahrung produzieren, als sie im eigenen Land verbrauchen. Das kleine Neuseeland eben, das größere Thailand oder das ganz große Brasilien. Und dazu kommen noch die traditionellen Agrarländer wie die USA, Kanada, Argentinien, Australien und die EU.

Die wichtigsten Agrarmärkte sind deshalb auf der Angebotsseite hochgradig konzentriert. Ein paar wenige Länder dominieren jeweils den Markt. Beim Weizen beherrschen die USA, Kanada, die EU, Russland und Argentinien den Markt, beim Mais sind es USA, Argentinien und Brasilien und bei Reis Thailand, Vietnam, USA, Pakistan und Indien. Diesen wenigen Exportländern steht eine große Zahl von Importländern gegenüber.

Es ist eigentlich eine Konstellation wie auf den Märkten für Öl und Gas, ja fast noch schlimmer. Kann es deshalb zu einer Situation wie auf dem Ölmarkt kommen, wo ein paar wenige Staaten dem Rest der Welt Mengen und Preise diktieren können? Gesellt sich zu der Opec noch eine Ofec – eine *Organization of Food Exporting Countries*? Das scheint auf den ersten Blick abwegig. Doch es sind keine Hirngespinste. Denn die ersten Gedankenspiele in diese Richtung gibt es schon. Zum Beispiel auf dem Reismarkt.

Einen Vorgeschmack, was passieren kann, lieferte die Reiskrise im Sommer 2008. Reis war plötzlich knapp. Panik machte sich breit. Indien stoppte im Oktober 2007 als erstes großes Reisland einen Teil seiner Exporte. Es folgten die beiden größten Exportnationen Thailand und Vietnam, die beide ebenfalls Exportverbote verhängten. Sie wollten den Reis im Lande behalten, um erst einmal die eigene Bevölkerung zu versorgen. Wenn die drei größten Reisproduzenten der Welt ihre Schotten dicht machen, haben viele Importländer – vor allem in Asien – ein Problem.

Kurz räsonnierte der damalige thailändische Handelsminister Mingkwan Saengsuwan gar über ein Reiskartell, einen Zusammenschluss der wichtigsten Reisexporteure. Einen Name hatte die Idee auch schon: *Organisation of Rice Exporting Countries (OREC)*. Die Idee wurde offiziell schnell verworfen. Aber ist sie deshalb tot? Nein, sie wird immer wieder aus der Schublade geholt. Vor allem von den Thais. Sie wollen vor allem die Vietnamesen überreden, gemeinsame Sache (das heißt letztlich: gemeinsame Preise) zu machen. Thailand und Vietnam dominieren den Weltmarkt zu 70 Prozent. Sie hätten die Macht, den Preis zu diktieren. Aber die Vietnamesen sind zögerlich. Ein Grund: die alte Rivalität zwischen den beiden Nachbarn.

Auch die Russen denken gerne in solchen Kartellkategorien. Sie haben ja schon eine Art Gas-Opec (mit Iran und Qatar) initiiert. Warum nicht etwas Vergleichbares auch bei Weizen gründen? Vielleicht zusammen mit den Nachbarn aus dem einstigen Sowjetreich, Ukraine und Kasachstan.

Ob sie tatsächlich Kartelle bilden oder nicht – die (noch) exportierenden Länder sind angesichts zunehmender Lebensmittelverknappung in einer immer mächtigeren Position. Denn sie entscheiden, wie viel sie ans Ausland verkaufen und ob sie überhaupt noch exportieren wollen oder nicht stattdessen die wertvolle Kost lieber im eigenen Land behalten. In diesem Fall können sie einfach Ausfuhrbeschränkungen erlassen. Solche sind nach internationalem Recht nicht verboten, die Welthandelsorganisation WTO kann – anders als bei Einfuhrbeschränkungen – nichts dagegen unternehmen.

Wie leicht und schnell zu dem Mittel des Exportverbots gegriffen werden kann, zeigte sich zu Beginn der Ernährungskrise im Frühsommer 2008. Die WTO zählte in jener Zeit 36 Länder, die von heute auf morgen erklärten, sie gestatteten keine Ausfuhr mehr von Getreide und Reis. Indien zum Beispiel verhängte ein Exportverbot für Reis, weil es ihn zum Konsum im eigenen Land benötigte. Das Nachsehen hatten unter anderen die Golfstaaten, die viel Reis aus Indien beziehen. Ex-Handelsminister Kamal Nath rechtfertigte sich: »Jedes Land muss seine eigene Ernährungssicherheit sichern.« Das ist verständlich.

Aber was passiert, wenn alle Agrarexportnationen so handeln? Wenn das Eigeninteresse und damit der Protektionismus angesichts knapper werdender Lebensmittel weiter zunimmt? Wenn die einen nicht mehr exportieren wollen (weil – wie im Falle Indiens – sie erst einmal die eigene Bevölkerung versorgen müssen) und die anderen nicht können (weil – wie im Falle Australiens – die Produktion durch Dürren permanent dezimiert wird)?

Dann haben viele Länder ein Problem, und zwar die, die viele Agrarrohstoffe importieren müssen. Und das sind die meisten Länder der Erde. Sie werden nirgendwo mehr Weizen, Mais, Soja oder Reis kaufen können oder nur in kleineren Mengen zu horrenden Preisen. Das kann für viele arme Entwicklungsländer zu einer Katastrophe werden, weil sie sich die Importe mangels Geld schlicht nicht mehr leisten können. Aber auch in einigen Staaten der industrialisierten Welt hat man inzwischen Angst vor einem solchen Horrorszenario.

Die Sorgen der Habenichtse

Früher haben sich nur Entwicklungsländer um ihre Ernährungslage Sorgen gemacht. Doch jetzt hat angesichts der globalen Ernährungkrise die Angst auch die Industrieländer ergriffen. Plötzlich stellt man sich dort Fragen, die man sich vorher nie gestellt hat: Woher kommen eigentlich unsere Lebensmittel? Wie viel produzieren wir selbst, was müssen wir importieren, und woher kommen diese Importe – und sind diese sicher?

Die Stichworte in dieser neuen internationalen Diskussion heißen *Food Security* (Ernährungssicherheit) und *Self-Sufficiency Rate* (Selbstversorgungsrate). Es sind zwei Begriffe, die oft nicht trennscharf genug verwendet werden. Ernährungssicherheit bedeutet, dass ein Land in der Lage ist, seine Bevölkerung mit genügend Nahrungsmitteln zu versorgen. Dabei ist es unbedeutend, woher diese kommen – ob aus nationaler Produktion oder aus dem Ausland. Selbstversorgung dagegen meint, dass ein Land quasi autark ist, dass seine Bauern die komplette Bevölkerung mit den nötigen Nahrungsmitteln versorgen können. Die reichen westlichen Länder sind somit alle *food secure*, aber viele von ihnen sind deswegen nicht *self-sufficient*.

Krassestes Beispiel in Europa ist Großbritannien. Auf der Insel macht man sich Sorgen um die Versorgung der knapp 60 Millionen Bewohner. Denn die Briten müssen immer mehr Lebensmittel importieren. Vor 15 Jahren betrug die britische Selbstversorgungsrate noch 80 Prozent, heute sind es nur noch 58 Prozent. Das Königreich ist damit mit Abstand Schlusslicht in der EU. (Zum Vergleich: In Deutschland beträgt die Selbstversorgungsrate 86 Prozent.) Nur elf Prozent seines Obstes, 58 Prozent seines Gemüses und 79 Prozent seiner Kartoffeln produziert Großbritannien noch selbst. »Wir sind zunehmend abhängig von Importen, und das genau zu einer Zeit, in der das weltweite Nahrungsmittelangebot immer knapper wird«, kommentiert *The Guardian* etwas besorgt. Tim Lang, dem führenden britischen Ernährungswissenschaftler, schwant: »Wir rutschen ganz langsam in eine Krise.«

Eine neue Studie des britischen Think Tank *Chatham House* verstärkt die Angst. Eine Ernährungskrise in Großbritannien sei in den kommenden Jahrzehnten nicht undenkbar, heißt es in dessen Papier *Food Futures: Rethinking UK Strategy.* Und weiter: »Großbritannien kann nicht länger davon ausgehen, dass sein Nahrungsmittelnachschub gesichert ist.« Die Autoren sehen die Gefahr, dass der Protektionismus im Agrarbereich weltweit zunimmt und Länder wie Großbritannien, die sehr stark von Importen abhängig sind, vor große Probleme stellt. Vor allem bei Tierfutter (Soja!) sei das Land auf ein paar wenige Anbieter angewiesen. Wenn die nicht mehr liefern können oder wollen, bricht in Großbritannien das Versorgungssystem zusammen. Dann gibt es im Extremfall keine Milch und kein Fleisch mehr.

Hilary Benn, britischer Minister für Umwelt, Ernährung und ländliche Entwicklung, stellte sich auf der traditionellen *Oxford Farming Conference* im Januar 2009 der Diskussion. »Ja, wir könnten mehr Obst und Gemüse anbauen«, sagte er. Mehr aber auch nicht. Dann wurde er grundsätzlich: »Sollen wir Selbstversorgung als nationales Ziel der Politik erklären? Glaubt irgendjemand, dass das eine gute Idee sei?«, fragte er rhetorisch in die Runde der Bauern. Das ist in der Tat nicht machbar. Dafür ist das Land zu klein, zu zugebaut, klimatisch zu benachteiligt. Großbritannien wird deshalb weiter auf Importe angewiesen sein.

Noch schlimmer ist freilich die Lage in Fernost, in Japan und (Süd-)Korea. In beiden Ländern macht man sich große Sorgen um die Nahrungsmittelversorgung. Denn beide asiatischen Industriestaaten müssen sehr viel importieren. Japan hat eine Selbstversorgungsrate von 40 Prozent. Noch viel schlimmer sieht es in Korea aus: Rechnet man den Reis heraus, muss Korea sage und schreibe 95 Prozent seiner Nahrungsmittel im Ausland kaufen. Die niedrige Selbstversorgungsrate »macht das koreanische Nahrungsmittelsystem sehr verwundbar«, sagt mit einem besorgten Unterton Kim Chul-Kyoo, Professor an der *Korea University*. Nur 0,2 Prozent seines konsumierten Weizens und 0,8 Prozent seines Mais baut Korea im eigenen Lande an. Ja, selbst das kulinarische Nationalheiligtum Kimchi (in Chili eingelegter scharfer Kohl) wird in großen Mengen aus China importiert. Das ist eine Abhängigkeit vom Ausland, die den Koreanern, aber auch den Japanern, überhaupt nicht schmeckt.

Beide Länder sehen sich dem immer härter werdenden Wettbewerb auf dem Weltmarkt ausgeliefert. Einer, der deshalb Schlimmes für sein Land befürchtet, ist der Japaner Akio Shibata. Er ist Direktor des *Marubeni Research Institute*, wo ich ihn besuche. Sein Tokioter Büro ist nahe des Regierungsviertels. Das ist praktisch, denn Shibata berät auch die Regierung. Es ist ein äußerst düsteres Bild, das mir Shibata in dem einstündigen Gespräch zeichnet.

In der Vergangenheit sei Japan ein reiches Land mit einem starken Yen gewesen, das kein Problem gehabt habe, Weizen, Mais, Soja oder Fleisch zu kaufen, gleich in welchem Land und egal zu welchem Preis. »Aber nun hat sich das total geändert.« Nun treten plötzlich neue Konkurrenten um die begehrten Agrarprodukte auf: die Chinesen, die Inder, die Russen. Shibata nennt ein Beispiel des brutaler werdenden Futterneides: Es ging um eine große Lieferung von Schweinefleisch aus Brasilien. Japan wollte diese kaufen und gab ein Angebot ab, aber plötzlich überboten russische Einkäufer einfach die Japaner. Die Folge: In Japan stiegen mangels Angebots die Preise für Fleisch. Shibata ist überzeugt, dass solche – er nennt es tatsächlich so – Nachfragekriege um Nahrung zunehmen werden – und dass Japan häufiger zu den Verlierern zählen wird.

Gibt es einen Ausweg?

Reiche Asiaten auf Landkauf

Es scheint ein sehr sensibles Thema zu sein. Meine Anfrage im südkoreanischen Landwirtschaftsministerium wird lange Zeit nicht bearbeitet. Dann kommt nach ein paar Wochen per E-Mail die lapidare Antwort: Nein, ein Besuch im Ministerium sei nicht möglich, man wolle darüber nicht reden. Und zudem habe die koreanische Regierung – so wie ich in meiner Anfrage unterstellt hätte – keine Absicht, Ackerland im Ausland zu kaufen.

Die Wahrheit sieht jedoch etwas anders aus. Denn die Regierung unter Lee Myung-bak, seit Februar 2008 im Amt, forciert angesichts der immer geringer werdenden Selbstversorgungsrate den Kauf von Land jenseits der Grenzen. Mitte Februar 2008 hat die koreanische Regierung extra zu diesem Zwecke ein *Overseas Agricultural Development Forum* etabliert. Es soll nach Ackerflächen im Ausland Ausschau halten. Als Käufer tritt die Regierung aber nicht selbst auf, sie schickt vielmehr die private Wirtschaft des Landes vor. Zum Beispiel Hyundai Heavy Industries, die sich an einer Farm in Sibirien beteiligen. Oder Daewoo Logistics.

Daewoo Logistics will Land auf Madagaskar pachten, rund 13 000 Quadratkilometer, etwa die Hälfte der fruchtbaren Fläche der Insel. Dort sollen Mais und Palmöl angebaut werden, die dann Frachter nach Korea bringen. Unter den Bauern Madagaskars herrscht deshalb große Besorgnis und Unruhe über den

Ausverkauf ihres Landes. Nicht nur, aber auch deswegen kam es zum Jahresbeginn 2009 zu Unruhen mit Toten und schließlich zum Sturz der Regierung von Marc Ravalomanana. Der neue Regierungschef Andrey Rajoelina stoppte sofort den Pacht-Plan mit Daewoo. Die dadurch aufgeschreckte Firma Daewoo Logistics habe die Pläne vorerst zurückgestellt, gab Shin Ding Hyun, Leiter des Projekts, bekannt. Aber er sagt auch trotzig: »Wir wollen das Projekt weiterverfolgen, egal ob die Regierung gewechselt hat oder nicht.«

Aber nicht nur Daewoo, viele andere koreanische Konzerne sind auf der Suche nach Land. Korea verfolgt damit eine ähnliche Strategie wie die Japaner und die Chinesen: Die Regierung gibt die Richtung vor und erteilt die Marschbefehle, hält sich aber aus den Käufen vor Ort unmittelbar raus. Dazu schickt sie die heimischen Konzerne an die Front, am liebsten die großen Handelshäuser, die viel Erfahrung in globalen Geschäften haben. So kaufte der japanische Mischkonzern Mitsui im November 2007 rund 100000 Hektar Farmland in Brasilien, um dort Soja zu produzieren.

Generalstabmäßig gehen die Chinesen vor. In der ersten Hälfte 2008 erarbeitete das Landwirtschaftsministerium einen Plan, in dem es fünf ausgewählte staatliche Firmen anwies, Agrarland im Ausland zu pachten oder zu kaufen. Fünf Regionen nahmen die Pekinger Bürokraten ins Visier: Zentralasien, Russland, Afrika, Südostasien und Südamerika. »China muss ins Ausland gehen, denn unsere Landressourcen sind begrenzt«, begründete Jiang Wenlai vom *China Agricultural Science Institute* laut *Financial Times* diese Strategie.

Nach einer detaillierten Analyse der Nichtregierungsorganisation *Grain* haben chinesische Unternehmen und staatliche Institutionen seit 2007 schon zwei Millionen Hektar Ackerland im Ausland gekauft oder gepachtet, von Kasachstan bis Queensland (Australien), von Mosambik bis zu den Philippinen. Schon seit längerem haben sich Chinesen auf Großfarmen in Sambia niedergelassen. In Uganda hat die Regierung 400 chinesischen Bauern rund 4000 ha Ackerland zur Verfügung gestellt. Die Chinesen fliegen ihre Farmer sowie Wissenschaftler ein und Reis, Soja und Mais wieder aus.

Doch die Asiaten sind nicht die Einzigen, die weltweit auf Landkauf gehen.

Wenn die Ölscheichs kommen

Saudi-Arabien ist ein reiches Land. Es hat viel Öl und entsprechend viel Geld. Saudi-Arabien ist ein armes Land. Es hat über 26 Millionen Einwohner, aber es kann im eigenen Land bei weitem nicht so viele Nahrungsmittel anbauen, um auch nur annähernd seine Bevölkerung zu ernähren. Die meisten Lebensmittel müssen die Saudis deshalb importieren.

Denn Saudi-Arabien ist ein Wüstenstaat. Reichen Anschauungssunterricht geben mir die beiden Flüge von Abu Dhabi nach Kairo und zurück, die fast ausschließlich über saudisches Territorium führten. Über drei Stunden karges Land. Ich sehe nur gelblichen Sand, endlose Wüste und nacktes Gebirge, nichts Grünes, nichts, was auch nur annähernd nach Ackerland aussieht, nichts Blaues, was auf Flüsse oder Seen hindeuten könnte.

Zwar hat Saudi-Arabien in den 70er Jahren ehrgeizige Programme gestartet, um sich besser selbst versorgen zu können. Der Wüste wurde einiges Ackerland abgerungen, und es wurde äußerst kostenintensiv bewässert. Aber diesen Luxus will sich das Königreich nun nicht mehr leisten. Abdullah-al-Obaid, der stellvertretende Agrarminister, sagte laut *Financial Times*: »Hier gibt es keine Flüsse, keine Seen und sehr wenig Niederschläge, die nie und nimmer für eine Landwirtschaft ausreichen. Das ist wirklich eine kritische Situation.«

Im Frühjahr 2008 hat die Regierung deshalb beschlossen,

den hochsubventionierten Weizenanbau sukzessive einzustellen. 2016 soll damit ganz Schluss sein. Aber was dann? Zum einen: Weizen importieren, noch mehr als bisher. Die saudische Regierung hat sich aber noch für eine andere Option entschieden: Ackerland im Ausland zu kaufen.

So erkundigte sich sehr intensiv der saudische Botschafter in Brasilien nach neuem Land, eine saudische Delegation schaute sich auch schon nach Reisfeldern in Thailand um, und eine saudische Investorengruppe wurde bereits fündig: Sie kaufte für 4,3 Milliarden US-Dollar in Indonesien 500 000 Hektar Land zum Reisanbau. Und im Frühjahr 2009 gründeten die Saudis eigens ein Staatsunternehmen für Landkäufe im Ausland und statteten dieses mit einem großzügigen Startkapital von 800 Millionen Dollar aus.

Fast alle reichen Golf- und Ölstaaten sind ebenfalls aktiv. Bahrain, Kuwait, Libyen, Qatar und die Vereinigten Arabischen Emirate sind weltweit auf der Suche nach Ackerland. Unter der Führung des *Gulf Cooperation Council (GCC)* hat man bereits eine gemeinsame Strategie formuliert. Bevorzugte Ziele: die islamischen Bruderstaaten Sudan und Pakistan, aber auch einige südostasiatische Länder, die der moslemischen Welt wohlgesonnen sind.

Der einflussreiche Think Tank *Gulf Research Center* in Dubai empfiehlt aber in einer Studie, sich nicht nur auf diese Länder zu konzentrieren. Die Forscher raten: »Investitionen in entwickelte Agrarmärkten wie Europa und Lateinamerika könnten eine sicherere Bank sein und eine notwendige regionale Diversifikation.« Wir können also damit rechnen, dass die reichen Araber auch in Europa, und dort vor allem im Osten, als Feld-und-Wiesen-Aufkäufer auftreten werden.

Doch dort stoßen sie freilich auf weitere Interessenten.

Nadelstreifen und Gummistiefel

Neben den staatlichen Aufkäufern aus dem Nahen und Fernen Osten ist in den letzten Monaten eine neue Spezies als Käufer von Ackerland aufgetreten. Männer in Nadelstreifen, die vorher nur naserümpfend, wenn überhaupt, über die Landwirtschaft redeten. Nun wittern sie das große Geschäft. Banker und reiche Privatleute aus aller Welt entdeckten plötzlich den Wert der Ackerkrume.

Millionäre und Milliardäre sind permanent auf der Suche nach renditeträchtigen Anlagen. Am liebsten kaufen sie Objekte ein, die günstig im Preis sind, aber eine hohe Wertsteigerung versprechen. Und genau dies ist bei Ackerland der Fall. Der Wirtschaftsjournalist Henrik Müller schreibt in seinem Buch *Die sieben Knappheiten*: »Jahrzehntelang gab es einen Überschuss an Land. Boden verlor an Wert und Wertschätzung. In den kommenden Jahrzehnten wird sich diese Entwicklung umkehren. Boden wird knapp. Die Preise für Äcker und Felder steigen an.«

Natürlich hat sich in den feinen Kreisen längst herumgesprochen, dass Ackerland weltweit knapp wird. Deshalb schwärmen die Investoren in alle Welt aus. »Während des ganzen Jahres 2008 hat eine Armee von Investmenthäusern, Private Equity Fonds, Hedgefunds und Ähnlichen Farmland in der ganzen Welt aufgekauft«, berichtet die NGO *Grain* in ihrer Studie *Seized! The 2008 Landgrab for Food and Financial Security.*

Doch nicht überall wurden sie trotz ihrer Millionen fündig. Der argentinische Makler Sebastian Bullrich erzählt von reichen Investoren aus den USA und Europa, die ihm die Türen seines Büros in der Innenstadt von Buenos Aires einrennen. »So etwas habe ich noch nie erlebt«, sagt Bullrich. Er könnte die Deals seines Lebens machen. Das Problem ist nur: Kein argentinischer Landbesitzer will verkaufen. Sie warten ab und spekulieren. Sie glauben, dass ihr Land noch wertvoller werden könnte. Und sie liegen mit dieser Einschätzung sicher nicht falsch.

Während Investoren in Argentinien abblitzten, war der Osten Europas für die Millionen aus dem Westen empfänglicher. So kauften Firmen wie Black Earth Farming aus Schweden, Heartland Farms (Großbritannien) und Trigon Agri (Dänemark) in größerem Umfang Äcker in Russland. Die amerikanische Investmentbank Morgan Stanley schnappte sich – allerdings vor der Bankenkrise! – 40 000 Hektar in der Ukraine, die russische Investmentfirma Renaissance Capital gar 300 000 Hektar.

Der bislang größte Deal einer Privatperson gelang dem US-Geschäftsmann und Ex-Wall-Street-Banker Philippe Heilberg. Er kaufte im Süden des Sudans Pachtrechte für 400 000 Hektar Land. Offenbar war es ihm gleichgültig, dass der Verkäufer Gabriel Matip ein landesweit bekannter Warlord war. Und dass solche Geschäfte einen Hautgout haben, nämlich den des Neokolonialismus, dürfte den reichen Mann aus Manhattan auch wenig kümmern.

Kolonialismus in neuem Gewand

Phnom Penh ist eine Stadt voller Widersprüche. Ich fahre mit Christina Warning von der *Welthungerhilfe* durch die Straßen der kambodschanischen Hauptstadt. »Sind Ihnen hier schon die vielen SUVs aufgefallen?«, fragt sie. Nein, sage ich, weil mein Blick bislang eher auf die ärmlichen Menschen am Rande der Straße gerichtet war. Aber sie hat recht. Als ich mein Augenmerk fortan auf den Straßenverkehr konzentriere, sehe ich viele, sehr viele Lexus. Man sollte Toyota-Händler in Kambodscha sein.

Hier gibt es offensichtlich viele reiche Leute, die sich solche teuren Gefährte leisten können. Aber wie sind sie in diesem armen Land so reich geworden? Meist durch illegale, halbseidene

Geschäfte. In Kambodscha herrscht eine reichlich korrupte Regierung um Hun Sen, die sich mit internationaler Hilfe ein demokratisches Deckmäntelchen übergeworfen hat. Das Regime und seine Mittelsmänner betreiben einen Ausverkauf des Landes. *Country for Sale* titelt deshalb die NGO *Global Witness* ihren Report über die Machenschaften des Hun-Sen-Regimes. Zum Verkauf stehen: Rohstoffe und Ackerland.

In Kambodscha ist es ein offenes Geheimnis, aber keiner will es in Phnom Penh bestätigen: Die Kuwaitis hätten hier Ackerland gekauft. Rund 600 Millionen Dollar sollen beim Kuwait-Deal geflossen sein – in die Kassen der korrupten Eliten und deren Helfershelfer. Und auch die Qataris seien am Sondieren, heißt es.

Gleichzeitig kratzt das *World Food Programme* (WFP) 25 Millionen Dollar zuammen, um der hungernden und notleidenden Bevölkerung Kambodschas zu helfen. Wie passt das zusammen? Kambodscha ist sicher eines der krassesten Beispiele, wie eine Regierung gegen die Interessen ihres Volkes handelt. Aber Kambodscha ist nicht das einzige Land.

Auch im Sudan laufen ähnlich dunkle Geschäfte ab. In diesem krisengeschüttelten Land – man mag es kaum glauben – stehen die Interessenten für Ackerland Schlange. »Jeder, der in den Sudan kommt, will hier in die Landwirtschaft investieren. Wir werden der Nachfrage gar nicht mehr Herr«, sagt Abdalla Elhag Mohamed, Direktor im Investitionsministerium gegenüber der *Financial Times*. Die meisten Interessenten kämen aus dem Nahen Osten, aber auch sehr viele aus China, Indien und Malaysia.

Der Sudan ist das größte Land Afrikas. Er verfügt über viele ungenutzte Flächen, viele billige Arbeitskräfte – und vor allem Wasser am Oberlauf des blauen Nils. Die reichen Araber bringen das Geld, die Bodenspezialisten und die 200 000-Dollar-Traktoren. Wie zum Beispiel in der Nähe der Stadt Ed Damer, wo die Saudis ein 200-Millionen-Dollar-Projekt hinstellen.

Doch diese Invasion der neureichen Ackerkäufer ist eine nicht ungefährliche Entwicklung. Denn es stellt sich die Frage: Lässt sich die arme Bevölkerung in Kambodscha, Pakistan oder im Sudan gefallen, dass sie Hunger leiden muss, während auf den Äckern in ihren Ländern Lebensmittel für reiche Araber und Asiaten gedeihen? Da sind Konflikte programmiert. Siehe Madagaskar.

Die Herrschenden (und Kassierenden) geraten in Erklärungs-Notstand: Wie will zum Beispiel die Regierung von Mali seiner hungerleidenden Bevölkerung erklären, dass das afrikanische Land, das einen Großteil seines Reises importieren muss, beste Reisfelder an den libyschen Investmentfonds *Libya Africa Investment Portfolio (LAP)* verpachtet hat?

Gerne erzählen die ausländischen Pächter oder Aufkäufer, dass sie nur Gutes im Schilde führten. Sie würden ja Knowhow mitbringen, Infrastruktur aufbauen und Einheimische beschäftigen. Doch diese »Rhetorik des Win-win-Deals« (*Grain*) sind meist wirklich nur Lippenbekenntnisse. Was bleibt einem armen kambodschanischen Bauern, dem vorher die eigene Regierung das Land weggenommen hat, anderes übrig, als seine Arbeitskraft anzubieten – und zwar zu einem Hungerlohn? Er hat keine Alternative, das wissen die neuen Herren und drücken entsprechend die Löhne.

Außerdem befürchten viele Nichtregierungsorganisationen, dass die Pächter während ihrer Pachtzeit alles aus dem Boden herausholen, was dieser hergibt, und danach eine Erde hinterlassen, auf der man nichts mehr anbauen kann. Für den Inder Devinderm Shara, Präsident des *Forums für Biotechnologie und Nahrungssicherheit* in Neu-Delhi, ist das »eine neue Form des Kolonialismus«. Früher haben die alten Kolonialmächte die Bodenschätze ausgebeutet, jetzt wiederholen die neuen Kolonialmächte es mit dem Boden.

Die globalen Kämpfe ums Ackerland werden zunehmen. Die ums Wasser freilich auch.

Kriege ums Wasser

Der damalige UN-Generalsekretär Boutros Boutros-Ghali war Ende der 80er Jahre einer der Ersten, der weitsichtig bemerkte: Ja, er könne sich durchaus vorstellen, dass es zukünftig Konflikte oder gar Kriege um Wasser geben könnte. Damals nahm das keiner so richtig ernst. Damals dachte man eher an Kriege um Öl. Aber militärische Auseinandersetzungen um Wasser?

Inzwischen ist bei vielen die Botschaft angekommen. Der Sozialpsychologie und Buchautor Harald Welzer (*Klimakriege*) prophezeit: »Gewaltkonflikte um banale Rohstoffe wie Wasser werden in Zukunft in erheblichem Umfange zunehmen – 2050 werden zwei Milliarden Menschen unter Wasserknappheit leiden.« Und die Vereinten Nationen haben in der Welt bereits rund 300 Zonen ausfindig gemacht, wo es Konflikte ums Wasser geben könnte.

Es werden Auseinandersetzungen auf verschiedenen Ebenen und die Kontrahenten sehr unterschiedlich sein. Aber immer und besonders hart wird es die Bauern treffen. Denn sie sind die größten Verbraucher von Wasser. »Die Konflikte werden zunehmend zwischen den Nomaden und den Bauern, zwischen den Bauern und den Städtern und zwischen denen an den Oberläufen der Flüsse und denen an den Unterläufen ausgetragen werden«, schreibt das *International Water Management Institute (IWMI)*.

Vor allem die innerstaatlichen Verteilungskämpfe werden heftiger werden. Beispiel Spanien: Murcia, eine eher arme Agrarregion im Südosten des Landes, erlebte in den vergangenen Jahren einen Bauboom bei Feriensiedlungen. Deren Bewohner benötigen Wasser, aber die Bauern auch. Nun kämpfen beide um die kostbare Ressource, für die es inzwischen einen florierenden Schwarzmarkt gibt.

Doch am deutlichsten ist der Showdown zwischen Farmern und restlicher Bevölkerung in den USA zu spüren, vor allem im Südwesten des Landes. Dort kaufen städtische Wasserwerke zunehmend Farmen und Ranches auf, um an deren Wasserrechte zu gelangen. Zudem kommt es zwischen den Anrainerstaaten des Colorado River regelmäßig zu heftigen Streitereien, wer wie viel dem Fluss entnehmen darf.

Das wird künftig eine entscheidende Frage sein: Wer bekommt wie viel Wasser? Um das kostbare Nass buhlen die Bauern, die Firmen und die Verbraucher. Für alle wird es nicht reichen, also müssen Prioritäten gesetzt werden. Nestlé-Verwaltungsratschef Peter Brabeck-Letmathe und Davos-Forum-Gründer Klaus Schwab – beide sehr bemüht, das Wasser-Thema auf die globale Agenda zu setzen – prophezeien: »In den Kornkammern der Welt steuern wir auf schmerzliche Kompromisse oder gar Konflikte zu. Sollen die Bewohner der Einzugsgebiete großer Flüsse das knappe Wasser für die Landwirtschaft, die Treibstoffherstellung, den Konsum und die Wasserversorgung der Städte oder für das industrielle Wachstum verwenden? Welchen Verteilerschlüssel wenden wir an? Diesen schwierigen Fragen müssen wir uns stellen.« Es sieht nicht danach aus, als ob die Behörden und Regierungen darauf bereits Antworten hätten, schließlich haben manche von ihnen gerade erst realisiert, dass wir überhaupt mit dem Problem der Wasserknappheit konfrontiert sind.

Neben diesen innerstaatlichen Konflikten drohen auch internationale Auseinandersetzungen ums Wasser – mit noch viel höherem Gewaltpotential. Es herrscht Angst, dass Länder, die am Oberlauf der Flüsse sitzen, den anderen am Unterlauf buchstäblich das Wasser abgraben. Solche Ängste hört man in Ägypten, dessen spärliche Landwirtschaft fast vollständig auf das Wasser des Nils angewiesen ist. Zehn Länder leben am und vom rund 6700 Kilometer langen Nil, 160 Millionen hängen sozusagen an seinem Tropf.

Man hört die Ängste auch in Bangladesch, das 90 Prozent seines Wassers aus dem Ganges erhält. Und der fließt größtenteils durch Indien, das mit Hilfe von Staudämmen das Wasser im eigenen Lande behalten will. Und man hat vor allem in Pakistan große Angst. Das Land und seine Landwirtschaft sind auf das Wasser des Indus angewiesen, der allerdings im indischen Feindesland, im dortigen Himalaya, entspringt. Indien könnte Pakistan austrocknen. Ein Horror-Szenario. Beide Staaten besitzen Atomwaffen. Autor Fred Pearce (*When the Rivers Run Dry*) sorgt sich deshalb: »Es könnte der erste Atomkrieg wegen Wasser sein.«

Klassisches Beispiel, wie man es nicht machen sollte, ist die Türkei. Das Land hat das große Glück, dass innerhalb seiner Grenzen sowohl der Euphrat als auch der Tigris entspringen. Seit 1990 baut die Türkei fleißig Dämme, erst den mächtigen Atatürk-Damm und anschließend weitere 22 große Dämme im Rahmen ihres ehrgeizigen Südost-Anatolien-Projekts. Dadurch können 1,7 Millionen Hektar Land in der Türkei bewässert werden. Doch die Nachbarländer Irak und Syrien sind die großen Verlierer. Wenn die beiden Flüsse bei ihnen angekommen, sind sie nur noch Rinnsale.

Welches Konfliktpotential sich an den großen Flüssen der Welt birgt, offenbart folgende Zahl: 254 größere Flussbecken werden von zwei oder mehr Ländern geteilt. Einige sogar von sechs oder noch mehr Ländern: Donau, Kongo, Niger, Nil, Rhein, Sambesi, Amazonas, Ganges, Brahmaputra, Jordan und Mekong. Da sind viele Konflikte programmiert. Denn der Kampf ums Wasser hat gerade erst begonnen.

Marsch auf die Wohlstandsinseln

Zu Beginn der 90er Jahre produzierte die BBC ein Dokudrama mit dem Titel *The March*, in dem Hunderttausende von Afrikanern auf der Flucht vor dem Hunger Richtung Norden strömten, was in Europa Panik auslöste. Was damals wie Science-Fiction aussah, könnte in den nächsten Jahren Realität werden.

Von ersten Vorboten dieser Entwicklung lesen wir inzwischen fast täglich in der Zeitung. Völlig überfüllte Schiffe stranden auf den spanischen Kanaren oder auf der italienischen Insel Lampedusa, den beiden südlichsten Einfallstoren der Festung EU. Ihre Fracht sind arme Menschen aus Afrika. Es sind nicht die ganz Armen, die diese lebensgefährliche Schiffspassage auf sich nehmen. Es sind vielmehr die fittesten jungen Männer aus den Familien und Stammesclans, die auf die Reise ins vermeintliche europäische Paradies geschickt werden. Für deren relativ teure Passage, organisiert von skrupellosen Menschenhändlern, haben alle im Clan zusammengelegt in der Hoffnung, dass sich die »Investition« auszahlt und dass ihr Mann, wenn er durchkommt, sie mit Überweisungen aus Europa versorgt.

Die EU ist nicht unschuldig an diesem Flüchtlingsstrom. Denn Hightech-Boote aus der EU fischen vor der westafrikanischen Küste die Bestände leer und rauben damit den heimischen Fischern die Existenzgrundlage. In ihrer finanziellen Not flüchten diese mit ihren kleinen Booten Richtung Europa. Oft ist jedoch schlicht der Hunger in den Heimatländern das Motiv, warum sich Menschen aus Afrika auf diesen lebensgefährlichen Weg begeben. Wenn es in Zukunft mehr Hungernde geben wird, wird auch die Zahl der Flüchtlinge steigen. Der Klimawandel wird diese Entwicklung noch beschleunigen. Zu den Hunger- kommen dann noch die Umweltflüchtlinge. Auseinanderdividieren lässt sich das dann nicht mehr. Alles Elend hängt zusammen.

Die EU nimmt dieses Problem inzwischen sehr ernst. In einem im Frühjahr 2008 für den EU-Gipfel erstellten Papier mit dem Titel *Klimawandel und internationale Sicherheit* wird der Klimawandel erstmals als Bedrohung für Europas Interessen eingestuft. Darin werden mögliche Konflikte um Ressourcen wie Land und Wasser beschrieben. Als Folgen käme es zu Flüchtlingsströmen Richtung Europa, und zwar in einer bedeutenden Größenordnung: »Millionen im Jahre 2020.« Wegen der Nähe zu Nordafrika und dem Mittleren Osten wäre der Druck auf die nahe EU besonders groß.

Doch diese höchst problematischen Fragen beschäftigen nicht nur die EU. Auch in den USA sorgen sich Politiker und Bürokraten in den einschlägigen Ministerien, dass über die Grenze im Süden immer mehr Flüchtlinge aus Mittelamerika oder anderen Regionen strömen werden. Harald Welzer schreibt: »Hunger und Wasserprobleme werden für einen kaum abschätzbaren Druck auf die Grenzen der Wohlstandsinseln Westeuropa und Nordamerika sorgen.«

Potentielle Flüchtlinge sind vor allem die Millionen Menschen, die an den Küsten heimisch sind. Rund 12 Prozent der städtischen Bevölkerung in Afrika und 18 Prozent in Asien leben in niedrigen Küstenzonen und sind damit in großer Gefahr, durch Überschwemmungen infolge des steigenden Meereswasserspiegels Haus und Hof oder Hab und Gut zu verlieren. Über 150 Millionen Menschen könnten sich bis 2050 – so ein Bericht des *Institute for Environment and Human Security* in Bonn – auf die Flucht begeben.

Sie werden erst einmal in höher gelegene Gebiete im eigenen Land fliehen, sofern vorhanden. Im flachen Bangladesch zum Beispiel gibt es solche Fluchtpunkte nicht. Bangladeschis werden deshalb in Nachbarstaaten wie Indien und Myanmar oder im muslimischen Bruderland Pakistan Zuflucht suchen. Aber dort werden sie sicher nicht mit offenen Armen empfangen, sondern eher mit brüsker Zurückweisung. Denn diese Länder haben Probleme genug. Flüchtlinge verschärfen diese nur noch und könnten letztendlich das ganze Land destabilisieren.

Gefundenes Fressen für Extremisten

Madrassen heißen die Koranschulen, wo Kinder unterrichtet werden – und kostenloses Essen bekommen. Vor allem deswegen schicken immer mehr Eltern in islamischen Ländern ihre Kinder auf die religiösen statt auf öffentliche Schulen. Nobelpreisträger Muhammad Yunus aus dem moslemischen Bangladesch sagt in einem *Spiegel*-Gespräch: »Kinder in den Koranschulen sind Kinder aus extrem armen Familien. Väter schicken dort ihre Söhne hin, damit sie Essen bekommen, beaufsichtigt, religiös geschult und geleitet werden. So wird religiöser Fanatismus unter den Armen gezüchtet.«

Zulauf haben die Koranschulen in Ländern wie Jordanien, Syrien, Afghanistan und Pakistan. In Jordanien bieten soziale Servicecenter der islamischen Aktionsfront Brot und anderes Essen an. »Normalerweise haben wir ein paar Leute gewonnen, aber auch ein paar verloren. Aber nun können wir sie alle für uns gewinnen«, sagt Zaki Bani Irshid, Führer der islamischen Aktionsfront, dem politischen Arm der Moslembruderschaft in Jordanien, gegenüber der *Los Angeles Times.*

Im schlimmsten Falle treibt der Hunger die Menschen in die Arme extremistischer Gruppen, denn allzu oft dienen die Madrassen als Basislager für den Aufstieg zum Terroristen. In Afghanistan zum Beispiel, wo die Ernährungssituation besonders angespannt ist, viele Familien sich kein Brot mehr leisten können und nur noch von Kartoffeln oder Okra leben. Das ist ein gefundenes Fressen für die Taliban. »Die Terroristen nutzen diese Situation so gut wie möglich aus«, sagt der afghanische Handelsminister Muhammad Amin Farhang laut *Chicago Tribune.*

Hunger hat also auch eine politische Dimension. Er kann ganze Länder und Regionen destabilisieren, demokratische Staaten ins Wanken bringen sowie letztlich den Terrorismus fördern.

Pakistan ist ein Paradebeispiel für ein solches Katastrophenszenario. Hier leben rund 170 Millionen Menschen. Viele davon sind hungrig. Viele von ihnen müssen über die Hälfte ihres Einkommens für Nahrung ausgeben. Preissprünge bei Lebensmitteln wie Weizen (+26 Prozent) und Basmatireis (+51 Prozent) bringen das Volk in Rage. Die Regierung musste deshalb 2008 wieder Lebensmittelkarten einführen, um die aufgebrachte Bevölkerung zu besänftigen. Und das Militär musste Lastwagen mit Weizen eskortieren, um sie vor Plünderungen zu schützen.

In Pakistan kommt vieles zusammen: Hunger, eine korrupte Regierung, militante Islamisten, Terroristen, Streit mit dem indischen Nachbarn – das ist ein hochexplosives Gemisch. Eine Hungerkatastrophe kann sich das Land nicht leisten, denn sonst glimmt die Lunte am Pulverfass Pakistan.

In vielen Organisationen und Think Tanks der westlichen Welt befasst man sich nun mit diesem Thema und nimmt es ernst, sehr ernst sogar. Es sind interessanterweise vor allem die Militärstrategen und nicht die Bürokraten in den Agrarministerien, die sich Sorgen um die künftige Nahrungsmittelversorgung machen. Vor allem in den USA, der nach wie vor führenden Weltmacht, sieht man große Gefahren. Denn viele der vom Hunger betroffenen Länder – Ägypten, Indonesien und die beiden Atommächte Indien und Pakistan – sind von bedeutendem strategischem Interesse für die USA.

Thomas Friedman zitiert in seinem Buch *Hot, Flat and Crowded* den CIA-Chef Michael V. Hayden, der sagt, dass der besorgniserregendste Trend nicht der Terrorismus sei, sondern die Bevölkerungsentwicklung. Der Geheimdienstchef fürchtet: »Es gibt viele arme Staaten, deren politische Situation schon heute sehr fragil ist und wo die Bevölkerung sehr schnell wächst. Afghanistan, Liberia, Niger, der Kongo – all diese Länder haben einen hohen Anteil junger Leute. Wenn diese nicht genügend zu essen bekommen, kann das zu Gewalt, Bürgerkriegen und Extremismus führen.«

Auch in Europa und Deutschland erkennt man das Problem. In einem sechsseitigen Papier, das eine interministerielle Arbeitsgruppe Bundeskanzlerin Angela Merkel für den G8-Gipfel in

Japan im Juni 2008 mitgegeben hat, heißt es: »Nahrungsmangel und Konflikte über die Kontrolle der Ressourcen können die Demokratisierung gefährden, Staaten destabilisieren und sich zu internationalen Sicherheitsproblemen auswachsen.«

Interessant ist hier der Hinweis auf mögliche Konflikte wegen Ressourcen. Damit sind vor allem Wasser und Land gemeint.

Der *Center for Naval Analyses (CNA)*, ein Think Tank der US-Marine, rechnet zunehmend mit Konflikten um das weltweit knapper werdende Agrarland. In einem Bericht identifizierten die Verfasser, fast nur Admiräle und Generäle, sage und schreibe 46 Länder mit hohem Risiko, dass dort bewaffnete Konflikte um Ackerland ausbrechen könnten.

Viele dieser Länder liegen in Afrika. Die Gefahr wird dort inzwischen erkannt. So sagte Äthiopiens Ministerpräsident Meles Zenawi beim afrikanischen Gipfeltreffen 2009 in Addis Abeba, dass im nächsten Jahrzehnt die Hälfte aller afrikanischen Staaten zusammenbrechen könnte, wenn das Hungerproblem dort nicht gelöst werde. Der ganze Kontinent könnte dann im Chaos versinken.

10 Unerschütterlicher Optimismus

Einmal im Jahr – immer um den Welternährungstag am 16. Oktober herum – trifft sich die Elite der Agrarwissenschaftler aus aller Welt in einer kleinen Stadt im amerikanischen Mittleren Westen, und zwar in Des Moines, der Hauptstadt des Bundesstaates Iowa. Dann weht für drei Tage ein Hauch von internationalem Flair durch diese verschlafene Provinzmetropole.

So war es auch beim Treffen im Oktober 2008. Das Motto des Symposiums war diesmal sehr zeitgemäß: *Confronting Crisis*. Also: Wie können wir der Ernährungskrise begegnen? Dass es eine gibt – darüber waren sich fast alle Redner und Diskutanten einig. Und ebenso waren sie sich einig, dass es auch einen Weg und nur einen Weg aus der Krise gibt: eine Steigerung der Produktion, das heißt vor allem höhere Produktivität. Es muss also mehr aus jedem Quadratmeter Acker herausgeholt werden. Und wie kann man das schaffen? Durch einen festen Glauben an die Segnungen der Technologie. Und natürlich durch viel Geld, durch Milliardeninvestitionen in die landwirtschaftliche Forschung.

Die Agrarforschung ist – das ist gar keine Frage – in den vergangenen 15, 20 Jahren extrem vernachlässigt worden. Industrieländer wie internationale Organisationen gaben dafür immer weniger Geld aus. Und auch bei der Entwicklungshilfe spielte die Landwirtschaft eine immer unbedeutendere Rolle. Im Westen glaubte man angesichts der Milchseen und Fleischberge, man habe die Zeiten der Knappheiten überwunden und hielt deshalb Investitionen in die Landwirtschaft für unnötig. Das war ein Trugschluss. Die Ernährungskrise machte schlagartig deutlich, wie fragil das globale Nahrungsmittelsystem ist und wie wenig Angebot und Nachfrage im Gleichgewicht sind.

Um das Angebot zu steigern, rufen jetzt viele Verantwortliche in Politik und Wissenschaft nach massiven Investitionen in die Agrarforschung, um zum Beispiel ertragsreichere Nutzpflanzen zu kreieren. Sie setzen dabei auf eine zweite grüne Revolution. Sie träumen von einer Wiederholung der ersten, die in den 60er und 70er Jahren vor allem in Asien und Lateinamerika (nicht jedoch in Afrika) satte Ertragszuwächse bei Reis und Weizen brachte, aber auch – wie sich im Nachhinein herausgestellt hat – durch Überdüngung der Böden und enormen Wassereinsatz gravierende Umweltschäden zur Folge hatte.

Kann eine zweite grüne Revolution, die diese ökologischen Folgeschäden vermeidet, gelingen? Bislang ist das nur eine Hoffnung, die vor allem die technologiegläubigen Amerikaner hegen. Sie sind fest davon überzeugt, dass es durch Innovationen gelingen wird, die Nahrungsmittelproduktion kräftig zu erhöhen. Darunter sind auf den ersten Blick verrückte Ideen wie *vertical farming* oder Kunstfleisch, aber unter Innovationen verstehen die Amerikaner vor allem den Einsatz von Gentechnik – im Gegensatz zu den skeptischen Europäern. Können wir uns aber angesichts zunehmender Hungersnot in der Welt leisten, auf grüne Gentechnik zu verzichten? Zumindest der Diskussion dieser Frage müssen sich die Europäer stellen. In anderen Ländern – neben den USA ist das vor allem China – ist die Frage längst beantwortet. China setzt unberirrt auf genveränderte Nahrungsmittel, denn das Land muss bald 1,5 Milliarden Menschen ernähren.

Ohne Genfood werde es wohl kaum gelingen, die bald neun Milliarden Menschen ausreichend zu ernähren – das war die Botschaft auch in Des Moines, wo die ganze Anhängerschar des Fortschrittsglaubens vertreten war: die Biotechkonzerne, die immer mächtiger werdenden Stiftungen, die Forscher und die Politiker. Kritische Geister waren nicht geladen.

Der Namengeber des seit 1986 stattfindenden jährlichen Treffens ist übrigens Norman Borlaug. Der Amerikaner war dieses

Mal nicht in Des Moines (er lag krank zu Hause in Dallas), aber sein Geist schwebte durch den Saal des Marriott Hotels. Kein Name fiel so oft wie der von Norman Borlaug.

Wer war dieser Mann, der 1970 den Friedensnobelpreis erhielt?

Die grüne Revolution

Am 25. März 2009 ist Norman Borlaug 95 Jahre alt geworden. Normalerweise feiert man in diesem Alter in kleinem Familienkreise und ist am Abend froh, wenn der Rummel vorbei ist und die Gratulanten wieder aus dem Haus sind. Aber was macht der greise Weise Norman Borlaug? Er lädt zu einem technischen Workshop ein. Thema: Die Gefahren des Schwarzrostpilzes für den globalen Weizenanbau. Ort des Geschehens: das mexikanische Ciudad Obregón.

Es ist der Ort, wo vor über sechzig Jahren die ruhmreiche Karriere des Norman Borlaug begann. Mitte der 40er Jahre kam der Pflanzenforscher aus dem amerikanischen Minnesota mit Unterstützung der Rockefeller Foundation nach Mexiko und entwickelt dort neue Mais- und Weizensorten, die zum Beispiel gegen Rost widerstandsfähig waren. Sie wurden in großem Stile in Mexiko angepflanzt und wurden dort ein großer Erfolg. So musste Mexiko zum ersten Mal nach der Revolution von 1910 keinen Weizen mehr importieren.

Der Erfolg in Mexiko machte die Welt, aber besonders die Asiaten, hellhörig. 1963 sandte die Rockefeller Foundation Borlaug nach Indien. Er nahm jeweils 100 Kilogramm Saat seiner erfolgreichen Sorten mit. Und relativ schnell ging sie sowohl in Indien wie auch im benachbarten Pakistan auf. In beiden Ländern stieg die Weizenproduktion deutlich. Pakistan erreichte 1968 Selbstversorgung bei Weizen, Indien 1974 bei allen Getreidearten.

1968 wurde erstmals der Begriff grüne Revolution geprägt. Und zwar in einem Jahresbericht der amerikanischen Entwicklungshilfeorganisation *USAID*. Autor war William Gaud. Und es war keine Frage, dass der Vater dieser Revolution Norman Borlaug war. 1970 bekam er den Friedensnobelpreis, »weil er mehr als jede andere Person dieser Zeit geholfen hat, eine hungrige Welt mit Brot zu versorgen«, wie Aase Lionæs, die Vorsitzende des Nobelpreis-Komitees, in ihrer Rede anlässlich der Preisverleihung begründete.

Was Borlaug mit Weizen gelang, versuchten andere Forscher mit Reis. Das Zentrum der Bemühungen war das *International Rice Research Institute (IRRI)* in Los Baños auf den Philippinen. Es wurde 1961 mit Geldern der Ford und der Rockefeller Foundation gegründet. Erstklassige Forscher zogen dorthin. 1966 hatten sie ihren ersten großen Erfolg mit einer neuen Reisvariante, dem IR8, einem »Wunderreis«. Er wurde zuerst auf den Philippinen angepflanzt, und binnen kurzer Zeit waren die Philippinen bei Reis Selbstversorger, zum ersten Mal seit Jahrzehnten. Schon kurze Zeit später kam IR8 nach Indien und wirkte auch dort Wunder, vor allem im Punjab. Dort explodierte die Reisproduktion.

Natürlich hat die grüne Revolution ihre Gegner. Die Konterrevolutionäre stammen meist aus dem ökologischen Lager. Sie kritisieren, dass die Erfolge teuer erkauft wurden. Und zwar mit einem enormen Wasserverbrauch und viel Dünger. Dadurch seien die Bauern abhängig von Öl und Gas geworden. Denn Gas braucht man zur Düngerproduktion, Öl zur Pestizidherstellung. Durch die Überdüngung seien zudem viele Böden zerstört worden. Selbst ein wohlmeinender Agrarwissenschaftler wie der Brite Gordon Conway konzediert: »Zu oft in den vergangenen 30 Jahren hatte sie [die grüne Revolution; W.H.] negative Effekte auf die Umwelt.«

Nirgendwo kann man diese Kehrseite der grünen Revolution besser studieren als im indischen Bundesstaat Punjab, der rund vier Zugstunden nordwestlich von Delhi liegt. Der Punjab gilt als der indische Brotkorb. Er hat zwar nur 1,5 Prozent der Fläche Indiens, aber er produziert 20 Prozent des indischen Weizens und 12 Prozent des indischen Reis. Rund 60 Prozent der indischen Reserven an Weizen stammen aus dem Punjab. Er war lange Zeit das Paradebeispiel, was die grüne Revolution bewirken kann. Doch nun ist – so kommentiert das indische Magazin *Outlook* – »Punjabs Wunder am Rande des Kollaps«. Im Punjab trocknen die Kanäle aus, die Bauern müssen immer tiefer bohren, um ans Grundwasser zu gelangen. Mit verheerenden Folgen: »Wenn es der Punjab nicht schafft, aus dieser Krise zu kommen, kann ich nicht sehen, wie Indien oder die gesamte Welt es schaffen wird, eine wachsende Bevölkerung zu ernähren«, schreibt die indische Autorin Mira Kamdar in ihrem Buch *Planet India*.

Ist unter diesen Bedingungen eine zweite grüne Revolution, die alle so sehnlich wünschen und herbeireden, sinnvoll? »Ja«, sagt Jacques Diouf, »aber sie muss anders sein als die erste.«

Das Ende der Produktivitätssprünge oder Brauchen wir eine zweite grüne Revolution?

Es schien lange Zeit eine Art Naturgesetz zu sein: Die landwirtschaftliche Produktivität stieg und stieg weltweit. Jedes Jahr holten die Bauern immer mehr aus ihren Ackerböden heraus. Dank innovativen Technologien, dank neuem Saatgut, dank besserem Dünger. Doch seit 1990 ist dieses Naturgesetz offensichtlich außer Kraft gesetzt. Stieg zwischen 1960 und 1990 die Produktivität jährlich im Schnitt um vier Prozent, so betrug das Wachstum zwischen 1990 und 2007 nur noch 1,1 Prozent im Jahr. Das amerikanische Landwirtschaftsministerium USDA schätzt, dass die Wachstumsrate der Produktivität noch weiter fällt – auf unter ein Prozent jährlich.

Das ist eine fatale Entwicklung. In einer Zeit, wo wir immer mehr Nahrungsmittel brauchen und die Bauern deshalb immer mehr produzieren sollten, schwächelt die Landwirtschaft. Die Bauern sind offenbar nicht mehr in der Lage, so wie bisher ihre Produktion ständig zu erhöhen und immer neue Ernterekorde zu vermelden.

Was sind die Ursachen?

Olivier de Schutter, *UN Special Rapporteur on the Right to Food*, nennt die wichtigste: »Wir haben in den vergangenen drei Jahrzehnten viel zu wenig in die Landwirtschaft investiert.« Es ist sicher richtig, dass in den vergangenen 20 Jahren die Forschung in der Landwirtschaft vernachlässigt wurde. Vor allem auf staatlicher Seite. Man dachte in den Zeiten des Überflusses (im Westen), man habe das nicht mehr nötig. Zudem setzten die Geberländer in der Entwicklungspolitik andere Prioritäten. Gesundheit war das Thema Nummer eins, ausgelöst durch die Aids-Epidemie, die weltweit grassierte. So sank der Anteil der Landwirtschaft an der globalen Entwicklungshilfe von 17 Prozent im Jahre 1992 auf gegenwärtig magere vier Prozent.

Aber auch die großen internationalen Geldverteilungsorganisationen hatten immer weniger für die Landwirtschaft übrig. So hat zum Beispiel die *Weltbank* Geld und Personal im Agrarbereich zusammengestrichen. Gab das Institut in Washington 1980 noch 30 Prozent seiner Kredite für Agrarprojekte, so waren es 2007 nur noch 12 Prozent. Die Vizepräsidentin der Bank, Katherine Sierra, gesteht das selbstkritisch ein. Für sie sind die zu geringen Investitionen in die Agrarforschung eine wichtige Ursache der gegenwärtigen Nahrungsmittelkrise. »Der Mangel an Forschung hat uns einige Jahrzehnte an Entwicklung gekostet«, sagte sie auf einer Konferenz in Canberra im September 2008.

Ist die mangelnde Produktivität in der Landwirtschaft also nur ein Ergebnis der ausbleibenden Investitionen, wie viele glauben? Das Credo oder, besser, Mantra lautet deshalb: Man muss einfach mehr Geld ausgeben für die Forschung, und schon steigt die Produktion wieder an – so wie damals bei der ersten grünen Revolution. Vielerorts hörte ich deshalb die Forderung: Eine neue grüne Revolution muss her.

Ich hörte das in Neu-Delhi, wo ich M.S. Swaminathan, eine der legendären Figuren der grünen Revolution, traf. Er brachte sie in den beginnenden 60er Jahren zusammen mit Norman Borlaug in seine Heimat Indien. 83 Jahre alt ist Swaminathan inzwischen, aber topfit. Er leugnet nicht die negativen – vor allem die umweltschädigenden – Folgen der grünen Revolution. Deshalb spricht er jetzt lieber von einer *evergreen revolution*, einer immergrünen Revolution. Was er damit meint? »Die Produktivität zu verbessern, aber ohne negative ökologische Folgen.«

Ich hörte bei einem Vortrag in den USA dem berühmten britischen Agrarwissenschaftler Gordon Conway zu, wie er von einer »Doubly Green Revolution« redet. Er meinte damit nicht viel anderes als Swaminathan, nämlich »etwas Ähnliches wie die grüne Revolution, aber nachhaltiger im Sinne von Umweltfreundlichkeit«. Und schließlich hörte ich bei meinem Besuch der Welternährungsorganisation FAO in Rom von einer *twice-green revolution* oder modisch abgekürzt G2R.

Das klingt alles wunderbar. Höhere Ernten, aber weniger Wasserverbrauch und geringere Umweltschäden. Es klingt aber zugleich auch ziemlich unrealistisch, eher nach einer Quadratur des Kreises. Ist es wirklich so einfach: mehr Geld, mehr Ertrag? Lässt sich die Natur so einfach mit Geld bestechen? Nein, sagen die Verteter der ökologischen Landwirtschaft. Sie fordern den Verzicht auf Dünger und jegliche chemischen Pflanzenschutzmittel und damit einen fundamentalen Kurswechsel. Bestätigt werden sie dabei von dem im April 2008 erschienenen Bericht des IAASTD (*International Assessment of Agricultural Science & Technology for Development*). Es ist ein Glaubensstreit: ökologische versus industrielle Landwirtschaft. Letztere hat mehr Anhänger – vor allem in den USA.

Der agro-technologische Komplex der USA

Es ist ein klarer Herbstmorgen. In der Nacht hat es geregnet, der Boden und die Felder sind noch feucht, als wir uns auf den Weg machen. Zwei Mitarbeiter des Pioneer-Konzerns begleiten mich zu einem riesigen Versuchsfeld für Mais, ein paar hundert Meter entfernt von den Headquarters des Unternehmens. Was mir als Erstes auffällt: Hier gibt es keine Zäune oder sonstige strenge Sicherheitsvorkehrungen, die das Feld vor potentiellen Demonstranten schützen sollen.

Wir sind in Amerika, genauer in Johnston im Bundesstaat Iowa. Hier käme niemand auf die Idee, Versuchsfelder zu zerstören wie zum Beispiel in Deutschland, wo sich nächtens Demonstranten auf Maisfelder schleichen und genveränderte Pflanzen aus dem Boden reißen. Hier kann Pioneer ungestört forschen.

Pioneer ist eine der beiden großen amerikanischen Biotech-Firmen. Die andere ist etwas bekannter und heißt Monsanto. Beide Unternehmen gehören zum agro-technologischen Komplex der USA, bestehend aus Wirtschaftsunternehmen, Wissenschaftlern, Stiftungen und der Politik.

Was mir bei meinen vielen Gesprächen mit den unterschiedlichsten Vertreten diese Komplexes aufgefallen ist, ist der nahezu grenzenlose Optimismus in Sachen Landwirtschaft. Nirgendwo spürte ich die euphorische Fortschrittsgläubigkeit mehr als im Agrarministerium, dem *US Department of Agriculture (USDA)*. In diesem riesigen Gebäude mit seinen unendlich langen Fluren sitzen Bürokraten, die über jeden Zweifel erhaben scheinen. Ernährungskrise? Futterprobleme? Ethanol? Constance Jackson vom *Foreign Agricultural Service* des USDA wischt alle Einwände weg. »Wir können alles gleichzeitig machen – feed, food und fuel.« Die Landwirtschaft als Wundertüte. Ob Essen, Futter oder Sprit – unsere Farmer liefern alles. Und das sogar weltweit. Die Vereinigten Staaten sind trotz der dominanten Industrie- und Dienstleistungssektoren nach wie vor ausgesprochen agrarisch geprägt. »We feed the world« – so lautet nach wie vor der missionarische Auftrag.

Sie sind so optimistisch, weil sie an die Innovationen in der Landwirtschaft glauben. Sie haben kein romantisierendes Bauernbild wie vielleicht die Europäer. Der Farmer ist Unternehmern und Manager. *Farming* ist für Amerikaner *Big Business*. Je größer, desto effektiver. Und neue Technologien helfen ihnen dabei. So nutzen bereits viele Bauern die neuen Instrumente des *Precision Farming*. Mit Minicomputern und GPS ausgestattete Hightech-Traktoren fahren über die Felder, um millimetergenau zu säen oder zu düngen.

Der wichtigste Hoffnungsträger freilich ist die Bio- und Gentechnologie. Constance Jackson vom USDA sagt klipp und klar: »Diese Technologie unterstützen wir. Sie brachte schon in der Vergangenheit dramatische Ertragszuwächse, besonders bei Mais und Soja.« Man projiziert die Erfolge der Vergangenheit in die Zukunft. Motto: Es hat bisher geklappt, also wird es auch künftig klappen.

Bei Monsanto erzählt man gerne die Erfolgsstory der vergangenen Jahre. 1979 habe man auf einem Acre 91 Bushel Mais geerntet, im Jahr 2000 seien es bereits 137 Bushel gewesen, und heute betrage die Ernte mehr als 150 Bushel. »Wir glauben, dass wir das bis 2030 auf 300 Bushel erhöhen können«, sagt ein berufsoptimistischer Jerry Steiner, Vice President bei Monsanto. Angesichts dieser Erfolgszahlen können die Amerikaner nicht verstehen, warum viele Nichtamerikaner, und insbesondere die Europäer, so skeptisch gegenüber Genfood sind.

Geschickt nutzen Genkonzerne wie Monsanto die aktuelle Nahrungsmittelskrise, um für ihre Produkte zu werben. Die Welt hat ein Ernährungsproblem? Bitte schön: Wir haben die Lösungen. Wichtige Verbündete beim globalen Feldzug der Industrie sind einflussreiche und milliardenschwere amerikanische Stiftungen. Vor allem zwei von ihnen – die *Rockefeller* und die

Ford Foundation – spielen seit Jahrzehnten eine wichtige Rolle in der globalen Agrarforschung. Die *Rockefeller Foundation* hat einst Norman Borlaug nach Mexiko geschickt. Sie initiierte und finanzierte wesentlich die grüne Revolution in Mexiko und später in Asien.

Seit ein paar Jahren mischt eine neue amerikanische Stiftung mit: die *Bill & Melinda Gates Foundation.* Der Microsoft-Gründer und seine Ehefrau haben vor wenigen Jahren die Landwirtschaft entdeckt und pumpen inzwischen viele Millionen in diesen Bereich. Exakt 900 Millionen Dollar. Mit dabei: Multimilliardär Warren Buffett, der mit rund 30 Milliarden Dollar die *Gates Foundation* unterstützte. In einem Hintergrundpapier haben die Gates-Strategen erkannt: »Heutzutage stagniert in vielen Teilen der Entwicklungsländer die landwirtschaftliche Produktivität oder ist sogar rückläufig.« Das will die Stiftung ändern. Ihr hehres Ziel: Wir wollen den Kreislauf von Hunger und Armut durchbrechen.

Anfangen will sie damit in Afrika. Diesen Kontinent hat die grüne Revolution nie erreicht. Deshalb hat die *Gates Stiftung* im Jahr 2006 eine *Alliance for a Green Revolution in Africa* – kurz AGRA – gegründet.

Wird der schwarze Kontinent jemals grün?

Nairobi, Eden Square, Block I, fünfte Etage. In einem modernen Bürogebäude der kenianischen Hauptstadt residiert die AGRA. Ich treffe dort deren Präsidenten Namanga Ngongi. Der 64-Jährige ist ein eloquenter Kameruner mit langjähriger UN-Erfahrung. Ich frage ihn, warum die grüne Revolution Afrika nie erreicht hat, also im Indischen Ozean, der Asien von Afrika trennt, quasi versickert ist. Ngongi kennt diese Frage, und er hat viele Antworten sofort parat.

Afrika sei mit Asien nicht vergleichbar. In Fernost baute

man fast nur Reis an, in Afrika dagegen sehr viel mehr – von Cassava über Sorghum bis Mais. In Afrika gebe es eine Vielzahl unterschiedlicher Böden und Klimata. Ngongi sagt: »Es gibt keine einfachen Lösungen für *ganz* Afrika.« Zudem sei Afrika viel abhängiger vom Regen, nur fünf Prozent der Äcker würden künstlich bewässert (in Asien seien es über 40 Prozent). Und dazu komme noch die katastrophale Infrastruktur: schlechte Straßen, keine Lkws, fehlende Lagerhallen. Die Waren vom Lande würden deshalb allzu häufig nicht die Märkte der Städte erreichen.

Trotz dieser Defizite hatten bis etwa 1970 die Bauern allen Afrikanern einigermaßen die Ernährung sichern können. Aber danach ging es rapide bergab, weil die Produktion nur um zwei Prozent jährlich wuchs, die Bevölkerung aber um drei Prozent. Heute ist Afrika der einzige Kontinent, der sich nicht selbst ernähren kann. Dabei hat Afrika ganz gute Voraussetzungen, meint Norman Borlaug. In einem Interview mit der *Weltwoche* erklärte der Nobelpreisträger: »Afrikas Landwirtschaft hat ein sehr hohes Potential, weil es das ganze Jahr über nie richtig kalt ist und an vielen Tagen die Sonne scheint. Die Wasservorräte sind auch erheblich, sie müssten nur besser genutzt werden.«

Um die Potentiale auszuschöpfen, muss man aber mehr in die Landwirtschaft investieren. Das haben die internationalen Organisationen, aber auch die afrikanischen Staaten in den vergangenen Jahren sträflich vernachlässigt. In einem Papier der AGRA heißt es: »Überall auf der Welt unterstützen die Regierungen ihre Bauern, nur in Afrika nicht.« Deshalb ist »Afrika die einzige Region in der Welt, wo die Produktivität der Bauern seit über 40 Jahren gefallen ist«.

Inzwischen tut sich aber einiges in Afrika – auf nationaler wie supranationaler Ebene. Angola will in den nächsten fünf Jahren rund sechs Milliarden Dollar in die Landwirtschaft investieren. Das Land kann es sich leisten, denn Angola ist ein Ölstaat. Nigerias Landwirtschaftsminister Sayyadi Abba Ruma verkündet

»einen langfristigen Plan, um das Land zu einem Selbstversorger bei Nahrung zu machen«. Und der Senegal legte einen ambitiösen Plan mit dem Titel *Great Agricultural Offensive for Food and Abundance (GOANA)* auf. Ziel: Senegal bis 2015 zu einem Selbstversorger zu machen, insbesondere bei Reis. Doch viele Senegelasen misstrauen ihrem Präsidenten Wade. Zu viele nicht gehaltene Versprechungen hat er bereits gemacht.

Auch dem Afrikakenner Bartholomäus Grill fehlt der Glaube: »Hat man das alles nicht schon einmal gehört? Ist das nicht wieder so ein wohlklingender Rettungsplan?« Und er meint damit den Schwur, den die afrikanischen Staaten im Jahre 2003 auf ihrem Gipfeltreffen in Maputo, der Hauptstadt von Mosambik, geleistet haben. Damals gelobten die Regierungschefs, bis 2008 zehn Prozent ihres Haushalts für die Landwirtschaft auszugeben, für Forschung, für Infrastruktur, für Wassermanagement, all die Dinge, die eben nötig sind, um die Produktion zu steigern.

Doch wie sieht die Bilanz im Jahre 2008 aus? Gerade sechs der 53 Staaten haben das Zehn-Prozent-Ziel erreicht. Es scheint so, als ob auch diese hochgelobte Initiative verpufft.

Und nun soll es also AGRA mit den Millionen von Bill Gates und Waren Buffett richten und endlich für die grüne Revolution auf dem schwarzen Kontinent sorgen. Und wieder fallen hehre Worte. Und wieder werden große Ziele ausgegeben. Der ehemalige UN-Generalsekretär Kofi Annan, der als teures Aushängeschild für den Vorsitz des AGRA-Boards eingekauft wurde, sagt: »Wir wollen die Erträge der kleinen Bauern verdoppeln oder gar verdreifachen.«

AGRA-Präsident Namanga Ngongi zählt mir auf, welche Maßnahmen die kleine Organisation in ihrem kurzen Bestehen schon ergriffen hat, um diesem Ziel etwas näher zu kommen. Sie haben ein Händlernetz aufgebaut, das kleine Bauern mit subventioniertem Dünger versorgt. Sie haben Kooperationen mit Universitäten angestoßen, die nach neuen, für die afrikanischen Böden geeigneten Pflanzensaaten forschen sollen. Sie investieren in Infrastruktur-Projekte wie Straßen und Lagerhallen.

Alles schön und gut. Aber kann eine 70-Mann-Truppe Afrika vor dem Hunger retten?

Das müssten schon die Regierungen tun. Aber sie tun es nicht, sie wollen es auch gar nicht. Afrikas größtes Problem sind die Herrschenden, die korrupten politischen Eliten der Länder. »Sie behandeln ihre Brüder und Schwestern nicht gut, eigentlich ist es ihnen völlig egal, wie sie leben«, schreibt Bartholomäus Grill. In fast allen afrikanischen Staaten herrschen mehr oder weniger autoritäre Führer, deren Prototyp Afrika-Experte Grill so skizziert: »Er verteilt in einem feingesponnenen Patronagenetz fürstliche Gaben, Posten, Pfründen und Importlizenzen, er kauft sich die Konkurrenten und Meuterer und verwandelt sie in stumme Vasallen. Er hat die Politik in eine Kunst des Stehlens verwandelt. Den Staat und alles, was dazugehört, betrachtet er bald als sein großes Privateigentum.«

Diese Machthaber haben gar kein Interesse, dass es ihren Landsleuten bessergeht. Extremstes und aktuellstes Beispiel ist Zimbabwes altersstarrer Führer Robert Mugabe, der es in seiner knapp 30-jährigen Amtszeit geschafft hat, den einst blühenden Agrarstaat Zimbabwe (früher: Rhodesien) zu einem bettelarmen Land herunterzuwirtschaften.

Wer ernährt China?

So hieß der Titel eines vielbeachteten Buches von Lester Brown, das er 1995 veröffentlichte. Brown ist Chef des *Earth Policy Institute*, eines kleinen, ökologisch angehauchten Think Tanks in Washingtons Connecticut Avenue 1350. Als ich dort Suite 403 betrete, sind zwar seine Werke da (sie sind gleich hinter dem Eingang in bewundernswert vielen Übersetzungen aufgereiht), aber der Autor ist gerade auf dem Sprung zu einem seiner vielen Vorträge.

Ich rede deshalb mit seiner Mitarbeiterin Janet Larsen. Sie sagt ganz in seinem Sinne: »China hat seine Selbstversorgungspolitik längst aufgegeben.« Das habe mit Soja angefangen. Denn bis 1997 war China bei Soja noch Selbstversorger. Seitdem muss China Soja importieren. »Und es wird nicht bei Soja bleiben«, meint Janet Larsen. So habe China auch bei Weizen in den vergangenen Jahren immer wieder auf Einkaufstour nach Australien, Kanada und in die USA gehen müssen. Und auch bei Mais sei das zu erwarten, prophezeit sie. Was es bedeutet, wenn China auf dem Weltmarkt einkaufen muss, ist klar: Die große Nachfrage wird die Preise nach oben treiben.

Wie lange kann sich China noch selbst versorgen? Diese Frage habe ich natürlich auch in Peking gestellt, und erwartungsgemäß eine etwas andere Antwort bekommen als in Washington. In der *Chinesischen Akademie der Agrarwissenschaften*, die die Regierung in Sachen Landwirtschaft berät, warteten an einem Samstagmorgen gleich drei Wissenschaftler auf mich. Zwei davon sprachen Deutsch. Wortführer war Professor Shengjun Ding, der Senior der Runde und der »Getreidepapst« des Landes. Seine zentrale Aussage: »Bei den drei wichtigen Getreiden Weizen, Reis und Mais wird China Selbstversorger bleiben.« Ich frage ihn, wie lange diese Aussage gelte, für die nächsten fünf oder zehn Jahre?« Er schmettert mir ein kategorisches »für immer« entgegen.

Die Chinesen haben geradezu eine panische Angst, bei der Versorgung mit Nahrung vom Ausland abhängig zu sein. Nahrungssicherheit ist deshalb ein hochpolitisches, äußerst sensibles Thema. Die Maxime lautet: Wir wollen uns selbst versorgen können. Deshalb widmet die Regierung in Peking der Landwirtschaft und damit den Bauern seit 2004 wieder allerhöchste Aufmerksamkeit. Sie tut dabei sehr viel für die Bauern. Zum Beispiel wurden die Steuern für Bauern abgeschafft. Das war ein historischer Akt, denn diese Steuern gab es seit 2600 Jahren. Zudem wurden direkte Subventionen für die Landwirte eingeführt.

Denn nichts fürchten die Regierenden mehr als unzufriedene Bauern und hungernde Menschen. Beide Gruppen haben hohes Protestpotential. Das wissen die Herrschenden aus der langen Geschichte des Landes. Zwischen den Jahren 108 v. Chr. und 1911 wurden insgesamt 1828 Hungersnöte notiert, also fast jedes Jahr eine. In der neueren Geschichte gab es zwei katastrophale Hungersnöte, eine während des »Großen Sprungs nach vorn« Ende der 50er Jahre und die andere während den chaotischen Zeiten der Kulturrevolution Ende der 60er Jahre.

Doch seitdem gab es kein Aufbegehren hungernder Chinesen mehr. Denn China hat seine Landwirtschaft extrem effizient beackert und Bemerkenswertes geleistet. Immerhin muss China auf nur sieben Prozent der Erdoberfläche 22 Prozent der Menschheit ernähren. Keines der großen Länder dieser Welt hat so schlechte geographische Voraussetzungen wie China. Nur zehn Prozent des riesigen Landes sind landwirtschaftlich nutzbar, der große Rest ist unwirtliches Gebiet, meist Wüste und Gebirge. Zum Vergleich: In den USA eignen sich 20 Prozent des Landes für Ackerbau und Viehzucht, in Indien gar 50 Prozent.

Doch infolge der massiven Industrialisierung und der politisch gewollten Urbanisierung nimmt die landwirtschaftliche Fläche in China stetig ab. Die Regierung sieht darin eine große Gefahr und hat deshalb einen Schlussstrich gezogen. Die kritische Grenze liegt bei 120 Millionen Hektar. »Das ist *hong xia*, die rote Linie«, sagt Professor Ding, »sie darf nicht unterschritten werden.« So viel Fläche braucht China, um genügend Getreide produzieren zu können. Die Chinesen rücken dieser Grenze jedoch immer näher. 121,8 Millionen Hektar ist der neueste offizielle Stand. China verliert jedes Jahr Land, Hunderttausende von Hektar. Zweifel sind deshalb erlaubt, ob China diese Linie auf Dauer verteidigen kann.

Und Land ist nicht der einzige limitierende Faktor. Es gibt noch den Engpass Wasser. Es ist knapp und verschmutzt. Chinas Bauern sind hieran nicht unschuldig, denn sie bewässern extrem viel, und sie sind Weltmeister im Düngen. 289 kg chemischen Dünger verteilen sie auf jeden Hektar. Das ist dreimal so viel wie der Weltdurchschnitt. Die Überdüngung hat gravierende Folgen für den sauer reagierenden Boden, aber eben auch für das Grundwasser, das immer verschmutzter wird.

Land und Wasser werden also der chinesischen Landwirtschaft in den kommenden Jahren Grenzen setzen. Lester Browns These vom Ende der Selbstversorgung Chinas könnte also Wirklichkeit werden, auch wenn die Chinesen das partout nicht wahrhaben wollen. »Browns größter Fehler war, dass er die Weisheit und Kreativität der Chinesen unterschätzte«, schreiben Deng Xiangzi und Deng Yingru in einer Biographie von Yuan Longping, dem Vater des Hybridreises, mit dem das Land seine Reisproduktion enorm steigern konnte.

Der als Held verehrte Longping ist für viele Chinesen der lebende Beweis, was Chinas Agrarforscher zu leisten vermögen. Das Land setzt denn auch weiterhin extrem auf Agrarforschung. Kein Land hat mehr Agrarwissenschaftler als China, keine Regierung leistet sich einen solch aufwendigen staatlichen Forschungsapparat, in der Hoffnung, dass dabei irgendwann wieder etwas Revolutionäres wie zum Beispiel der Hybridreis herauskommt.

Und falls die Strategie nicht aufgehen sollte, hat China noch etwas anderes in der Schublade: genmanipulierte Lebensmittel, im Englischen kurz GM Food. »Das ist quasi unsere Versicherung«, sagt Jikun Huang, einer der führenden Agrarwissenschaftler Chinas. Seit den 80er Jahren wird intensiv in diesem Bereich geforscht. Über 150 Labors sind über das Land verteilt. Kein Staat investiert mehr in die Forschung und Entwicklung von GM Food. Kein Land, wahrscheinlich auch nicht die USA, ist weiter.

Und wer ernährt Indien?

Alle Welt redet über China. Dabei kann man mit mindestens derselben Berechtigung die Frage stellen: Wer ernährt Indien? Denn in Indien werden bald mehr Menschen leben als im benachbarten China. Spätestens Mitte der 30er Jahre wird Indien, was die Bevölkerungszahl anbetrifft, den asiatischen Rivalen überholen. Beide werden dann jeweils um die 1,35 Milliarden Einwohner haben. Zur Mitte des 21. Jahrhunderts wird Indien dann mit 1,6 Milliarden das bevölkerungsreichste Land der Welt sein. Und damit kommt auf Indien ein gewaltiges Versorgungsproblem zu.

Doch ich habe nach meinen Gesprächen in Neu-Delhi nicht den Eindruck, dass man in Indien der Landwirtschaft und damit auch der Ernährung der Nation dieselbe Priorität einräumt wie in China. Immer kurz vor Wahlen scheinen die Parteien das Thema zu entdecken, weil sie die Wählerstimmen der Armen und Bauern brauchen. Aber danach rutscht es auf der Prioritätenliste wieder nach unten. Der Wirtschaftsboom der vergangenen Jahren mit stolzen Wachstumsraten von acht und mehr Prozent ging an der Landwirtschaft nahezu völlig vorbei. Indien hat zu sehr auf die Informationstechnologie und Dienstleistungsgesellschaft gesetzt und darüber vergessen, dass es neben den IT-Metropolen Bangalore und Hyderabad noch 700 Millionen Bauern auf dem Lande hat, die mehr schlecht als recht ihr Auskommen haben. Bernhard Hoeper, Chef des Büros der *Welthungerhilfe* in Neu-Delhi, sagt: »An diesen Hunderten von Millionen Menschen ist der Wohlstand vorbeigerauscht.«

Man zehrt in Indien noch von der Vergangenheit, von der grünen Revolution. Doch deren Erfolge sind längst aufgebraucht. Immer wieder höre ich von offizieller Seite das besänftigende Statement: Wir haben hier in Indien genug Nahrungsmittel. Und auf meine Nachfragen: Aber warum gibt es dann so viele hungernde Menschen? Und warum ist jedes zweite Kind unter fünf Jahren unterernährt? erhalte ich die Standard-Antwort: Das ist nur ein Verteilungsproblem. Es stimmt, Indien hat eine katastrophale Infrastruktur. Aber das ist nur eine von vielen Erklärungen.

Indien hat auch ein Angebotsproblem, das sich in den nächsten Jahren noch dramatisch vergrößern wird. Bis 1990 war noch alles im Lot. Die Produktion von Reis, Weizen und anderen Getreiden wuchs stärker als die Bevölkerung. Doch seitdem hat sich der Trend umgekehrt. Die Produktion stieg bis 2007 jährlich nur noch um 1,2 Prozent, die Bevölkerung hingegen um 1,7 Prozent. Die Lücke zwischen Angebot und Nachfrage wird also immer größer.

»Wir verlieren täglich an Nahrungsmittelsicherheit bei unseren wichtigsten Produkten wie Reis, Weizen und Hülsenfrüchten (Linsen!), weil die Nachfrage steigt, unsere Produktivität aber nicht«, sagt Usha Tuteja, Direktor am *Agricultural Economics Research Center* an der Universität von Delhi. Besonders bei Weizen sei die Situation prekär. Die Weizenproduktion stagniert seit 2000 mehr oder weniger. »Wir leben von der Hand in den Mund, weil unser Konsum gerade mal unserer Produktion entspricht. Wenn wir ein einziges Jahr wegen fehlender Niederschläge eine schlechte Ernte haben, müssen wir Weizen zu teuren Preisen importieren«, sagt P. Singh, Präsident der *All India Grain Exporters Association.*

Langsam dämmert es auch den Regierenden, dass Indien vielleicht doch ein Ernährungsproblem hat. Indien stehe vor einer ähnlichen Situation wie vor Beginn der grünen Revolution in den 70er Jahren, sagt Regierungschef Manmohan Singh, weil – wie damals – erneut die Nachfrage das Angebot übersteige.

Und so hofft er auf eine zweite grüne Revolution. Und wenn die nicht eintritt, setzt Indien – wie China – auf genmodifizierte Lebensmittel. Genveränderte Kartoffeln, Papayas, Reis und Tomaten sollen – so die indische Gerüchteküche – schon bald gezüchtet werden.

Ist Genfood die Rettung?

Das ist letztendlich die große Frage. Brauchen wir zum Beispiel ertragreicheren und widerstandsfähigeren Genmais, wenn der natürliche Mais nicht mehr ausreicht, Mensch und Tier zu ernähren? Oder schaffen wir die bis 2050 benötigte Verdoppelung der landwirtschaftlichen Produktion auch ohne Genfood?

Die Fronten in der Gendiskussion sind verhärtet. Argumente tauschen die Kontrahenten selten aus. Stattdessen herrscht Aktionismus vor, wenn zum Beispiel Initiativen wie *Gendreck weg!* sogenannte »Feldbefreiungen« durchführen, bei denen sie Versuchsfelder für Genmais an der *Hochschule für Wirtschaft und Umwelt* in Nürtingen zerstören.

Die Frage ist, ob wir uns eine solche Polarisierung leisten können und wir die Diskussion pro & contra Genfood nur unter dem Gesichtspunkt möglicher Umweltschäden führen dürfen. Bislang ist es eine sehr verengte Diskussion unter satten Menschen im Westen. Aber wir müssen Genfood auch unter dem Aspekt des Hungers diskutieren. Wir müssen uns deshalb der zentralen Frage stellen: Brauchen wir vielleicht doch gentechnisch veränderte Lebensmittel, um die bald neun Milliarden Menschen zu ernähren?

Jacques Diouf, Präsident der FAO, beantwortet diese Frage so: »Wenn die Bevölkerung auf die prognostizierten neun Milliarden steigt, wird man nicht darum herumkommen, die Fortschritte der Bio- und Gentechnologie zu berücksichtigen.«

Stefan Tangermann, renommierter Agrarexperte der OECD, pflichtet ihm bei: »Wir können es uns nicht leisten, auf die grüne Gentechnik zu verzichten.«

Und der britische Bioethiker Albert Weale sagt, wir hätten »eine ethische Verpflichtung zu prüfen, ob GM-Pflanzen die Armut reduzieren könnten«.

Natürlich reden auch die Manager der Agrar-Technologiekonzerne Monsanto, Pioneer, Syngenta oder BASF so. Aber müssen die Argumente deswegen falsch sein, nur weil sie von der »falschen Seite« kommen?

Wie wird sich ein armer Bauer in Bangladesch verhalten, dem eine Genreispflanze angeboten wird, die trotz der häufigen Überschwemmungen im Lande überleben kann und gute Erträge liefert? Soll er sie anpflanzen oder nicht? Für ihn wird das keine Frage sein. Natürlich wird er den widerstandsfähigen Genreis anpflanzen, weil er überleben und nicht verhungern will.

Wer den weltweiten Hunger bekämpfen möchte, muss auch über Genfood nachdenken. Wer Genfood prinzipiell nirgendwo auf der Welt will, muss sagen, wie er stattdessen das eskalierende Hungerproblem lösen will. Das sind die zentralen Fragen einer Diskussion, die wir in Europa endlich führen müssen. In Großbritannien scheint man zumindest am Beginn dieser notwendigen Debatte zu sein. John Beddington, der wissenschaftliche Chef-Berater der Labour-Regierung, sagt, die Welt stehe vor der enormen Herausforderung, eine wachsende Bevölkerung zu ernähren. »Genfood ist nicht die einzige Antwort, aber sie ist ein Teil der Lösung dieses sehr schwierigen Problems.«

Auch Bundespräsident und Afrika-Fan Horst Köhler sieht in der Produktion von Genfood »keinen Königsweg für die Ernährung der Welt, aber dieser Form des technischen Fortschritts müssen wir uns einfach stellen. Klar ist, dass wir dabei die Risiken eingrenzen müssen.« Seine mahnenden Worte verhallen jedoch in Deutschland ungehört.

Wir im Westen denken in erster Linie an uns, nicht an die Nöte der Entwicklungsländer. Nirgendwo wird dieser Zielkonflikt deutlicher als beim Kampf um den »goldenen« Reis.

Goldener Reis und bitterer Greis

Ingo Potrykus ist inzwischen über 76 Jahre alt, aber er würde gerne noch erleben, dass seine revolutionäre Entdeckung Früchte trägt. Der deutsche Pflanzenbiotechnologe hat – zusammen mit seinem Landsmann Peter Beyer – den »goldenen Reis« entwickelt. Er heißt so wegen seiner gelblichen Farbe. Entstanden ist er durch Kreuzungen und enthält vor allem viel Vitamin A, was gerade in den Entwicklungsländern vielen Kindern fehlt. Rund eine halbe Million Kinder erblinden aufgrund dieses Mankos deshalb jedes Jahr.

Trotzdem startete *Greenpeace* eine massive Kampagne gegen den goldenen Reis. Sie steht unter dem Motto: Wehret den Anfängen. Lasse man den goldenen Reis zu, würden weitere gentechnische Manipulationen an unseren Nahrungspflanzen folgen. Der goldene Reis steht für einen Grundkonflikt, und zwar zwischen den Hoffnungen der »Dritten« und den Ängsten der »Ersten Welt«.

Außerdem moniert Greenpeace, dass der versprochene Effekt mit der Vitamin-A-Zufuhr nur schwerlich eintrete. Publicityträchtig ließ *Greenpeace* auf einer Pressekonferenz in Manila vor einem Kind einen Teller mit einer Riesenportion Reis aufbauen. Die Botschaft, die Greenpeace damit übermitteln wollte: Drei Kilo goldenen Reis müssten Kinder jeden Tag essen, um so den Mangel an Vitamin A auszugleichen. Das Foto ging um die Welt und erreichte auch das Wohnzimmer von Ingo Potrykus in Magden, einem kleinen Dorf bei Basel. Dort sitzt ein inzwischen verbitterter Potrykus und klagte im *Spiegel* an: »Ihr in Europa habt doch gar keine Ahnung, was Menschen anderswo wirklich brauchen.«

Die grüne Gentechnik wird es schwer haben in Europa. Die Mehrheit ist dagegen, die Politiker sind es deswegen auch. Wie werden die skeptischen Europäer erst auf Kunstfleisch reagieren?

Science-Fiction I: Künstliches Fleisch

Noch ist dieses Fleisch unbezahlbar. 250 Gramm Hack kosten eine Million Dollar. Für diesen Preis brät sich natürlich kein Mensch eine Bulette. Es ist ein künstliches, aus Gewebe erzeugtes Fleisch, auch In-vitro-Fleisch genannt. Die Grundidee: Aus einer tierische Stammzelle werden Muskelzellen und ein wachstumsfähiges Gewebe gezüchtet. Bislang befasst sich nur eine kleine wissenschaftliche Gemeinde mit diesem ehrgeizigen Produkt der Zukunft, das – wenn es gelingen sollte – unser Essverhalten und die ganze Nahrungsmittelkette revolutionieren würde.

Jason Matheny ist einer der führenden Propagandisten der In-vitro-Idee. Ich treffe den jungen Biologen von der *Johns Hopkins University* in Washington. Er hat für unser Gespräch ein vegetarisches asiatisches Restaurant ausgesucht, das *Java Green Café*. Während er seinen vegetarischen Hamburger verspeist, erzählt er die Entstehungsgeschichte dieser auf den ersten Blick verrückten Idee von *meat without feet*, Fleisch ohne Füße.

Vor rund fünf Jahren bildete sich ein lockeres Konsortium von wenigen Wissenschaftlern, die sich mit Kunstfleisch beschäftigen. Es sind Wissenschaftler aus den USA (die dortige Weltraumbehörde NASA hat viel Pionierarbeit geleistet), Norwegen und vor allem den Niederlanden. Die Regierung dort unterstützt das Projekt, auch mit Forschungsgeldern. An der Universität im niederländischen Utrecht scheint man bislang auch am weitesten vorangekommen zu sein. Vor allem dank Professor Henk Haagsman, einem Mediziner, der als einer der führenden Köpfe der Bewegung gilt. Er will beweisen, dass es möglich ist, Kunstfleisch industriell zu erzeugen.

»Auf einen Schlag könnten wir damit alle aktuellen Probleme lösen, die mit dem Fleischverzehr verbunden sind«, sagt Matheny. Das Schnitzel aus dem Labor als Retter von Mensch,

Tier und Umwelt. Der Verzehr des künstlichen Fleisches würde Millionen Menschen vor einem Tod durch Krebs und Herzkrankheiten bewahren und würde – nebenbei bemerkt – auch die Gesundheitskosten vieler Länder drücken. Das Töten von Millionen von Tieren zum alleinigen Zwecke des menschlichen Konsums wäre überflüssig. Tierschützer und Vegetarier könnten endlich ohne Gewissensbisse Fleisch essen. Auf Millionen Hektar Land müssten nicht mehr Futtermittel angebaut werden, die Flächen könnten stattdessen für den Anbau anderer, viel wichtigerer Agrarpflanzen benutzt werden. Und zu guter Letzt wäre dies ein immenser Beitrag zum globalen Umweltschutz, denn Kühe und Rinder sind durch ihren Methanausstoß die größten CO_2-Erzeuger.

Das klingt alles zu schön, um wahr zu sein. Wird denn diese heile Welt jemals wahr werden?

In fünf bis zehn Jahren soll es künstlich hergestelltes Hackfleisch geben. Für Steaks und Koteletts wird es noch länger dauern, mindestens zehn weitere Jahre, schätzt Matheny. Denn so einfach wie die Theorie ist die Praxis nicht. Viele Probleme tauchen auf. So geht zum Beispiel die Teilung und Vermehrung der Zellen noch relativ langsam voran. Und auch die Versorgung des Gewebes mit den nötigen Nährstoffen ist schwierig, sobald es eine gewisse Dicke erreicht hat.

Sollte es den Wissenschaftlern gelingen, diese Probleme in den nächsten Jahren zu lösen, haben sie aber noch eine weitere große Hürde zu überwinden, die Fleischtheke. Wird der Verbraucher künstliches Fleisch kaufen? Jason antwortet: »Wenn ich einen Hamburger anbiete, der genauso viel kostet und genauso schmeckt, aber viel weniger gesundheitsgefährdend ist, dann wird es klappen.« Klar, das sei eine Marketing-Herausforderung, aber sie sei zu schaffen.

Inzwischen haben die Fleisch-Phantasten einen interessanten Verbündeten bekommen. Für die rabiaten Tierschützer von Peta (*People for the Ethical Treatment of Animals*) ist diese

Idee nämlich ein gefundenes Fressen. Sie haben – übrigens nach heftigen Streitereien im eigenen Lager – beschlossen, eine Million Dollar Preisgeld auszuloben für den- oder diejenigen, »die es bis 2012 schafften, In-vitro-Fleisch in kommerziell verwertbaren Mengen und zu einem wettbewerbsfähigen Preis herzustellen«.

Science-Fiction II: Der Bauernhof als Hochhaus

Es ist kein Spinner, der mir da in seinem Büro am Hudson River – die George Washington Bridge im Blickwinkel – gegenübersitzt. Es ist ein ordentlicher Professor einer außerordentlichen Universität. Dickson Despommier lehrt an der *Columbia University*. Doch das, was er vorhat und mit solcher Inbrunst in seiner Bariton-Stimmer vorträgt, klingt für viele Ohren phantastisch.

Despommier predigt das Konzept des *Vertical Farming*. In der Theorie ist das ganz einfach: Weil das Land knapp wird, muss man eben in die Höhe bauen. Und weil immer mehr Menschen, also Konsumenten, in den Städten leben, muss die »Land«wirtschaft zu ihnen in die Städte kommen. Wie? Indem man Bauernhöfe als Hochhäuser konzipiert und diese mitten in den Städten baut. Also ein 30-stöckiger Bauernhof neben dem Empire State Building?, frage ich etwas provozierend den Professor. Warum nicht?, antwortet er ganz cool und knapp.

Despommier entwickelte die Idee 1999 zusammen mit seinen Studenten in einem Seminar über *medical ecology*, wo sie über die alternative Produktion von Nahrungsmitteln in der Stadt diskutierten. Erst dachten sie an das Bepflanzen von Hausdächern, verwarfen das aber, weil die Fläche nicht ausreichend wäre. Dann regte Despommier an: »Warum können wir das nicht *indoor* machen?« Er ließ dann seine Studenten herausfinden, welche und wie viele Pflanzen im Inneren eines

Hauses gedeihen. Ergebnis: 85. Danach, im Jahr 2001, stellte Despommier die nächste Aufgabe: Wie groß muss das Gebäude sein, wenn es 50 000 Menschen ernähren soll? Die Studenten modellierten und kamen zu folgendem Resultat: Das »Bauernhochhaus« muss 30 Stockwerke haben.

Despommier sieht im *vertical farming* viele Vorteile: Die Nahrung wird dort produziert, wo sie nachgefragt wird. Der Transport entfällt also. Die Verbraucher können – wenn sie wollen – jeden Tag frische Produkte haben. Es wird keinen Ernteausfall durch Überschwemmungen oder Dürren geben. Und weil das Gebäude aus Glas sein wird, kann man die Sonne als Energie für das ganze Haus nutzen.

Jetzt gilt es die Idee weltweit zu propagieren. Despommier sagt, er komme gerade von einem Kongress in Mexico City zurück. Auch dort habe er erlebt, was er immer erlebt, wenn er sein Projekt vorstellt. »Erst mal gibt es ein ungläubiges Staunen.« Doch danach, wenn er sein Projekt erklären kann, weicht das Kopfschütteln häufig dem Kopfnicken. Einige Städte hätten schon Interesse gezeigt, sagt Despommier. Zum Beispiel Portland und Seattle an Amerikas Westküste, aber auch das Wüstenemirat Abu Dhabi. Torontos städtischer Planungschef Robert Freedman sagt auch nicht grundsätzlich nein: »Es hört sich an wie Science-Fiction, aber wer weiß …«

Despommier ist freilich nicht der Einzige, der an einem solchen Zukunftsprojekt arbeitet. Am *Massachusetts Institute of Technology (MIT)* in Boston forscht ein 80 Mann starkes Team unter Herbert Einstein an einem ähnlichen Projekt. Und der New Yorker Architekt Eric Vergne hat im Frühjahr 2009 beim renommierten Skyscraper Competition den dritten Platz gewonnen. Seine futuristische *Dystopian Farm* ist ein ebenfalls 30-stöckiges Hochhaus, das einem Farnkraut nachgebildet ist.

Am weitesten freilich sind die Niederlande. Dort wird schon seit Jahren mit Bauernhöfen als Wolkenkratzern experimentiert. Im Rotterdamer Hafen war sogar Anfang 2000 das Projekt

Deltapark geplant, unterstützt vom niederländischen Landwirtschaftsministerium. Auf einer Länge von einem Kilometer sollten dort mehrere Hochhäuser entstehen. Auf den oberen Etagen waren Gewächshäuser vorgesehen, auf den Etagen darunter sollten Tiere einziehen – 300 000 Schweine, 1,2 Millionen Hühner und Zehntausende von Fischen. Das Ganze war als ein geschlossener ökologischer Kreislauf geplant. So sollten zum Beispiel die Tiere mit ihrer Abwärme die Gewächshäuser temperieren, umgekehrt sollten die pflanzlichen Abfälle aus den Gewächshäusern den Tieren als Futter dienen. Aus dem Projekt *Deltapark* wurde nichts, weil die niederländische Regierung dann doch nicht mitzog.

Der geistige Vater des Projekts, Jan Broeze vom *Institut für Agrartechnologie* der Universität Wageningen, macht jedoch unbeirrt weiter. Er hat nun in Shanghai die Chance bekommen, seine phantastische Idee zu realisieren. Vor den Toren der chinesischen Metropole soll in den nächsten Jahren auf der Fläche von 70 Fußballfeldern ein gigantischer Agrarpark namens *Greenport* entstehen. »Das wird ein Vorbild für die ganze Welt sein«, jubeln jetzt schon die chinesischen Betreiber auf ihrer Homepage.

11 Was *wir* tun können – mehr oder weniger

Ich bekenne mich schuldig: Ja, ich habe in Sydney im *Bavarian Bier Cafe* ein tellergroßes Löwenschnitzel – so hieß es wirklich – vertilgt, ich habe im Brauhaus des *Rotana Beach Hotels* in Abu Dhabi an Weihnachten Frankfurter Würstchen mit Kartoffelsalat gegessen, in São Paulo im *Braugarten* Bratwürste (übrigens in der vermutlich weltweit einmaligen Kombination mit Spätzle und Brokkoli) und in Phnom Penh im *KWest* ein Steak mit Pommes frites genossen.

Ich habe damit gesündigt. Ich habe gegen eines meiner eigenen Gebote (Du sollst nicht so viel Fleisch essen) verstoßen, die ich im Folgenden verkünden werde und die ich im Laufe meiner Reise aufgestellt habe. Denn meine Reise um die Welt war auch ein persönlicher Lernprozess. Ich habe vor allem gelernt, dass wir uns im Westen ändern müssen. Nicht die Chinesen, sondern wir, die wir doppelt so viel Fleisch essen, müssen unser Essverhalten ändern.

Sicher können wir als Einzelne das globale Ernährungsproblem nicht lösen. Aber wir können durch maßvolleres Essen dazu beitragen, dass es nicht noch schlimmer kommt. Und das Schöne dabei ist: Wir tun der Welt *und* uns etwas Gutes. Also: ***Wir sollten …***

Abspecken. »Viele Leute im Westen essen zu viel«, sagt der Senegalese Jacques Diouf, Präsident der FAO. Wir nehmen viel mehr Kalorien zu uns, als wir (ver)brauchen. Die amerikanische *Food and Drug Administration (FDA)* empfiehlt 2000 bis 2500 Kalorien pro Tag. Doch die Amerikaner konsumieren täglich 3747 Kalorien, die Europäer weniger, aber immer noch mehr als empfohlen.

Weniger Fleisch essen. Der übermäßige Fleischverzehr in den

USA und Europa ist eine wichtige Ursache für die hohen Nahrungsmittelpreise. Weniger Fleischkonsum würde also helfen, den Preisanstieg zu dämpfen. Außerdem wäre das auch gut für unsere Gesundheit und die Umwelt.

Weniger wegschmeißen. Es ist unglaublich, wie viele Tonnen an Lebensmitteln wir – und vor allem Singles – im satten Westen wegwerfen. Wir schätzen den Wert von Lebensmitteln nicht mehr. Aber diese Geringschätzung dürfte sich mit steigenden Preisen ändern.

Von anderen Küchen lernen. Als die gesündesten Küchen der Welt gelten diejenigen rund ums Mittelmeer (und da vor allem die italienische) sowie die beiden asiatischen Küchen in China und Japan. Bei einem Blick in den Wok und den Kochtopf der Mamma können wir einiges lernen und abkupfern.

Mehr selbst anbauen. Warum nicht ein eigener Garten am Haus? Warum nicht auch kommunale Gemeinschaftsgärten? Es ist ein globaler Trend, und in vielen Ländern ist die eigene Scholle schon fast Kult.

Mehr Saisonales und Regionales essen. Das ganze Jahr über Lamm aus Neuseeland? Dazu Bohnen aus Kenia? Und als Nachtisch Erdbeeren aus Ägypten? Das muss nicht sein. Wie wäre es stattdessen mit Spargel im Frühjahr, Kirschen im Sommer, Äpfeln im Herbst und Kohl im Winter – alles aus deutschen Landen?

Mehr selber kochen. Warum lassen wir uns in Restaurants und von Supermärkten vorschreiben, was wir essen sollen? Kochen ist fast so leicht wie essen. Den Abwasch erledigt der Geschirrspüler.

Weniger Abfall

Es ist eine erschreckende Zahl, die das britische *Waste & Resources Action Programme (WRAP)* in seiner Studie *The Food*

We Waste ermittelte und veröffentlichte: In Großbritannien werden jedes Jahr Lebensmittel im Wert von zehn Milliarden Pfund nicht verzehrt, sondern einfach weggeschmissen. In Produkten ausgedrückt, bedeutet diese horrende Zahl: Jeden Tag landen auf der Insel 550 000 Hähnchen, 660 000 Eier, 220 000 Laibe Brot, 5,1 Millionen Kartoffeln und 440 000 Fertiggerichte im Mülleimer oder sonstwo, aber nur nicht in den Mägen der Briten. Staats-Sekretärin Joan Ruddock reagierte entsetzt auf diese Zahlen: »Gerade in Zeiten weltweit knapper Lebensmittel ist diese Ergebnis noch schockierender.«

Wir sollten aber nicht glauben, dass das nur in Großbritannien so ist. In anderen Ländern der entwickelten Welt sehen die traurigen Ergebnisse nicht viel anders aus. Eine etwas ältere Schätzung aus dem Jahre 1995 in den USA ergab, dass dort 23 Prozent des Obstes und 25 Prozent des Gemüses weggeschmissen werden. In Australien landen pro Kopf jedes Jahr Lebensmittel für 5000 Dollar in der Mülltonne. In Japan hat das Agrarministerium das Wegwerfverhalten in Restaurants untersucht. Ergebnis: Bei Banketts wurden 15 Prozent des Essens weggeschmissen, bei Hochzeiten 23 Prozent. Dabei wird doch japanischen Kindern schon frühzeitig beigebracht, kein Korn Reis in der Schale zurückzulassen. In Hongkong – ergab eine Umfragte – sagen nur 16 Prozent der Befragten, dass sie in Restaurants alles aufessen.

Es ist in der Tat ein globales Phänomen, das sehr verbreitet unter den Reichen und Neureichen dieser Welt ist. Hautnah studieren konnte ich diese Wegwerfmentalität beim Frühstück im Sofitel-Hotel in Manila. Dort gab es das mit Abstand größte Büfett, das ich auf meiner Reise gesehen habe. Die Frühstücksvarianten aller großen Küchen dieser Welt waren dort zu genießen. Rund 50 Köche und ihre Helfer standen und arbeiteten hinter den diversen *Cooking Stations*, wie es neuerdings in der Hotelsprache heißt. Ich sah aber auch, wie viel die Gäste auf ihren Tellern zurückließen. Teilweise unglaubliche Mengen an

Brot, Fleisch, Gemüse und Obst. Und die Übeltäter waren Filipinos, andere Asiaten und Westler.

Singles gelten als die größten Sünder. Sie praktizieren besonders häufig ein falsches Einkaufsverhalten. Man fährt einmal – meist samstags – in den Supermarkt, kauft für die ganze kommende Woche ein und verkalkuliert sich. Man entscheidet sich zwischendurch spontan, abends essen zu gehen. Und schon vergammelt die Wurst, das Brot, das Obst und Gemüse, und die verpackten Lebensmittel überschreiten ihr Verfallsdatum. Die Endstation heißt dann Mülleimer.

Aber wo Sünder sind, sind auch Verführer. Zum Beispiel die Werbeaktionen der Lebensmittelketten *Buy one – get one free*. Das klingt verlockend – und schon kauft man mehr, als man will und braucht.

Doch nicht nur die Konsumenten, auch die Supermärkte selbst sind große Nahrungsmittelvernichter. Zwischen acht und zehn Prozent ihrer Waren schmeißen zum Beispiel die amerikanischen Lebensmittelhändler weg, schätzt das Beratungsunternehmen Oliver Wyman. Weil das Haltbarkeitsdatum abgelaufen ist oder weil die Ware auf dem Weg vom Feld in den Supermarkt verrottet, was vor allem bei Obst und Gemüse häufig der Fall ist.

Rechnet man alle Verluste und Verschwendungen in der Nahrungsmittelkette – vom Bauern bis zum Verbraucher – zusammen, kommt man zu einem niederschmetternden Resultat. Die UN-Umweltorganisation UNEP hat sich diese Mühe gemacht und in ihrer Studie *The Environmental Food Crisis* folgendes Ergebnis errechnet: »Über die Hälfte unserer weltweit produzierten Lebensmittel gehen verloren oder werden weggeworfen als ein Ergebnis von Ineffizienzen in der Nahrungsmittelkette.«

Weniger Kilos

Ein skurriller Wettlauf um die meisten Pfunde fand im Laufe des Jahres 2008 statt. Die Australier meldeten, sie hätten die USA als die fettleibigste Nation abgelöst. Das australische *Baker Heart Institiute* fand im Sommer 2008 heraus, dass 26 Prozent aller Australier fettleibig (was etwas anderes und schwerwiegenderes ist als übergewichtig) seien. Gesundheitsministerin Nicola Roxon reagierte entsetzt: »Es ist ein Schock, dass wir eine dickere Nation sind als Amerika.« Aber vielleicht sind es ja auch gar nicht die Australier, sondern die Briten. Denn die proklamierten fast zur selben Zeit in ihrer Regierungsstudie *Healthy Weight Healthy Lives*, dass sie inzwischen die übergewichtigen Amerikaner abgelöst hätten.

Alles falsch. Die Amerikaner haben nach wie vor den Bauch vorn. »Wir sind an der Spitze«, verkündet Cynthia Ogden vom US-amerikanischen *Center for Disease Control (CDC)*, ohne freilich auf diesen Spitzenplatz besonders stolz zu sein. 32 Prozent aller erwachsenen Amerikaner seien fettleibig, also ziemlich genau jeder Dritte. Was manchmal zu skurrilen Situationen führt. Eine durfte ich miterleben. Mein Flugzeug in Des Moines konnte nicht nach Phoenix starten, weil es »Übergewicht« hatte. Freundlich fragte der Pilot, ob nicht zwei Passagiere die Canadair-Maschine gegen Erhalt eines Gutscheins verlassen würden. Ein Ehepaar der Schwergewichtsklasse folgte der Aufforderung und watschelte frohgemut dem Ausgang entgegen.

Die USA sind eine Snack-Nation. Die kleinen Verführer sind ein Riesengeschäft. 32 Milliarden Dollar geben die Amerikaner jedes Jahr für ihre geliebten Schokoriegel oder Chips in sämtlichen Geschmacksvarianten aus. Überall in den amerikanischen Großstädten stehen auf den Straßen kleine Stände, vollgepackt mit Tüten von Lay oder wie die Hersteller alle heißen. Mittags essen die meisten Angestellten, die aus ihren Bürotürmen strömen, Hamburger, Hotdogs oder Sandwiches – und immer ist eine Tüte Chips dabei.

Die USA ist auch eine Fastfood-Nation. Jedes dritte Kind isst einmal täglich bei McDonald's & Co. Meist sind Pommes frites dabei. Ein Viertel allen Gemüses in den USA wird deshalb in Form von Pommes frites verzehrt. Der große Vorteil von Fastfood: Es ist billig. Permanent überbieten sich die Ketten gegenseitig mit Sonderaktionen und immer neuem Snick-Snack.

Immerhin hat der neue US-Landwirtschaftsminister Tom Vilsack das Problem erkannt, dass viele seiner Landsleute zu fett essen und deshalb fett werden. Schließlich hat er es am eigenen Leibe erfahren. »Ich war ein übergewichtiges Kind. Ich möchte nicht, dass andere Jugendliche das durchmachen, was ich durchgemacht habe«, sagte der inzwischen abgespeckte Vilsack der *Washington Post* kurz nach seinem Amtsantritt im Februar 2009. Doch wie will er dem Problem auf den Leib rücken?

Mit Verboten wie die britische Regierung? Oder mit Appellen wie die deutsche? In Deutschland sind laut *Nationaler Verzehrsstudie II* rund 20 Prozent der Menschen fettleibig und über die Hälfte übergewichtig. Die Deutschen müssen abspecken. Die Frage: Tun sie es freiwillig oder unter Zwang? Ex-Agrarminister Horst Seehofer gab sich ganz liberal: »Es wird keine Olympiade der Verbote geben. Ich will den Menschen nicht vorschreiben, wie sie sich ernähren müssen.« Und auch seine Nachfolgerin Ilse Aigner setzt wie die Bundesregierung in ihrem *Nationalen Aktionsplan für bessere Ernährung und Gesundheitsaufklärung* stattdessen auf freiwillige Vereinbarungen mit Ländern, Kommunen und Verbänden.

Anders die britische Labour-Regierung. Sie ist erzieherisch tätig, hantiert mit Zuckerbrot und Peitsche – vor allem bei Kindern und Jugendlichen. Fünf statt zwei Stunden Sportunterricht schreibt sie vor. Kochkurse an Schulen werden Pflicht. Lokale Behörden dürfen die verführerischen Fastfood-Lokale in der Nähe von Schulen und Spielplätzen verbieten. Sozial Schwache dürfen für ihre Gutscheine nur gesunde Kost in Supermärkten kaufen. Wer abspeckt und anschließend sein Gewicht hält, soll Geld- und Sachprämien erhalten.

Doch wie immer sind die Japaner am gründlichsten. Sie haben dem *metabo*, wie Übergewicht auf Japanisch heißt, den Kampf angesagt. Seit Frühjahr 2008 gibt es ein entsprechendes Gesetz. Danach müssen Unternehmen und lokale Behörden jedem Japaner im Alter zwischen 40 und 74 Jahren den Hüftumfang messen. Wer zu viel auf den Rippen hat (bei Frauen ist die Grenze 90, bei Männern 85 Zentimeter) bekommt einen Diätplan für die nächsten drei Monate. Dabei ist es gerade für die Japaner so einfach, ihr Gewicht zu halten. Sie müssten einfach wieder mehr japanisch essen.

Weniger Fleisch

Müssen wir jetzt alle Vegetarier werden? Schön wär's, aber das bleibt eine Utopie. Obwohl der *Vegetarierbund Deutschlands* recht hat, wenn er schreibt: »Wer sich vegetarisch ernährt, leistet einen kleinen Beitrag gegen die sich anbahnenden Hungerkatastrophen.« Es reicht schon, Fleisch häufiger als Beilage, nicht als Hauptgericht zu essen. So wie es andere Küchen dieser Welt schon lange tun, die Chinesen zum Beispiel oder die Japaner. Sie frieren ihr Rindfleisch vorher ein. Nur so kann man es mit einem extrem scharfen Messer in hauchdünne Scheiben schneiden, die dann beispielsweise als Beilage zum Reis serviert werden.

Die Reduzierung des Fleischkonsums ist für einen durchschnittlichen Mitteleuropäer wie mich nicht so einfach. Auf meinem Flug von Frankfurt nach Tokio esse ich zu Mittag – vor die Wahl gestellt – dann doch lieber Rindergulasch mit Karotten und Kartoffelschnee statt die japanische Variante mit kleinen Schälchen von Tsukidashi (marinierte Garnelen mit Mangoldjulienne), Dainomono (Ente Teriyaki-Art), Konomono (Rettich, Auberginen und Perlzwiebeln, milchsauer eingelegt) und Tomewan (Suimono-Suppe).

Fleisch muss nicht jeden Tag auf dem Teller liegen. Ernährungsexperten sagen, dass man sich auch mit deutlich weniger Fleisch vollwertig ernähren kann. In Maßen sei rotes Fleisch wegen seines Eisengehaltes zwar gesund. Doch der übermäßige Konsum von Fleisch, vor allem dem sogenannten roten Fleisch von Rind und Schwein, ist – unbestritten und wissenschaftlich belegt – ungesund. Die Wahrscheinlichkeit, Krebs oder einen Herzinfarkt zu bekommen, ist als Vielfleischesser wesentlich größer. Das wurde in einer umfangreichen und Anfang 2009 veröffentlichten Langzeitstudie des *National Cancer Institut* in den USA nachgewiesen. Diese umfassende Studie kann als repräsentativ betrachtet werden, da rund eine halbe Million Menschen und deren Essverhalten zehn Jahre lang untersucht wurden.

Wir würden aber nicht nur uns selbst etwas Gutes tun, wenn wir weniger Fleisch äßen, sondern der gesamten Menschheit. Geringerer Fleischkonsum hierzulande hätte zwei große Vorteile: Er würde sowohl das globale Hunger- wie auch das Umweltproblem verringern. Denn: »Die riesigen Mengen Fleisch, die wir in Europa essen, haben durchaus etwas mit dem Hunger in anderen Ländern zu tun«, sagt die grüne Ex-Ministerin Renate Künast. Wie das? Weil wir immer mehr Fleisch essen, brauchen die immer größer werdenden Herden von Rindern und Schweinen immer mehr Futter. Es muss also auf immer größeren Flächen Soja und Mais, die beiden wichtigsten Futtermittel, angebaut werden. Diese Expansion geht zu Lasten anderer – für den direkten Konsum wichtigen – Getreidesorten wie zum Beispiel Weizen.

Noch undurchsichtiger und unbekannter ist der Zusammenhang zwischen Fleischkonsum und Umweltschutz. Die ganze westliche Welt spricht über Elektro- und Wasserstoffautos. Der

Verkehr ist tatsächlich einer der übelsten Umweltverschmutzer, und wir sollten weiter mit Hochdruck an alternativen Antriebsformen forschen und arbeiten. Die Landwirtschaft ist jedoch Umweltsünder Nummer eins. Die Milliarden Kühe und Rinder stoßen mehr CO_2 aus als alle Autos und Flugzeuge dieser Welt zusammen. Der Inder Rajendra Pachauri, Chef des inzwischen legenären *Intergovernmental Panel on Climate Change (IPCC)*, regt deshalb völlig zu Recht an: »Die Leute sollten weniger Fleisch essen. Das hätte wesentlich mehr positive Wirkung für die Umwelt als der Wechsel zu einem Hybrid-Auto.«

Noch können wir unseren Fleischkonsum freiwillig und aus gesunder Einsicht reduzieren. Denn in gar nicht allzu ferner Zukunft könnte es passieren, dass Fleisch so verteufelt wird wie in den vergangenen Jahren und Jahrzehnten Tabak oder Alkohol. Mark W. Rosegrant vom *International Food Policy Research Institute (IFPRI)* kann sich vorstellen, dass es bald auch von Regierungen gesteuerte PR-Kampagnen gegen den Fleischverzehr geben wird. Hauptgrund: Die durch den Fleischkonsum verursachten Krankheiten sprengen zunehmend die Gesundheitsetats vieler Länder.

Sollten aber die Appelle zur Einschränkung ungehört bleiben, wird es mit Sicherheit Steuern auf Fleisch geben – wie schon seit langem auf Alkohol und Tabak. In den USA hat man nach dem erfolgreichen Feldzug gegen die Zigaretten bereits das fette Essen im Visier. Eine *sin tax*, auch *fat tax* oder *twinkie tax* genannt, hätte – so Eric Finkelstein und Laurie Zuckerman in ihrem Buch *The Fattening of America* – zwei Vorteile: Zum einen würde sie die Preise der fetten Produkte und damit deren Konsum senken, zum anderen könnte man das Geld für Gesundheitsprogramme gegen Fettleibigkeit verwenden.

Mehr Kartoffeln

Das Jahr 2008 war das Jahr der Kartoffel. So wollten es die Vereinten Nationen. Deshalb wurde der Knolle in jenem Jahr eine mediale Aufmerksamkeit zuteil wie selten zuvor. Insbesondere zum *Centro Internacional de la Papa*, dem Internationalen Kartoffelinstitut, in Lima pilgerten im Laufe des Jubeljahres Journalisten aus aller Welt, um anschließend Lobeshymnen auf die Kartoffel zu verfassen.

Auch ich machte mich zu Ehren der Kartoffel auf den Weg in die peruanische Hauptstadt. Dort, im Stadtteil Molina, eine halbe Autostunde vom Zentrum Limas entfernt, residiert in einem schönen grünen Ambiente das *Centro de la Papa*, wo sich Forscher aus 25 Ländern um den Fortbestand und die Weiterentwicklung der Kartoffel kümmern. Mit einem halben Dutzend habe ich gesprochen, und dieser eine Tag voller anregender Gespräche im *Centro* ließen mich als Schwaben, der qua Geburt einen unstillbaren Hang zur Nudel hat, zu einem Kartoffelfan konvertieren.

Da war der Ökonom Charles Grissman, der die Kartoffel als eine sehr effiziente Pflanze pries. Sie wachse schneller als jede andere Kulturpflanze (in den Tropen braucht sie nur 50, bei uns 150 Tage), sie brauche weniger Platz, und außerdem könnten 85 Prozent der Kartoffel verspeist werden, bei Getreide dagegen seien es nur 50 Prozent. Zudem sei die Kartoffel eines der wenigen Nahrungsmittel, die nicht teurer geworden sind. Ein wichtiger Grund: Kartoffeln werden nicht international gehandelt, denn sie sind schlicht zu schwer, um sie über weite Strecken oder gar Ozeane zu transportieren.

Da war der Biologe Roland Schafleitner, der den hohen Nährwert seines Forschungsobjektes lobte. Die Kartoffel sei reich an Proteinen, Kalzium und Vitamin C. Kein anderes Gemüse, kein Getreide könne pro Quadratmeter so viele Nährwerte produzieren wie die Kartoffel, schwärmte der Österreicher.

Und da war der kleine Peruaner Carlos Arbizu, der fast zwei Stunden lang mit einer solchen Hingabe über die geliebte Knolle redete – ach was: philosophierte –, dass ich felsenfest überzeugt bin, dass er den richtigen Job hat. Arbizu leitet und wacht über die größte Kartoffel-Genbank der Welt. Stolz öffnet er die dicken Tresortüren und gibt mir Einblicke in sein Reich: Bei minus 20 Grad lagert hier in kleinen Aluminium-Beutelchen das Saatgut von über 4000 Kartoffelsorten aus aller Welt. »Wir werden die noch brauchen«, sagt Carlos Arbizu. Wenn sich weltweit das Klima ändert, benötige man immer wieder neue, anpassungsfähigere Saaten. Er hat für fast jedes Klima etwas in seiner eisigen Schatzkammer. Arbizu glaubt, dass die Kartoffel eine große Zukunft hat.

Doch dazu muss sie erst einmal ihr Imageproblem beheben. Die Kartoffel wurde und wird nach wie vor unterschätzt. Seit sie die Spanier Mitte des 16. Jahrhunderts aus Südamerika nach Europa brachten, genoss sie kein besonders gutes Ansehen. Was warf man zum Beispiel im 17. Jahrhundert nicht alles der Kartoffel vor: Wollust, gar Lepra würde die Knolle verursachen. Später wurde ihr Image nicht viel besser. »Im achtzehnten bis weit ins neunzehnte Jahrhundert behielt sie ihr Etikett als Armeleutefraß«, urteilt Larry Zuckerman in seinem Buch *Die Geschichte der Kartoffel*.

Heute dagegen preist sie Frank Muir, Präsident der US-amerikanischen *Idaho Potato Commission*, als eine Lösung zur Welternährungskrise. Und in der Tat: Die Kartoffel erfährt eine überraschende Renaissance. Viele Länder sind in ihrer Not auf den Geschmack der Kartoffel gekommen. China und Indien legten ein nationales Kartoffelprogramm auf. Und auch in Afrika haben einige Länder (Äthiopien, Kenia und Uganda beispielsweise) die Knolle als Mittel gegen den Hunger entdeckt.

In der Kantine des Kartoffel-Instituts gab es übrigens zum Mittagessen keine Kartoffeln, sondern Reis. Dafür ging ich am Abend mit Freunden in Limas Flanier- und Vorzeigeviertel

Miraflores in das Restaurant Sonccollay, das ich ohne diese nie gefunden hätte. Es ist eher eine kleine Gaststube, wo der Wirt nach Rezepten der Ureinwohner des Andenstaates, den Inkas, kocht. Walter Bustamante Cano brutzelt auf heißen Steinen Fleisch von Alpaka und ziemlich runzlig aussehende Kartoffeln. Das Fleisch geriet etwas zäh, aber die Kartoffeln schmeckten köstlich. Ich habe noch nie so gute und gehaltvolle Kartoffeln gegessen wie an jenem Abend in Lima.

Mehr Italienisches

Ancel Benjamin Keys war ein amerikanischer Biologe und Physiologe. Keys stammte zwar aus Minnesota, lebte und forschte aber fast vierzig Jahre lang in dem kampanischen Dorf Pioppi in Süditalien. Er untersuchte mehrere Küchen der Welt und deren Einfluss auf die Gesundheit der lokalen Bevölkerung. Dabei kam er zu dem Ergebnis, dass die Mittelmeer- und insbesondere die italienische Küche eine der gesündesten der Welt sei. Das war schon Mitte der 40er Jahre. Aber es dauerte einige Jahrzehnte, bis sich diese Einsicht weltweit durchsetzte.

Mitte der 70er Jahre veröffentlichte Keys dann zuammen mit seiner Frau Margaret das Buch *How to Eat Well and Stay Well the Mediterranean Way*, pries die Vorteile der italienischen Küche und animierte die Leser zum Kochen italienischer Rezepte. In den 80er Jahren setzte dann der große internationale Boom des italienischen Kochstils jenseits von Pasta, Pizza und Chianti aus Korbflaschen ein. Es erschienen im englischsprachigen Raum bahnbrechende Kochbücher wie *The Silver Spoon* oder Marcella Hazans *Essentials of Italian Cooking*. Heute hat sich die Küche aus Italien weltweit etabliert, obwohl sicher die wenigsten Pasta-Esser über die gesundheitsfördernde und lebensverlängernde Wirkung ihres Tuns Bescheid wissen. Aber es ist statistisch erwiesen, dass die Bewohner der Mittelmeerregion länger leben als die Europäer in den nördlicheren Gefilden. Pietro Antonio Migliaccio, Italiens bekanntester Ernährungsdoktor, sagt: »Die Mittelmeerküche ist immer noch das beste Mittel gegen Altern, Übergewicht sowie Herz-Kreislauf-Erkrankungen.«

Keys durfte den globalen Erfolg seiner geliebten *Cucina Italiana* noch miterleben. Er starb im November 2004, kurz vor seinem 101. Geburtstag. Ob er so alt wurde, weil er gerne und häufig italienisch aß, ist nicht überliefert. Aber wir kennen die Gründe, warum er die Küchen rund ums Mittelmeer als gesundheitsfördernd einstufte: wenig Fleisch, dafür viel Fisch (vor allem die ölige Sardine), viel Obst und Gemüse, sehr viel Olivenöl (senkt den Cholesterinspiegel und den Blutdruck) und ein mäßiger Konsum von Wein, also ein oder zwei Gläschen zum Essen. Ein weiterer Vorteil des italienischen Essens ist seine traditionelle Speisenfolge: Antipasti, Primo (Pasta), Secundo (Hauptgang), Dolce (Dessert). Unbewusst wird hier das Essen nach allen Regeln der Trennkost in Gänge aufgeteilt. Und bei allem setzen die Italiener auf lokale, saisonale und frische Produkte.

Nirgendwo werden die simplen Regeln des gesunden Essens konsequenter verfolgt als in der einfachen italienischen Küche, der *cucina povera*. Mit Arme-Leute-Küche ist dieser erst in den 60er Jahren entstandene Begriff zwar wörtlich, aber ziemlich unzutreffend übersetzt. Peter Peter definiert in seiner *Kulturgeschichte der italienischen Küche* die *cucina povera* realitätsnäher »als gesunde Landküche«. Sie sei schlichte mediterrane Kochkunst, habe nichts Elaboriertes an sich und verspreche deswegen gerade heute frische, gesunde Produktqualität.

Die *cucina povera* hat wenig gemein mit dem, was die Alfredos, Luigis, Paolos und Stefanos in ihren Ristoranti in aller Welt auftischen. Einheitskost, über die meist eine Einheitssoße geschüttet wird. Die Vielfalt der italienischen Regionalküchen – die die Basis der *cucina povera* sind – spiegelt sich leider auf deren Speisekarten meist nicht wider. Dabei ist italienische Küche mehr, viel mehr als nur Spaghetti vongole, Saltimbocca und Tiramisu. Es sind die vielen Regionalküchen von Piemont bis Sizilien, von Venetien bis Apulien. So ist die arme eher eine reiche Küche, eine Küche der Vielfalt. Wer sie genießen will, muss nach Italien fahren – oder selber kochen.

Mehr Japanisches

Es ist kurz vor 13.30 Uhr. Die meisten Angestellten in der japanischen Hauptstadt Tokio strömen um diese Zeit aus den umliegenden aus- wie inländischen Restaurants, wo man mittags übrigens – im Gegensatz zu abends – sehr günstig und sehr gut essen kann, in ihre Bürosilos zurück. Dort ist dann ein kurzes Nickerchen keine Seltenheit. Als ich die Tür zu einem Großraumbüro auf der dritten Etage des japanischen Landwirtschaftsministeriums (*MAFF*) öffne, döst mein Gesprächspartner noch. Als er von einer Mitarbeiterin höflich angesprochen wird, dass sein Gast da sei, schreckt er hoch, schüttelt sich, streift sich sein Jackett über und stellt sich hellwach meinen Fragen.

Was denn seine Aufgabe als Direktor der erst im April 2008 gegründeten *Food Security Division* im MAFF sei? Hiroyuki Suematsu antwortet: »Wir wollen, dass unsere Landsleute wieder zurück zu unserem traditionellen japanischen Essen finden.« Warum sollen sie das? »Weil unsere auf Reis basierende Ernährung gesünder ist.« Und wie wollen Sie die Japaner zur Umkehr bewegen? »Natürlich können wir sie dazu nicht zwingen, aber durch Kampagnen und Anzeigen wollen wir sie überzeugen.« An der Wand des Büros hängen viele Plakate der Kampagne. Eines ziert den netten Spruch »Have a rice day«. Aber reicht das aus – nur Appelle an den gesunden Menschenverstand? »Nein, deshalb haben wir ja bereits im Juni 2005 ein Gesetz erlassen: *The Basic Law on Shokuiku.*« Das kann man frei übersetzen als Erziehung zu einem gesünderen Essen. Schon in Kindergärten und Schulen sollen die jungen Japaner gelehrt werden, warum japanisches Essen im Gegensatz zu westlichem so gesund ist.

Nirgendwo kann man diesen Unterschied zwischen West und Ost besser studieren als auf Okinawa, einer kleinen Insel weit im Süden von der Hauptinsel. Dort haben die Amerikaner seit Ende des Zweiten Weltkrieges einen ihrer größten Militärstützpunkte mit der entsprechenden kulinarischen Infrastruktur, die auch die Einwohner Okinawas nutzen. Das Ergebnis ist sichtbar: »Die Bürger Okinawas, die mit der amerikanischen statt mit der traditionellen einheimischen Küche aufgewachsen sind, sind dicker. Sie leiden viel eher an Herz-Kreislauf- und Lebererkrankungen, und sie sterben früher als der Durchschnitts-Japaner«, beobachtete Kimiko Barber in ihrem Buch *The Chopsticks Diet*.

Wie die traditionelle japanische Küche aussieht, hat amüsant und lehrreich die Japanerin Naomi Moriyama in ihrem Buch *Japanese Women Don't Get Old or Fat* amüsant und lehrreich zugleich beschrieben. »Das gesunde japanische Essen – und zwar nicht das in Restaurants, sondern das zu Hause – basiert auf Fisch, Soja, Reis, Gemüse und Obst.« Die Japaner essen fünfmal so viel Gemüse wie die Amerikaner. Das fängt beim Frühstück an. Im Land der aufgehenden Sonne beginnt man den Tag traditionell mit grünem Tee, einer Schale gekochtem Reis, einer Misosuppe mit Tofu und Frühlingszwiebeln, dünnen Blättern von Nori-Seetang (hat keine Kalorien!) und vielleicht einem kleinen Omelett oder einem Stück gegrilltem Lachs.

Das klassische japanische Mahl mittags oder abends ist nicht so viel anders. Es besteht aus einem Stück gegrilltem Fisch, einer Schale Reis, gekochtem Gemüse, einer Misosuppe (Basis ist eine Sojabohnenpaste), Obstscheiben als Dessert und natürlich grünem Tee. Wie gesagt: Das ist der Klassiker. Daneben gibt es noch eine Vielfalt an anderen Gerichten. Zum Beispiel köstliche

Nudelsuppen, zubereitet aus sehr unterschiedlichen Nudeln wie Buchweizen (Soba) oder Weizen (Udon).

Doch egal, was letztlich auf den Tisch kommt: Alles muss frisch sein. »Frische ist das Mantra in der japanischen Küche«, schreibt Moriyama. Es gibt deshalb in Japans Städten noch viele kleine spezialisierte Geschäfte, zum Beispiel unzählige Tofuläden, die täglich frischen Tofu machen. Aber auch die Lebensmittelabteilungen der großen Kaufhäuser Isetan, Mitsukoshi oder Takashimaya sowie die Supermärkte sind »Kathedralen der Frische« (Moriyama).

Und so ist es vielleicht nicht überraschend, dass die Lebenserwartung der Japaner überdurchschnittlich hoch ist.

Mehr Chinesisches

Wie oft saß ich schon in Restaurants in China und beobachtete das für mich ungewöhnliche Treiben an den Nebentischen. Die Bedienung bringt die Speisekarte. Dann wird in der Tischrunde erst einmal heftig diskutiert. Die Bedienung wird herbeigewunken. Und dann wird mit ihr weiter geredet und geredet. Drei Minuten, fünf Minuten, manchmal gar zehn Minuten. Ich fragte mich: Was reden die denn so lange? Warum bestellen sie nicht einfach kommentarlos Nummer 17, 52 und 88, so wie man es in einem ordentlichen China-Restaurant in Deutschland macht? Natürlich nicht. In China diskutiert man, woher der Fisch kommt, welche Gerichte zusammenpassen und ob der Tofu wirklich frisch ist.

In China hat Essen eine andere, viel wichtigere Bedeutung als bei uns im Westen. Deshalb begrüßen sich die Leute zum Teil heute noch häufiger mit der Frage *Ni che fan le ma?* – Hast du schon gegessen? Essen ist ein ganz elementarer Bestandteil der jahrtausendealten chinesischen Kultur. »China ist wohl unbestritten eine der am stärksten auf das Essen ausgerichteten Kulturen weltweit«, urteilt Joanna Waley-Cohen, Professorin für Chinesische Geschichte an der *University of New York*.

Schon Konfuzius, der im sechsten Jahrhundert v. Chr. lebte, hat sich viele Gedanken über das Essen gemacht. Er aß mäßig und achtete auf ein ausgewogenes Verhältnis zwischen Getreide und den Beilagen wie Fleisch oder Gemüse. Auch mit der Frische der Speisen nahm er es sehr genau. Für die Chinesen war Essen schon zu jenen Zeiten mehr als nur simple Nahrungsaufnahme. Waley-Cohen: »Richtig zu essen – die richtigen Zutaten zu wählen und sie in der rechten Weise zu kombinieren – wurde als sicherster Weg zu Gesundheit und zu langem Leben gewertet.«

Daraus resultiert eine fundamental andere Sicht als im Westen. Wir betrachten das Essen eher als Feind, der uns dick macht; der Chinese dagegen als etwas, das ihn gesund hält. Und die Chinesen wissen, was gesund ist, was man essen muss und darf und was nicht. Ein Chinese würde deshalb nie auf die Idee kommen, die Kalorien der Speisen zu zählen.

Die britische Journalistin Lorraine Clissold, die sogar Kochkurse im chinesischen Fernsehen gab, hat in ihrem Buch *Why the Chinese Don't Count Calories* diese unterschiedlichen Welten beschrieben und verglichen. Ihr Ergebnis: Wir können und sollten von den Chinesen lernen. Keine Sorge: Wir müssen jetzt nicht alle mit Stäbchen essen, morgens einen wässerigen Reisbrei schlürfen, mittags Hühnerfüße lutschen und abends Schweinsohren in Chilisauce kauen.

Aber ein paar grundlegende Regeln kann man von den Chinesen schon lernen:

Mehr Gemüse: *cai* heißt Gemüse, aber auch Essen, und damit ist viel über die Wertschätzung des Gemüses gesagt. Morgens begrüßt man sich mit *Ni mai cai qu?* Du gehst Gemüse kaufen? Viele Chinesen gehen in der Tat morgens frisches Gemüse kaufen. Es ist der Hauptbestandteil des Essens. Man isst Sellerie mit Rindfleischstreifen, nicht Rindfleisch mit Sellerie. Dazu

Reis (aber am Schluss, zum Magenfüllen) und immer wieder Suppen in unzähligen Variationen.

Gesund essen: Nahrungsaufnahme in China bedeutet nicht nur satt zu werden, sondern auch Gesundheit essen. Ob Ingwer, schwarze Bohnen, Chilies, Sichuan-Pfeffer oder Sesamkörner – vielen Nahrungsmitteln werden heilende und vorbeugende Wirkungen zugesprochen. Und sie sind wichtiger Bestandteil der traditionellen chinesischen Medizin (TCM).

Frisch einkaufen: Ein Chinese geht nicht mit einem Einkaufszettel auf den Markt. Er kauft ein, was dort gerade frisch angeboten wird. Es wird nicht – wie bei uns – nach Rezept gekocht, sondern danach, was gerade auf dem Markt angeboten wird. Erst zu Hause, am Wok, wird entschieden, welches Gericht man aus dem Eingekauften zaubert.

Frisch essen: Keine abgepackten Lebensmittel verwenden. Und im Restaurants sucht man sich den Fisch nicht auf der Speisekarte aus, sondern im Aquarium. Die Bedienung fischt ihn heraus und trägt ihn in einer Plastiktüte mit Wasser in die Küche. Wenig später ist der Fisch tot, aber frisch auf dem Tisch.

Mehr Lokales, mehr Saisonales

In Vancouver bin ich mit James Mackinnon verabredet, einem relativ jungen kanadischen Journalisten, der mit seiner Kollegin Alisa Smith in dieser schönen Stadt zusammenlebt. Die beiden haben zusammen ein Buch über ein sehr interessantes persönliches Experiment geschrieben: *The 100-Miles-Diet*. Ein ganzes Jahr lang versuchten die beiden, sich von Nahrungsmitteln zu ernähren, die im Umkreis von 100 Meilen (160 Kilometer) von Vancouver angebaut wurden.

Bei einem Bier in der – natürlich – lokalen Mini-Brauerei *Steamworks* erzählt mir James, wie die beiden die Idee geboren haben. »Ich glaube, wir sollten mal versuchen, für ein Jahr nur *local food* zu essen«, sagte eines Tages James am Frühstückstisch zu seiner Freundin Alisa. Sie stimmte zu. Die beiden begannen am ersten Frühlingstag des Jahres 2005 das Experiment ihres Lebens. Es war am Anfang nicht einfach. Sie fanden kein Speiseöl, keinen Pfeffer, kein Salz, ja sogar kein Mehl, das im Umkreis von Vancouver produziert wurde, und mussten sehr viel improvisieren. Trotzdem zogen sie ihr Vorhaben konsequent durch – bis auf eine Ausnahme: »Salz – darauf konnten wir einfach nicht verzichten«, sagt James.

Ökologisch war das sicher ein sehr sinnvolles Projekt, aber auch ökonomisch? Viele Leute glauben ja, dass der Kauf lokaler Nahrungsmittel teurer sei. Aber das ist offenbar ein Vorurteil: »Unser *Food Budget* hat sich in diesem einen Jahr nicht erhöht«, sagt James überraschend.

Inzwischen haben er und Alisa viele Einladungen zu Vorträgen bekommen. Nicht nur in Kanada, sondern auch im großen Nachbarland USA erzählen sie über ihr Experiment. Das ist nicht verwunderlich. Denn in ganz Nordamerika ist in den vergangenen Jahren eine starke *Local-Food*-Bewegung entstanden. In vielen Großstädten gibt es immer mehr sogenannter *Farmers' Markets*, auf denen Bauern aus der Umgebung ein- oder zweimal die Woche ihre frischen Produkte verkaufen. Der Westen und Nordwesten Kanadas und der USA haben eine Vorreiterrolle bei dieser Bewegung gespielt. Städte wie Vancouver, Portland, Seattle und San Francisco haben sich dabei besonders hervorgetan.

In San Francisco gibt es am *Ferry Building*, wo die Fähren nach Sausalito abgehen, sogar einen permanenten Markt. An einem Sonntagnachmittag schlendere ich durch die schönen Hallen, an deren Außenwänden Plakate mit der Botschaft *Support Local Farms* kleben. Drinnen gibt es Fleisch von der Golden Gate Meat Corporation (»Butchers by the Bay«), Olivenöl von der McEvoy Ranch, Käse von Cowgirl Creaming oder freilaufende Hühner von der Prather Ranch.

Wer keine Zeit zum Einkaufen auf den *Farmers' Markets* hat, kann sich in vielen amerikanischen Städten inzwischen eine *CSA Box* ins Haus liefern lassen. CSA ist das Kürzel für *Community Supported Agriculture*. Das Prinzip ist einfach: Singles, Familien oder Institutionen beteiligen sich mit einem finanziellen Beitrag (meist zwischen 300 und 900 Dollar pro Erntesaison) an einer Farm in der Umgebung. Dafür bekommen sie jede Woche eine Kiste mit Gemüse und Obst ins Haus geliefert. Das hat für beide – die Farmer und die Kunden – Vorteile. Den Bauern ist ein festes Einkommen garantiert, den Verbrauchern regelmäßig gesunde frische Kost. Rund 1200 solcher *CSA Farms* gibt es schon in den USA.

Der amerikanische Food-Kritiker Michel Pollan ist voll des Lobes über solche lokale Aktivitäten. Der Ernährungspapst predigt schon seit längerem: »Vermeiden Sie, wann immer es möglich ist, den Supermarkt.« Abgepackte Lebensmittel sind für ihn erstens ungesund und zweitens Ausdruck eines Diktats der Konzerne, die uns vorschreiben, was wir essen sollen. Aber noch kaufen wir im Westen 80 Prozent unserer Lebensmittel in den Supermärkten. Die wittern freilich die Gefahr der lokalen Frischekonkurrenz, und so springen amerikanische Supermärkte auf den Trend lokaler Produkte. Aber wann sind Tomaten, Fleisch oder Eier lokale Produkte? Branchenriese Wal-Mart hat seine eigene Definition: Wenn sie aus demselben Bundesstaat kommen. Konkurrent Whole Foods sagt: Wenn die Ware nicht länger als sieben Stunden unterwegs ist.

Wer ja sagt zu mehr lokalen Produkten, muss konsequenter nein sagen zu Esswaren, die Tausende von Kilometern zu uns per Flugzeug oder Schiff kommen. Wir haben uns daran gewöhnt, jedes Obst, jedes Gemüse rund ums Jahr zu bekommen. Wir leben in einer »permananten globalen Sommerzeit«, wie es die britische Food-Journalistin Joanna Blythman treffend beschreibt.

Mehr selbst anbauen

Soweto ist sicher die berühmteste Township Südafrikas. Hier begann der letztlich erfolgreiche Aufstand gegen das Apartheid-Regime. Aber Soweto ist auch heute – 15 Jahre nach dem Zusammenbruch des weißen Herrschaft – noch ein schwarzes Armenviertel. Rund 3,5 Millionen Menschen leben dort in Holz- oder Wellblech-Hütten. Doch Raum ist um die kleinste Hütte, denkt jedenfalls Hilda Pheto, die die Menschen in Soweto (aber nicht nur dort) lehrt, wie sie auf wenigen Quadratmetern ihre eigene Nahrung anpflanzen können.

Ich treffe die sympathische und engagierte Frau im wesentlich schöneren Stadtteil Parkhurst im Südwesten Johannesburgs. Hier, in einem schlichten Haus, residiert Hilda Pheto mit ihrer kleinen Organisation *Food Gardens Foundation*. Kaum habe ich in ihrem Büro Platz genommen, rollt sie ein kleines Plakat aus. Dort wird in sieben Schritten und sieben Bildern (für die Analphabeten) erklärt, wie man ein kleines Gemüsebeet – zwei Meter lang, einen Meter breit – anlegt und darauf zum Beispiel Karotten, Kohl und Spinat anpflanzt. Als Dünger fungieren Abfälle. Es ist sehr simpel, aber erfolgreich.

Seit 1976 gibt es die Stiftung, seit fünf Jahren ist Hilda Chefin. »Am Anfang kümmerten wir uns vor allem um die sehr armen Menschen«, sagt sie. Doch jetzt – angesichts der Ernährungskrise – steige die Nachfrage, in Johannesburg, in anderen Städten Südafrikas und auch in den Nachbarländern.

Südafrika, wo rund fünf Millionen unter unzureichender Ernährung leiden, ist kein Einzelfall. In vielen Ländern wird angesichts der aktuellen Nahrungsmittelkrise wieder der Selbstanbau propagiert, und zwar sowohl in Industrie- wie auch in den Entwicklungsländern. In Jamaika predigte Premierminister Bruce Golding von der Kanzel der Somerton Baptist Church, mehr selber anzubauen. Seine Regierung startete im Mai 2008 die Kampagne *Eat what we grow, Grow what we eat*. Im karibischen Nachbarland Guayana appellierte Präsident Bharrat Jagdeo an seine Landsleute, dasselbe zu tun, und seine Regierung spendierte dazu die nötigen Samenkörner. Und Mexico Citys Stadtregierung startete 2007 ein *Backyard Agricultural Programme*.

Urban agriculture – städtische Landwirtschaft – heißt vor allem in der angelsächsischen Welt der neue Trend. Die *Financial Times* kommentiert süffisant: »Im 21. Jahrhundert ist der Schrebergarten bei Städtern genauso schick wie eine Mitgliedschaft im Gym oder das zusammenklappbare Fahrrad.« Die Wortneuschöpfung *locavore*, was so viel heißt wie extremer Selbstversorger, wurde vom *New Oxford American Dictionary* zum Wort des Jahres 2007 gewählt.

Vorreiter der Bewegung in den Industrieländern ist das kanadische Toronto. Die Stadt hat schon seit 1991 einen *Food Policy Council*, der regelmäßig neue Ideen produziert. Seine Botschaft: »Langfristige Ernährungssicherheit bedeutet, dass wir Ackerland in und nahe der Stadt brauchen.« Aus diesem Petitum hat die städtische Verwaltung ein ehrgeiziges Ziel abgeleitet: Bis 2025 soll ein Viertel des Obsts und Gemüses in der Stadt angebaut werden. Jetzt schon gibt es über 120 städtische Gärten in Toronto.

Auch in Australien nimmt die Bewegung Fahrt auf. Kommunale Gärten erleben ein Comeback, lese ich in der *Australian Financial Review*. Über 180 solcher Gärten soll es schon geben. Allein Brisbane will in den nächsten vier Jahren 15 *community gardens* anlegen. Überall gibt es Wartelisten für Interessenten, die pro Quadratmeter beackertes Land rund vier Euro pro Jahr bezahlen müssen.

Und auch in London hat sich der neue konservative Bürgermeister Boris Johnson des Themas angenommen. Seit kurzem hat er mit Rosie Boycott, offiziell *Chair of London Food*, eine Beraterin. Sie sagt: »Wir müssen die Nahrung wieder zurück in die Herzen der Städte bringen.« Aber wo ist denn Platz in unseren zubetonierten Städten? »Es gibt in unseren Städten viel Platz, der einfach nur eine grüne Wüste ist. Diesen Platz müssen wir nutzen«, sagte der Brite Ben Reynolds, Autor einer Studie über Gärten in Städten. Außerdem gibt es eine nicht unbedingt naheliegende Antwort: auf den Dächern. Das New Yorker Ingenieurbüro *Sun Works* hat bereits die kommende Marktnische entdeckt und bietet Pläne an, wie man auf Dächern von Hochhäusern Gemüse züchten kann.

Profiteure des Trends sind die Saatgutfirmen. Der britische Saatguthändler Suttons berichtet, dass er vor drei Jahren 70 Prozent seines Umsatzes noch mit Blumensamen gemacht habe, heute aber 70 Prozent mit Samen für Gemüse. Auch in den USA melden die Saatverkäufer Rekordumsätze. George Ball, Chef von W. Atlee Burpee, sagt, die Verkäufe von Saatgut für Gemüse wie Karotten und Tomaten seien 2008 um 20 bis 30 Prozent gestiegen. Bell freut sich: »Es ist wie eine Art Bonanza für uns.« Burpee verkauft für zehn Dollar ein Päckchen namens *Money Garden* mit Samen für Tomaten, Erbsen, Karotten, Basilikum, Paprika und Zuckerschoten. Das sei der große Renner, sagt er.

Dass die Saat weltweit aufgeht, dafür will *Kitchen Gardeners International (KGI)*, eine Nichtregierungsorganisation im Bundesstaat Maine, sorgen. Sie propagiert die Idee weltweit. Roger Doiron, einer der Initiatoren, sagt laut *International Herald Tribune*: »Wenn Leute glauben, dass sie in unsicheren Zeiten leben, wenden sie sich Dingen zu, die ihnen eine gewisse Sicherheit geben.« Und das sei der Selbstanbau von Nahrungsmitteln. Er plädiert für Gärten in Schulhöfen, an öffentlichen Plätzen und sogar in Regierungspalästen. Der erste Bewohner des Weißen Hauses, Präsident John Adams, habe einen Gemüsegarten gehabt. Die Roosevelts pflegten in den schwierigen Kriegszeiten der 40er Jahre in ihrem *Victory Garden* den Selbstanbau.

Und auch der neue Präsident Barack Obama zeigt inzwischen Erdverbundenheit. Mitte März 2009 legte seine Frau Michelle zusammen mit 23 Grundschülern aus Washington den *White*

House Kitchen Garden an. Er soll die Familie Obama, den Hofstaat, aber auch die Staatsgäste des Hauses mit frischem Gemüse und frischen Kräutern versorgen. Doch der 100 Quadratmeter große Garten an der E Street soll mehr als nur nahe Nahrungsquelle fürs Weiße Haus sein. Er soll – so wünscht es Michelle Obama – ein Vorbild für andere werden. Sie will, dass es andere Amerikaner ihr nachmachen und auf den Geschmack kommen. Denn – so die First Lady – »frisches, selbst angebautes Gemüse schmeckt einfach besser«.

Mehr selber kochen

Es begann – wie so vieles in unserer Konsumwelt – in den USA. Schon in den 70er Jahren lud dort Julia Chilld in ihre Fernsehküche ein, später in den 90er Jahren gab es dann mit *Food Network TV* einen eigenen Kanal, der rund um die Uhr über Essen und Kochen berichtete. Die erfolgreichste Sendung war *Iron Chef*, bei dem Köche gegeneinander in einem Wettstreit antraten.

In den vergangenen Jahren kopierten dann die hiesigen privaten wie öffentlich-rechtlichen Fernsehmacher das amerikanische Erfolgsrezept: Man nehme einen Sterne-Koch (ersatzweise Alfred Biolek), verpflanze ihn in ein Fernsehstudio und lasse ihn dort werken und wirbeln. Und so sind inzwischen die Lafers, die Mälzers, die Schubecks, die Hensslers und wie sie alle heißen omnipräsent in diversen TV-Kanälen.

Gegen die Allgegenwärtigkeit dieser kulinarischen Kanalarbeiter ist nichts einzuwenden. Sie bieten ja ein Stück notwendige Aufklärung über unser Essen und dessen Zutaten. Die Frage ist aber: Schauen die Zuschauer nur amüsiert zu – womöglich mit einer Tüte Chips in der Hand? Oder animiert sie das Fernsehen zum Nachmachen, und raffen sie sich vom Sofa zum Herd auf?

Letzteres wäre zu wünschen. Aber Zweifel sind erlaubt, ob die junge Generation auch nach stundenlangem Fernsehgenuss von Kochshows mehr als nur Kaffee kochen und Spiegeleier braten kann. »Kochen ist in unserer Kultur eine sterbende Kunst«, klagt die amerikanische Autorin Barbara Kingsolver. Die Ernährungsindustrie hat dazu einen großen Beitrag geleistet, in dem sie die Regale und Tiefkühltruhen unserer Supermärkte mit Fertiggerichten aller Art vollpackte und uns suggerierte, wir hätten keine Zeit mehr zum Kochen. Aber auch wenn wir die Zeit haben – wir sind zu bequem geworden. Abends noch an den Herd? Nein danke. Lieber ein Griff in den Kühlschrank und rein mit dem Fertiggericht in die Mikrowelle. »Die Industrie hat uns aus unserer eigenen Küche vertrieben«, sagt Kingsolver.

Diese Vertreibung will Jamie Oliver umkehren. Der junge Engländer ist der globale Supervermarkter seiner Kochkünste und seiner selbst. Egal, wo auf dieser Welt ich in eine Buchhandlung ging, meist stolperte ich gleich am Eingang über einen Stapel seines neues Werkes *Ministry of Food*. Irgendwann, es war in Sydney, kaufte ich ein Exemplar, neugierig darauf, was der selbsternannte *Minister of Food* seinen Lesern mitzuteilen hat. Gleich im Vorwort schreibt er, es gehe ihm nicht um einen Marketing-Gag. Nein, er wolle vielmehr eine Bewegung in Gang bringen, die sich »zu einer der umwälzendesten Kochrevolutionen der Nachkriegszeit entwickeln könnte«.

Das Revolutionäre ist freilich etwas sehr Konservatives: Jamie Oliver will die Leute zurück an den Herd bringen. Deshalb hat er auf über 300 Seiten einfache Rezepte aufgeschrieben, die jedermann nachkochen kann. »Wenn Sie eine Zubereitung beherrschen, geben Sie Ihr Wissen an mindestens zwei, besser noch vier andere weiter«, empfiehlt Oliver. Und so breitet sich nach dem Schneeballprinzip die Kochrevolution im ganzen Lande und in der ganzen Welt aus.

Eine simple revolutionäre Idee, die durchaus den Zeitgeist

trifft. Denn angesichts zunehmender Lebensmittelskandale machen sich immer mehr Menschen Gedanken darüber, was ihnen von der Industrie und den Restaurants tagtäglich vorgesetzt wird.

Zu Hause kochen und essen ist gesünder, geselliger und günstiger.

Guten Appetit!

Danksagung

Wie bekomme ich einen Termin im japanischen Landwirtschaftsministerium? Wer öffnet mir das Tor zu einer argentinischen Estancia? Wer begleitet mich auf Märkte und durch Slums in Kenia? Viele solcher Fragen stellten sich während meiner Recherche-Reise um die Welt. Doch es gab viele Türöffner, die mir Zugang zu interessanten Gesprächspartnern verschafften. Ihnen gebührt mein Dank.

Eine große Hilfe waren für mich die Agrarattachés an den Deutschen Botschaften in Washington, Buenos Aires, Brasilia, Neu-Delhi, Tokio, Peking und Johannesburg. Und an den Botschaften, wo es keine dieser Attachés gab, unterstützten mich andere Angehörige der Botschaft, so in Canberra, Dhaka, Nairobi, Phnom Penh und Wellington. Sie alle waren – *off the record,* versteht sich – sehr ergiebige Quellen für Einschätzungen und Informationen über die Landwirtschaft ihres jeweiligen Gastlandes. Und sie vermittelten mir auch wertvolle Gespräche vor Ort.

In fast jedem Land meiner Reise besuchte ich die Büros der Welternährungsorganisation FAO und des *World Food Programme* WFP. Erwin Northoff in der Zentrale der FAO sowie Ralf Südhoff und Tobias Bauer im Deutschland-Büro des WFP unterstützten mich dabei. Sie organisierten mir auch am Ende meiner langen Reise jeweils einen Tag voller Gespräche in den römischen Hauptverwaltungen von FAO und WFP. Ergiebig an Informationen und Kontakten waren auch meine Besuche beim *International Food Policy Reserach Center* IFPRI in Washington, beim *International Potato Center* in Lima, beim *International Rice Research Institute* IRRI nahe Manila sowie dem *WorldFish Center* auf Penang in Malaysia.

Neben all diesen Organisationen halfen mir auch viele Einzelpersonen an den verschiedenenen Stationen meiner Reise. Christina Warning von der *Welthungerhilfe* stellte für mich ein umfangreiches Programm in Kambodschas Hauptstadt Phnom Penh zusammen. Sebastian Bullrich nahm mich spontan auf eine erlebnisreiche Fahrt durch die argentinische Pampa mit. Juan Carlos Möller-Hergt verhalf mir in Lima zu exzellenten Einblicken in Perus Fischindustrie und chauffierte mich 500 Kilometer die peruanische Küste entlang. In Peking organisierte der Agrarwissenschaftler Wilko Schweers eine interessante Diskussionsrunde an der *Chinesischen Akademie für Agrarwissenschaften*. In Chinas Hauptstadt waren mir zudem Jörg Wuttke (*BASF*) und Georg Blume (*Die Zeit*) – wie stets – hilfreiche Partner.

Danken möchte ich auch den beiden *Spiegel*-Korrespondenten Padma Rao (Neu-Delhi) und Volkhard Windfuhr (Kairo). Padma Rao und ihre Assistentin Ekta haben mir während der hektisch-nervösen Tagen nach den Mumbai-Attentaten durch ihre perfekte Organisation meines Besuches in Neu-Delhi ein Gefühl der Sicherheit gegeben. Und in Kairo profitierte ich von Volkhard Windfuhrs exzellenten Kontakten in der arabischen Welt. Ein Anruf von ihm genügte, und wenige Stunden später hatte ich die gewünschten Termine in Ägyptens Hauptstadt. Mit ihm zusammen besuchte ich auch am Heiligen Abend in Kairo eine Messe in der deutschen Kirche, wo ich mich ganz oben bedanken konnte, dass ich diese Reise durch 26 Länder, diverse Klimazonen und viele exotische Küchen ohne große körperlichen wie materiellen Schäden überstanden habe.

Zurück in Deutschland, habe ich meiner Agentin Barbara Wenner und meinem Lektor beim S. Fischer Verlag, Peter Sillem, zu danken. Beide unterstützten mich mit Rat und Tat von Anfang bis Ende dieses Projekts. Aber letztendlich wäre dessen Realisierung ohne meinen Arbeitgeber, das *manager magazin*, nicht möglich gewesen. Denn er genehmigte mir eine siebenmonatige Auszeit, in der ich dieses Buch recherchieren und schreiben konnte.

Literaturverzeichnis

Bücher

Barlösius, Eva: *Soziologie des Essens*, Weinheim 1999

Barber, Kimiko: *The Chopsticks Diet*, London 2009

Belasco, Warren: *Meals to Come – A History of the Future of Food*, Berkeley 2006

Brown, Lester: *Wer ernährt China?*, Holm 1997

Brown, Lester: *Outgrowing The Earth*, New York 2004

Brown, Lester: *Plan B 2.0*, New York 2006

Caldecott, Julian: *Water – The Causes, Costs and Future of a Global Crisis*, London 2007

Civitello, Linda: *Cuisine and Culture*, Hoboken 2008

Cline, William R.: *Global Warming and Agriculture*, Washington 2007

Clissold, Lorraine: *Why the Chinese Don't Count Calories*, London 2008

Clover, Charles: *The End of the Line: How Overfishing is Changing the World and What We Eat*, London 2005

Cohen, Joel: *How Many People Can the Earth Support?* New York 1995

Collier, Paul: *Die unterste Milliarde*, München 2008

Conway, Gordon: *The Doubly Green Revolution*, New York 1997

Corson, Trevor: *The Story of Sushi*, New York 2007

Critser, Greg: *Fat Land – How Americans Became the Fattest People in the World*, New York 2003

Delgado, Christopher u. a.: *Fish to 2020 – Supply and Demand in Changing Global Markets*, Washington 2003

Deng Xiangzi und Deng Yingru: *The Man Who Puts an End to Hunger – Yuan Longping, Father of Hybrid Rice*, Beijing 2007

Diamond, Jared: *Kollaps*, Frankfurt a. M. 2005

Dickie, John: *Delizia!* Die Italiener und ihre Küche, Frankfurt a. M. 2009
Ehrlich, Paul: *The Population Bomb*, New York 1968
Ehrlich, Paul und Anne: *The Dominant Animal*, Washington 2008
Ellis, Hattie: *Planet Chicken. The Shameful Story of the Bird on Your Plate*, London 2007.
Evans, Lloyd: *Feeding the Ten Billion*, Cambridge 1998
Fernández-Armesto, Felipe: *Near a Thousand Tables: A History of Food*, New York 2004
Finkelstein Eric A. und Laurie Zuckerman: *The Fattening of America*, Hoboken 2008
Freedman, Paul (Hrsg.): *Essen – Eine Kulturgeschichte des Geschmacks*, Darmstadt 2007
Friedman, Thomas: *Hot, Flat and Crowded*, New York 2008
Fussell, Betty: *The Story of Corn*, Albuquerque 1992
Fussell, Betty: *Raising Steaks – The Life and Times of American Beef*, Orlando 2008
Gottwald, Franz-Theo und Franz Fischler: *Ernährung sichern – Weltweit*, Hamburg 2007
Grescoe, Taras: *Bottomfeeder – How to Eat Ethically Fish in a World of Vanishing Seafood*, New York 2008
Grill, Bartholomäus: *Ach, Afrika*, München 2005.
Hahlbrock, Klaus: *Kann unsere Erde die Menschen noch ernähren?*, Frankfurt a. M. 2007
Hirschfelder, Gunther: *Europäische Esskultur*, Frankfurt a. M. 2005
Hoering, Uwe: *Agrar-Kolonialismus in Afrika*, Hamburg 2007
Hope Cummings, Claire: *Uncertain Peril – Genetic Engineering and the Future of Seeds*, Boston 2008
Jaffrelot, Christopher und Peter van der Veer: *Patterns of Middle Class Consumption in India and China*, Neu-Delhi 2008
Kamdar, Mira: *Planet India*, New York 2007
Kingsolver, Barbara: *Animal, Vegetable, Miracle – A Year of Food Life*, New York 2007

Kunstler, James Howard: *The Long Emergency*, New York 2005
Kurlansky, Mark: Cod – *A Biography of the Fish That Changed the World*, New York 1997
Kurlansky, Mark: *The Last Fish Tale, The Fate of the Atlantic and Our Disappearing Fisheries*, London 2008
Lawrence, Felicity: *Eat your heart out – Why the food business is bad for the planet and your health*, London 2008
Liu, Warren K.: *KFC in China. Secret Recipe for Success*, Singapur 2008
Livi-Bacci, Massimo: *A Concise History of World Population*, Oxford 1992
Malthus, Thomas Robert: *Das Bevölkerungsgesetz*, München 1977
Mayer-Tasch, Peter Cornelius: *Meer ohne Fische?*, Frankfurt a. M. 2007
Mazoyer, Marcel und Laurence Roudart: *A History of World Agriculture*, New York 2006
Meadows, Dennis: *Die Grenzen des Wachstums*, Stuttgart 1972
Mellinger, Nan: *Fleisch – Ursprung und Wandel einer Lust*, Frankfurt a. M. 2003
Miller, Henry und Gregory Conko: *The Frankenfood Myth. How Protest and Politics Threaten the Biotech Revolution*, London 2004
Montanari, Massimo: *Der Hunger und der Überfluß. Kulturgeschichte der Ernährung in Europa*, München 1999
Moore Lappé, Frances: *Diet for a Small Planet*, New York 1982
Morgan, Dan: *Merchants of Grain*, New York 1980
Moriyama, Naomi: *Warum japanische Frauen länger jung bleiben*, München 2008
Moyo, Dambisa: *Dead Aid – Why Aid is not working and how there is a better way for Africa*, London 2009
Müller, Henrik: *Die sieben Knappheiten*, Frankfurt a. M. 2008
Münz, Rainer und Reiterer, Albert: *Wie schnell wächst die Zahl der Menschen?*, Frankfurt a. M. 2007
Oliver, Jamie: *Ministry of Food*, London 2008

Patel, Raj: *Stuffed and Starved – The Hidden Battle for the World Food System*, New York 2007
Pearce, Fred: *When the Rivers Run Dry*, London 2006
Peter, Peter: *Kulturgeschichte der italienischen Küche*, München 2006
Pfeiffer, Dale Allen: *Eating Fossil Fuels*, Gabriola Island 2006
Pimm, Stuart: *The World According to Pimm*, New York 2001
Pollan, Michael: *The Omnivore's Dilemma*, New York 2006
Pollan, Michael: *In Defense of Food – An Eater's Manifesto*, New York 2008
Rimas, Andrew und Evan Fraser: *Beef – The Untold Story of How Milk, Meat, and Muscle Shaped the World*, New York 2008
Roberts, Paul: *The End of Food*, Boston 2008
Robin, Marie-Monique: *Mit Gift und Genen – Wie der Biotech-Konzern Monsanto unsere Welt verändert*, München 2009
Rotberg, Robert und Theodore Rabb: *Hunger and History*, Cambridge 1983
Rothermund, Dietmar: *Indien*, München 2008
Seligson, Susan: *Brot – Eine Kulturgeschichte für Leib und Seele*, München 2003
Simon, Julian: *The Ultimate Resource*, Princeton 1981
Smil, Vaclav: *Feeding the World*, Cambridge 2001
Smith, Alisa und James B. MacKinnon: *Plenty – Eating Locally on the 100 Mile Diet*, New York 2007
Srinivas, Alam: *The Indian Consumer. One Billion Myths, One Billion Realities*, Singapur 2008
Steel, Carolyn: *Hungry City – How Food Shapes Our Lives*, London 2008
Tannahill, Reay: *Food in History*, London 1988
Vernon, James: *Hunger – A modern History*, Cambridge 2007
Wagenhofer, Erich und Max Annas: *We Feed the World – Was uns das Essen wirklich kostet*, Freiburg i. Br. 2006
Welzer, Harald: *Klimakriege*, Frankfurt a. M. 2008
Wilson, Edward O.: *Die Zukunft des Lebens*, München 2004

Ziegler, Jan: *Wie kommt der Hunger in die Welt?*, München 2002
Zuckerman, Larry: *Die Geschichte der Kartoffel*, Berlin 2004

Studien und Zeitschriftenaufsätze

Australian Government Department of Foreign Affairs and Trade: *APEC and the rise of the global middle class*, Canberra, September 2007

Battisti, David und Rosamond Naylor: Historical Warnings of Future Food Insecurity with Unprecedented Seasonal Heat, in: *Science*, Vol. 323, 9. Januar 2009

Bundesministerium für wirtschaftliche Zusammenarbeit und Entwicklung: *Entwicklungspolitische Positionierung zu Agrartreibstoffen*, Berlin 2008.

Center for Naval Analysis: *National Security and the Threat of Climate Change*, Alexandria 2007

Chatham House: *UK Food Supply – Storm Clouds on the Horizon?*, 2008

Chatham House: *Food Futures: Rethinking UK Strategy*, 2008

CLSA: *Thirsty China – Its key resource constraint is water*, Peking 2006

Cramer, Stefan und Barbara Unmüßig: *Afrika im Klimawandel*, GIGA Focus, Nummer 2, 2008

Deutscher Bauernverband: *Klimareport der Land- und Forstwirtschaft*, November 2007

Doornbusch, Richard und Ronald Steenblik: *Biofuels: Is the cure worse than the disease? Paper for the OECD Round Table on Sustainable Development*, Paris September 2007

Environmental Justice Foundation: *Pirate Fish on Your Plate – Tracking illegally-caught fish from West Africa into the European market*, London 2007

ERBD/FAO: *Fighting food inflation through sustainable investment – Grain production and export potential in CIS countries*, London 2008

Falkenmark, Malin und Victor Galaz: *Agriculture, Water and Ecosystems, Swedish Water House Policy Brief* Nr. 6, SIWI; 2007

FAO: *Livestock's long shadow*, Rom 2006.

FAO: *The State of Food and Agriculture – Biofuels: Prospects, Risks and Opportunities*, Rom 2008

FAO: *The State of World Fisheries and Aquaculture 2008*, Rom 2009.

FAO/OECD: *Agricultural Outlook 2008–2017*, Rom 2008

Friedrich Naumann Stiftung: *World Food Crisis: Social and Economic Threats and Challenges in Northeast Asia*, Seoul 2008

Fundação Getulio Vargas: *Food Price Determining Factors – The Impact of Biofuels*, São Paulo November 2008

Garrett, Laurie: *Food Failures and Futures*. A CGS Working Paper, Council on Foreign Relations Press, Mai 2008

Global Witness: *Country for Sale – How Cambodia's elite has captured the country's extractive industries*, Februar 2009

Grain: *Seized! The 2008 land grab for food and financial security*, Oktober 2008

Greenpeace: *Climate Change and Food Security in China*, Peking 2008

Gulf Research Center: *Potential for GCC Agro-Investments in Africa and Central Asia*, Dubai September 2008

Gunasekera, Don u. a.: *Climate Change – Issues and challenges for Australian agriculture and forestry*, in *Australian Commodities*, Vol. 14, September 2007

Hauser, Michael: Mit ökologischer Landwirtschaft gegen den Hunger?, in: *Aus Politik und Zeitgeschichte*, 6–7/2009, S. 27 ff.

High-Level Taskforce on the Global Food Security Crisis: *Comprehensive Framework for Action*, New York Juli 2008

International Food Policy Research Institute: *High Food Prices: The What, Who, and How of Proposed Policy Actions*, Washington, Mai 2008

International Trade Union Confederation (ITUC): *A Recipe for Hunger: How the World is Failing on Food*, March 2009.

International Water Management Institute (IWMI): *Water for Food, Water for Life*, Stockholm 2007

Jackson, Jeremy u. a.: *Historical Overfishing and the Recent*

Collapse of Coastal Ecosystems, in: *Science*, Vol. 293, 27. Juli 2001

Mitchell, Donald: *A Note on Rising Food Prices*, Policy Research Working Paper 4682, The World Bank, Washington, Juli 2008

Muller, Mark u. a.: *Food versus Fuel in the United States*, Institute for Agriculture and Trade Policy, 2008

Naim, Moisés: Can the World Afford A Middle Class?, in: *Foreign Policy*, March/April 2008

Natsios, Andrew und Kelly Doley: The Coming Food Coups, in: *The Washington Quarterly*, Januar 2009

OECD: *Biofuel Support Policies – An Economic Assessment*, Paris Juli 2008

OECD: *Green Fuels for Development? Improving Policy Coherence in West Africa*, SWAC Briefing Note 2, September 2008

Pingali, Prabhu: *Westernization of Asian Diets and the transformation of food systems: Implications for research and policy*, FAO, ESA Working Paper No. 04–17, Rom September 2004

Schott, Christina: *Biodiesel aus Palmöl and nachhaltige Produktion in Indonesien – ein Widerspruch in sich?*, Kurzberichte aus der internationalen Entwicklungszusammenarbeit, Friedrich Ebert Stiftung, November 2008

Sissenwine, Michael und David Symes: *Reflections on the Common Fisheries Policy*, Brüssel Juli 2007

Stockholm International Water Institute: *Saving Water: From Field to Fork*, Stockholm, Mai 2008

The World Bank: *World Development Report 2008 – Agriculture for Development*, Washington 2007

UNEP: *In Dead Water – Merging of Climate Change with Pollution, Over-Harvest, and Infestations in the World's Fishing Grounds*, Nairobi, 2008

UNEP: *The Environmental Food Crisis*, Nairobi 2009

Waste & Resources Action Programme (WRAP): *The food we waste*, Banbury 2008

Wiggerthale, Marita: Macht Handel Hunger, in: *Aus Politik und Zeitgeschichte*, 6–7/2009, S. 15 ff.

Außerdem wurden folgende Periodika ausgewertet:

Business Week
Der Spiegel
Die Zeit
Financial Times
Forbes
Foreign Affairs
Frankfurter Allgemeine Zeitung
International Herald Tribune
Spiegel Online
Süddeutsche Zeitung
The Economist
The Wall Street Journal